Wilfried Härle
Ja, aber!

Wilfried Härle

Ja, aber!

Ein Streitgespräch zwischen Glauben und Zweifel

DE GRUYTER

ISBN 978-3-11-157382-3
e-ISBN (PDF) 978-3-11-157889-7
e-ISBN (EPUB) 978-3-11-157903-0

Library of Congress Control Number: 2024943832

Bibliografische Information der Deutschen Nationalbibliothek
Die Deutsche Nationalbibliothek verzeichnet diese Publikation in der Deutschen Nationalbibliografie;
detaillierte bibliografische Daten sind im Internet über http://dnb.dnb.de abrufbar.

Ich widme dieses Buch
meinen Nachkommen, das heißt,
meinen drei Kindern: Uta, Michael und Tobias,
meinen zehn Enkelkindern: Luisa, Sophia, Joana, Elisabeth,
Ronja, Jonah, Jonte, Jan, Lasse und Lotta
sowie all denen, die noch folgen mögen.

Berlin/Boston 2024

Vorwort

Dieses Buch entstand aus mehreren unterschiedlichen Dialog-Vorlesungen, die ich im Rahmen meiner Lehrtätigkeit an der Ruprecht-Karls-Universität in Heidelberg gehalten habe. Es handelt sich dabei um kontroverse Dialoge, die geführt werden zwischen einer Position A, die aus Überzeugung den christlichen[1] Glauben evangelischer Konfession vertritt, und einer Position B, die den christlichen Glauben – ebenfalls aus Überzeugung – bezweifelt und an vielen Stellen in Frage stellt.

Dabei verstehe ich unter „Glauben" aus christlicher Sicht *Vertrauen auf Gott,*[2] also nicht – wie meist in unserer Umgangssprache – ein bloßes Meinen oder Vermuten. Unter „Zweifel" verstehe ich *Ungewißheit bzw. Skepsis im Blick auf Aussagen oder Personen.* Ich unterscheide also Zweifel bzw. Skepsis sowohl von Glauben als auch von Unglauben oder Atheismus. Dabei kann sich Zweifel ungewollt einstellen oder bewußt eingesetzt werden, um Behauptungen oder Menschen auf ihre Zuverlässigkeit hin zu prüfen. Im Blick auf mögliche Fake News ist Zweifel nicht nur zulässig, sondern zu empfehlen, wenn nicht sogar eine Verpflichtung.

Ich hatte ursprünglich überlegt, ob es nicht sinnvoll und ratsam wäre, die beiden Positionen in den Vorlesungen auch auf zwei verschiedene *Personen* zu verteilen, die sie in Form eines lebendigen Streitgesprächs verträten. Es gab aber für mich zwei Gründe, darauf zu verzichten und stattdessen beide Positionen von *einer einzigen* Person, in diesem Fall also von mir selbst, vertreten zu lassen. Diese beiden Gründe für diese Zusammenlegung in eine Person waren einerseits, daß nur so ein *planbarer* Ablauf des Dialogs gewährleistet werden konnte, andererseits und vor allem, daß nur so eine *rivalisierende* Präsentation vermieden werden konnte. Letzteres war mir deshalb wichtig, weil es sich ja um eine *sach*-orientierte Auseinandersetzung handeln sollte und nicht um eine *personen*-orientierte Auseinandersetzung unter der Leitfrage, wer seine Position rhetorisch geschickter präsentiert.

Damit habe ich mir aber das Problem eingehandelt, beide Positionen in *einer,* nämlich meiner Person vertreten zu müssen, obwohl ich sie nicht für gleichermaßen überzeugend halte. Das setzt als Mindestbedingung voraus, beide Positionen *verstehen* und *fair darstellen* zu können. Das habe ich mir deshalb zugetraut, weil ich mich gut an die Phasen in meiner theologischen Entwicklungsgeschichte erin-

---

1 Andere Religionen lasse ich hier aus Raumgründen weitgehend außer Betracht. Zu ihnen habe ich mich geäußert in meinen Büchern: „‚und hätten ihn gern gefunden'. Gott auf der Spur", Leipzig 2017, S. 137–161 und in: „Religionsunterricht unter pluralistischen Bedingungen. Eine kritische Sichtung des Hamburger Modells", Leipzig 2019, S. 45–113.
2 Siehe dazu W. Härle, „Vertrauenssache. Vom Sinn des Glaubens an Gott", Leipzig 2022, bes. S. 1–17.

https://doi.org/10.1515/9783111578897-001

nern kann, in denen ich selbst wesentliche Elemente des christlichen Glaubens bezweifelt oder bestritten habe. So findet sich in einem meiner Bücher über das Thema „Gott" aus dem Jahr 2013 der Satz: „Am Ende meines Theologiestudiums war ich Atheist",[3] und die Erfahrungen und Argumente, die mich damals dazu gebracht haben, habe ich bis heute nicht vergessen.

Bei den Heidelberger Dialogvorlesungen waren die zahlreichen Hörerinnen und Hörer (unter ihnen nicht nur Pfarramts- und Lehramtsstudierende, sondern auch Pfarrerinnen und Pfarrer im Kontaktstudium sowie zahlreiche Gasthörer aus der Stadt) zugleich so etwas wie Schiedsrichter, die darüber wachten, daß beide Positionen so angemessen und fair wie möglich dargestellt wurden, und die widrigenfalls durch Wortmeldungen sofort eingreifen konnten. Diese Funktion kann bei einem veröffentlichten Buch nur – nachträglich und damit mit zeitlicher Verzögerung – die Leserschaft übernehmen und gegebenenfalls in der Form von Leserbriefen oder Rezensionen zum Ausdruck bringen. Ich will aber jedenfalls zusichern, daß Einsprüche, die mich auf diesen Wegen erreichen,[4] von mir ernst genommen, möglichst beantwortet und – soweit sie mich überzeugen – auch von mir berücksichtigt werden.

Kritische Leser werden möglicherweise feststellen, daß die Wortbeiträge von A häufig länger ausfallen als die von B. Das könnte wie eine Bevorzugung der Position von A wirken. Es erklärt sich aber anders: Eine Glaubensüberzeugung anzugreifen oder in Frage zu stellen, ist in der Regel einfacher und mit weniger Worten möglich, als sie zu verteidigen oder zu erklären. Das würde sich vermutlich auch dann in einem solchen Buch zeigen, wenn immer wieder der „Spieß" umgekehrt und B veranlaßt würde, *seine* Glaubensüberzeugung(en), sofern er solche hat, zu explizieren. Darauf habe ich aber bewußt weitestgehend verzichtet, weil es meiner Erfahrung nach häufig nur zu einer Art „Schwarzer-Peter-Spiel" führt, in welchem dem Gegenüber nachgewiesen wird, daß es auch keine besseren Antworten auf schwierige Fragen hat. Das kann manchmal tröstlich sein, aber es hilft nicht wirklich weiter.

Es ist mir ein Bedürfnis, den Personen zu danken, die für die Entstehung dieses Buches eine große Bedeutung hatten:

Zunächst danke ich Herrn Dr. Albrecht Döhnert vom Verlag Walter de Gruyter, der mich von Anfang an und auch über krankheitsbedingte Unterbrechungszeiten hinweg freundlich ermutig hat, dieses Buch zu schreiben und es als Pendant zu

---

3 W. Härle, Warum Gott? Leipzig (2013) ³2019, S. 241. Dem habe ich hinzugefügt: „Ich bereue es im Rückblick nicht, daß ich diese atheistisch-sozialistische Phase in meinem Leben durchgemacht habe. Sie war eine wichtige Durchgangsstation. Aber noch viel weniger habe ich es je bereut, daß sie nicht die Endstation meiner Entwicklung geblieben ist".

4 Am einfachsten über E-Mail: wilfried.haerle@web.de.

meiner vor 50 Jahren bei de Gruyter erschienenen Habilitationsschrift[5] zu veröffentlichen. Ferner danke ich Herrn Benedikt Krüger, dem Content Editor, Frau Andrea Jost und Frau Ulla Schmidt als den Projektmanagerinnen dieses Buches sowie Frau Karin Hager als Mediengestalterin von 3w+p. Die Zusammenarbeit mit allen fünf Personen war für mich in jeder Hinsicht hocherfreulich.

Sodann danke ich meiner Ehefrau, Dr. Ilze Ķezbere-Härle, die auch bei diesem Buch die erste Leserin bzw. Hörerin des Manuskripts war und die durch ihre aufmerksamen und konstruktiven Verbesserungsvorschläge wesentlich zu seinem Entstehen beigetragen hat. Von ihr stammen auch der Vorschlag für den Buchtitel und das Cover dieses Buches.

Ferner danke ich Frau Schulpfarrerin Christina Jung, die auch bei diesem Buchmanuskript ihre außerordentliche Fähigkeit zum Entdecken und Beseitigen von orthographischen Fehlern aller Art unermüdlich in den Dienst dieser Buchproduktion gestellt hat.

Weiter danke ich meinem Freund und Heidelberger Kollegen für Theoretische Physik, Prof. Dr. Jörg Hüfner, sehr dafür, daß er sich anläßlich der Entstehung dieses Buches erneut in das Gespräch über den Big Bang und den Ursprung des Universums hat hineinziehen lassen und wir dabei gemeinsam zu klareren Einsichten gekommen sind, die hier auch festgehalten und veröffentlicht werden.

Sodann danke ich auch diesmal meinem früheren Schüler und heutigen Freund, dem Unternehmensberater Dr. Harald Goertz, der mich bei der Abfassung des Buches als kritischer Gesprächspartner begleitet und mich immer wieder auch zum Weitermachen ermutigt hat.

Schließlich danke ich Frau Konstanzer, Frau Dr. Grutschnig und Frau Kreitmann von der Bibliothek des Evangelischen Oberkirchenrats in Birkach und Möhringen, die mich zuverlässig und schnell mit von mir benötigten Büchern, Aufsätzen und Literaturangaben versorgt haben.

Ich widme dieses Buch meinen Nachkommen, insbesondere meinen drei Kindern und zehn Enkelkindern in der Hoffnung, daß sie daraus Anregungen gewinnen, sich selbst mit dem christlichen Glauben kritisch und konstruktiv zu beschäftigen.

Ostfildern, am Johannistag 2024   Wilfried Härle

---

5 W. Härle, Sein und Gnade. Die Ontologie in Karl Barths Kirchlicher Dogmatik, Berlin/New York 1975.

Inhalt

I Was meinen wir, wenn wir von „Gott" reden?

A: Wenn ich zusammenfassend sagen soll, was bzw. woran ich als evangelischer Christ glaube, dann würde ich es etwa folgendermaßen formulieren: Ich glaube, das heißt, ich vertraue darauf,[6] daß jeder Mensch und die Welt im Ganzen in Gott ihren schöpferischen Ursprung und eine von ihm gegebene zeitliche und ewige Bestimmung hat, die sich auf vielfältige Weise in der Weltgeschichte und in der Lebensgeschichte der Menschen zeigt. Ich bin davon überzeugt, daß wir Menschen dieser Bestimmung oft aus Unwissenheit, Schwäche, Unlust oder Leichtsinn widersprechen und damit anderen Menschen und uns selbst das Leben schwermachen, Schaden und unnötiges Leid zufügen. Ich glaube, daß der schöpferische Ursprung, den wir „Gott" nennen, mir und allen anderen Menschen trotzdem in Liebe zugewandt bleibt und für uns alle erfülltes Leben in dieser Zeit und Vollendung in Ewigkeit verheißen hat und will. Das alles glaube ich, weil es sich mir in meiner Lebensgeschichte so erschlossen hat aufgrund der Worte, Taten und des Lebens einzelner Menschen und der christlichen Kirche im Ganzen, die ihrerseits auf die Texte der Bibel und insbesondere auf die Worte, Taten, das Leben und Geschick Jesu von Nazareth verweisen und ihn als Offenbarung[7] Gottes erkannt und bezeugt haben. Dabei bin ich davon überzeugt, daß kein Mensch in einem anderen Menschen die Gewißheit *schaffen* kann, welche die Grundlage des Glaubens ist, sondern daß dies das Werk des Geistes Gottes ist.[8] Er wirkt die Gewißheit, aufgrund deren wir auf ihn vertrauen können und so in eine heilsame Beziehung zu Gott, zu unseren Mitgeschöpfen und zu uns selbst kommen. Wir aber sollen einander das durch Worte und Taten bezeugen, was uns gewiß geworden ist. Das ist in knapper Form mein christlicher Glaube.

B: Das war ja eine ziemlich „geballte Ladung", sozusagen eine christliche Dogmatik in Kurzform. Ich könnte und müßte hier an zahlreichen Stellen einhaken: einerseits, um mich zu vergewissern, wie A selbst das versteht und ob ich das richtig verstanden habe, und andererseits, um eine Vielzahl von Anfragen und Einwänden geltend zu machen. Es wäre aber für unseren Dialog vermutlich eine Hilfe, wenn A

---

6 Siehe dazu W. Härle, Vertrauenssache (siehe oben Anm. 2), bes. S. 18–55.

7 Was damit gemeint ist, kann man sehr gut dem anschaulichen Aufsatz „Offenbarung" von E. Herms entnehmen, in: ders., Offenbarung und Glaube, Tübingen 1992, besonders S. 172–182 und 217–220; ebenso in W. Härle (Hg.), Grundtexte der neueren evangelischen Theologie, Leipzig (2007) [2]2012, S. 382–394.

8 Luther sagt das in seinem Kleinen Katechismus so: „Ich glaube, daß ich nicht aus eigener Vernunft noch Kraft an Jesus Christus, meinen Herrn, glauben oder zu ihm kommen kann; sondern der Heilige Geist hat mich durch das Evangelium berufen, mit seinen Gaben erleuchtet, im rechten Glauben geheiligt und erhalten ..." (UG S. 471).

https://doi.org/10.1515/9783111578897-002

für den Einstieg versuchen könnte, das Ganze zu straffen und auf den für ihn *entscheidenden Punkt* zu bringen.

A: Ich will das versuchen, obwohl ich mir bewußt bin, daß solche Kurzformulierungen in der Regel noch mehr Mißverständnisse und Rückfragen oder Einwände auslösen. Aber für den Gesprächseinstieg kann das ja auch günstig sein. Also so knapp und prägnant wie möglich gesagt: Ich vertraue im Leben und im Sterben auf Gott, der sich in Jesus Christus durch seinen Geist als Liebe offenbart.

B: Ist folglich nach der Meinung von A die Liebe eine herausragende Eigenschaft Gottes?

A: Ich antworte mit Gerhard Ebeling, der im Anschluß an Friedrich Schleiermacher sagt: „Die strenge Unterscheidung zwischen Eigenschaften und Wesen Gottes wird in dem Satz ‚Gott ist Liebe' aufgehoben. Allein die Liebe kann dem Wesen Gottes gleichgesetzt werden. Sie ist die einzige Eigenschaft Gottes, welche an die Stelle des Namens Gottes selbst gesetzt werden kann."[9]

B: Wenn die Liebe dem Wesen Gottes gleichgesetzt werden kann, dann sollte A aber unbedingt sagen, was er unter Liebe versteht bzw. welche Art der Liebe er meint. Liebe ist ja ein allgemein beliebtes, aber auch höchst vieldeutiges Wort, das im Griechischen mit Agape oder mit Eros ausgedrückt werden kann und von Zuneigung über Fürsorge, Verliebtsein, Liebhaberei, Leidenschaft oder Geschlechtsverkehr alles Mögliche bedeuten kann.

A: Damit hat B natürlich Recht. In der Bibel ist immer von der Agape Gottes oder von Gott als Agape[10] die Rede – nie vom Eros. Trotzdem wäre es falsch, zwischen Agape und Eros einen *Gegensatz* zu behaupten. Denn der Eros braucht die Agape, um nicht das „geliebte" Gegenüber egoistisch zu gebrauchen, und die Agape braucht den Eros oder jedenfalls eine Prise Eros, um nicht zur lustlosen Pflichterfüllung zu verkommen. Man kann deshalb sagen, daß die Liebe, die das Wesen Gottes ist, die von Herzen kommende *Zuwendung* zu dem Geliebten um seinetwillen ist, das heißt, die das Bestmögliche für den Geliebten will und zielstrebig zu realisieren versucht. Von dieser Liebe ist in der Bibel in folgenden Formen die Rede:

als *Liebe Gottes* mit der Aussage: „Gott ist Liebe" (1. Joh 4,8.16 und Joh 3,16);

als *Liebe zu Gott* mit der Aussage: „du sollst den Herrn, deinen Gott, lieb haben von ganzen Herzen, von ganzer Seele und mit all deiner Kraft (5. Mose 6,5 und Mk 12,30);

---

9 G. Ebeling, Schleiermachers Lehre von den göttlichen Eigenschaften (1968), in ders., Wort und Glaube Bd. II, Tübingen 1969, S. 340. Siehe dazu auch W. Härle, Dogmatik (1995), Berlin/Boston ⁶2022, S. 244 f. und Walter Klaiber, Ein Gott, der Liebe ist, Göttingen 2024.
10 So zum Beispiel in 2. Kor 13,11; 1. Joh 4,8 und 16; bei Luther in WA 10/3,56,2 f. und WA 36,425,2, die berühmte Kennzeichnung Gottes als „glühender Backofen voller Liebe".

als *Grundrichtung alles Tuns* mit der Aussage: „Alle eure Dinge laßt in der Liebe geschehen" (1. Kor 16,14);

als *Nächstenliebe* und als *Selbstliebe* mit der Aussage: „du sollst deinen Nächsten lieben wie dich selbst" (3. Mose 19,18 und Mk 12,31)[11];

als *Geschwisterliebe* mit der Aussage: „Das ist mein Gebot, daß ihr einander liebt, wie ich euch liebe" (Joh 15,12);

als *Feindesliebe* mit der Aussage: „Liebt eure Feinde" (Mt 5,44).

B: Einerseits bewundere ich den Mut von A, eine so leicht angreifbare Formulierung zu wählen; aber auf der anderen Seite irritiert oder ärgert mich auch die Naivität und Realitätsferne, mit der da ein Glaube an Gott vertreten wird, der doch offensichtlich falsch ist oder eine geradezu zynische Ideologie vertritt. Man braucht doch nur wahllos auf die großen Gräuel und Katastrophen – auch Naturkatastrophen – der Menschheitsgeschichte, auf die Millionen Hunger- und Kriegstoten, auf die Opfer von Pest, Krebs, AIDS und Corona zu verweisen, um den Glauben an einen solchen Gott ad absurdum zu führen, wobei ich unterstelle, daß Gott auch von A als ein allmächtiges, gütiges, allwissendes, ewiges Wesen gedacht wird.

A: Wir sollten uns jetzt tatsächlich zuerst mit diesem von B als gemeinsam vorausgesetzten Gottesverständnis beschäftigen und uns vergewissern, ob wir uns darüber grundsätzlich einig sind, was wir meinen, wenn wir von „Gott" sprechen. Andernfalls besteht die Gefahr, daß wir aneinander vorbeireden, wenn wir über den Glauben an Gott diskutieren. Erst wenn wir da eine Verständigung erzielt haben, erscheint es mir auch als sinnvoll, die Einwände gegen den Gottesglauben zu bedenken, die B vorgebracht hat.

B: Das halte ich für sehr sinnvoll und habe deshalb ja auch selbst einen Vorschlag zu dieser Verständigung gemacht, indem ich sagte, daß „ich unterstelle, daß Gott ... als ein allmächtiges, gütiges, allwissendes, ewiges Wesen gedacht wird". Diesem Vorschlag zum Gottesbegriff hat A aber bisher noch nicht zugestimmt, wobei ich großen Wert auf die Feststellung lege, daß eine Verständigung über den Gottes*begriff* keinesfalls gleichgesetzt oder verwechselt werden darf mit einer Gemeinsamkeit im *Glauben* an Gott. Denn sogar einen fundamentalen *Gegensatz* in der Glaubensfrage kann man doch nur feststellen, wenn man sich zuvor vergewissert hat, daß man im Gebrauch der *Begriffe* grundsätzlich miteinander übereinstimmt, also von derselben „Sache" spricht.

A: Darin stimme ich B zu und unterstreiche die Wichtigkeit dieser Verständigung über die Begriffe, die wir verwenden. Dem Vorschlag von B, von bestimmten *Eigenschaften* Gottes auszugehen, stimme ich auch grundsätzlich zu, möchte aber

---

11 Wobei Selbstliebe nur als Maßstab für Nächstenliebe auftaucht und von Egoismus streng zu unterscheiden ist.

einerseits darauf hinweisen, daß zu diesen Eigenschaften Gottes außer Allmacht, Güte[12], Allwissenheit[13] und Ewigkeit (bzw. Unsterblichkeit) auch *Unsichtbarkeit* und *Allgegenwart* zu zählen sind. Zu Allmacht ist übrigens unbedingt anzumerken und festzuhalten, daß Allmacht nicht als bloße *Fähigkeit* Gottes zu verstehen ist, sondern als *Gottes Wirksamkeit* in allem. Nur so läßt sich die innere Widersprüchlichkeit eines abstrakt gefassten Allmachtsbegriffs vermeiden, die sich anhand der Frage zeigt, ob Gott etwas so Großes schaffen kann, sei es einen Stein oder ein Rätsel, dessen er selbst nicht Herr werden kann. Egal, wie man diese Frage beantwortet: Immer bleibt die abstrakt verstandene Allmacht auf der Strecke, und das ist auch gut so; denn Allmacht ist Allwirksamkeit und nicht bloß eine Fähigkeit. Aber Allmacht ist in Anwendung auf Gott auch nicht *Allein*wirksamkeit. Und zu Allwissenheit ist hinzuzufügen, daß sich die Allwissenheit Gottes *nicht* so auf Handlungs*möglichkeiten* von Menschen bezieht, als wären sie bereits *entschiedene*, also *gewählte* Tatsachen, sondern als noch unentschiedene, also offene *Wahlmöglichkeiten*. Sie bezieht sich also auf sie als das, was sie tatsächlich *sind*, und nicht auf etwas, was sie noch *nicht* sind. Nur so läßt sich im Übrigen auch Gottes Allwissenheit mit menschlicher Handlungsfreiheit und Verantwortlichkeit zusammendenken und vereinbaren. Allerdings ist festzustellen, daß die von B genannten Eigenschaften Gottes als solche nichts Inhaltliches über die *Beziehung* Gottes zur Welt aussagen. Das ist aber ein gravierender Mangel.[14]

B: Inwiefern ist das ein gravierender Mangel?

A: Für das biblische Gottesverständnis ist vor allem der *Name* Gottes „Jahwe" bzw. „Kyrios" bzw. „Herr" und das darin zum Ausdruck kommende Wirken Gottes *in Beziehung zum Volk Israel und zur ganzen Welt* maßgeblich.

B: Aber was besagen bzw. bedeuten diese Namen?

A: Bei seiner Berufung durch Gott zum Befreier des Volkes Israel aus der Sklaverei in Ägypten fragt Mose Gott: „Siehe, wenn ich zu den Israeliten komme und spreche zu ihnen: Der Gott eurer Väter hat mich zu euch gesandt!, und sie mir sagen werden: Wie ist sein Name?, was soll ich ihnen sagen? Gott sprach zu Mose: Ich werde sein, der ich sein werde" (2. Mose 3,14). Man kann auch übersetzen: „Ich

---

12 Güte ist in Anwendung auf Gott – im Unterschied zu menschlicher Güte – als *unbegrenzt* zu denken.

13 In seiner Allwissenheit kennt bzw. weiß Gott alles so, wie es *tatsächlich ist*, und nicht so, wie es *nicht* ist, das heißt, erkennt das *Mögliche* als Mögliches, aber nicht als oder wie eine bereits *realisierte* Möglichkeit.

14 Ich stimme damit implizit der These von R. Bultmann zu: „will man von Gott reden, so muß man offenbar *von sich selbst reden*" denn: „von Gott redet die Theologie, indem sie redet vom Menschen, wie er vor Gott gestellt ist, also vom Glauben aus" (Ders., Glauben und Verstehen, Bd. I, Tübingen 1961, S. 28 und 25).

werde dasein, als der ich dasein werde". Das klingt beim ersten Hören ziemlich rätselhaft, fast wie die *Verweigerung* einer Antwort. Aber bei genauerem Nachdenken zeigt sich darin eine Verheißung bzw. Zusage, die sich auf das zuverlässige Dasein und Wirken Gottes bezieht, das nicht auf die Zukunft begrenzt ist, sondern ganz *umfassenden* Charakter hat. Deshalb ist es ganz angemessen, daß man mit dem Wort „Gott" die schöpferische Wirklichkeit bezeichnet, die auch schon der *Ursprung* des gesamten Universums ist. Die Bibel und das christliche Glaubensbekenntnis bringen das durch die Aussage zum Ausdruck, daß Gott der Schöpfer des Himmels und der Erde ist.[15]

B: Als Aussage über den *Begriff* „Gott" kann ich dem zustimmen, wenn man darunter den Ursprung des Universums versteht. Aber ich melde vorsorglich meinen Widerspruch gegen den *Glauben* an, Gott sei tatsächlich der schöpferische Ursprung des Universums.

A: Darüber müssen wir noch reden[16]. Aber zum Verständnis des Gottes*begriffs* ist es doch zunächst sinnvoll zu fragen, was zu dem Wesen Gottes gehört, das im Gottesnamen zum Ausdruck kommt. Und das ist nach biblischem Verständnis nicht nur Gottes Schöpfersein und -wirken, das die Erhaltung und Bewahrung der Welt einschließt, sondern auch seine Beziehung zur Welt.

B: Aber wie äußert sich diese Beziehung? Wie wird sie für Menschen konkret erfahrbar?

A: Jedenfalls nicht dadurch, daß etwas geschieht, durch das Naturgesetze außer Kraft gesetzt oder durchbrochen werden.

B: Also nicht durch Wunder? Ich dachte, das Wunder sei „des Glaubens liebstes Kind", wie Goethe in seinem „Faust" sagt.

A: Über Wunder sollten wir uns auch gleich verständigen. Da besteht unter den Theologen eine große Einigkeit, daß der Gedanke, Wunder seien Durchbrechungen von Naturgesetzen, in die Irre führt. Solche – gedachten – Durchbrechungen bezeichnet man deshalb gerne als „Mirakel" im Unterschied zu Wundern.

B: Und was sind dann Wunder?

---

15 So beginnt bekanntlich die Bibel in 1. Mose 1,1 mit den Worten „Am Anfang schuf Gott Himmel und Erde", ähnlich Joh 1,1–3 und Offb 4,11 . Das apostolische Glaubensbekenntnis beginnt mit den Worten: „Ich glaube an Gott, den Vater, den Allmächtigen, den Schöpfer des Himmels und der Erde" Das Glaubensbekenntnis von Nizäa-Konstantinopel beginnt mit den Worten: „Wir glauben an den einen Gott, den Vater, den Allmächtigen, der alles geschaffen hat, Himmel und Erde, die sichtbare und die unsichtbare Welt [genauer: das Sichtbare und das Unsichtbare]" (UG S. 25 f.).
16 Siehe unten Kapitel III.

A: Aus der Bibel – und zwar besonders aus den Psalmen[17] und aus den Evangelien – kann man lernen, daß Wunder, die oft auch „Zeichen"[18] genannt werden, Ereignisse sind, die sich überraschend einstellen und auf die Menschen gehofft haben, über deren Eintreten sie aber nicht verfügten. Dabei können solche Zeichen und Wunder von Menschen ausgehen, die besondere Kräfte besitzen. Man spricht deswegen auch gerne von „Machttaten".[19] Und das war auch bei Jesus der Fall.

B: Heißt das, daß A die Wundergeschichten, die das Neue Testament von Jesus erzählt, für bare Münze nimmt? Wenn das der Fall wäre, hätten wir an einem weiteren Punkt eine tiefe Meinungsverschiedenheit.

A: Ich bin in der Tat davon überzeugt, daß Jesus Machttaten vollbracht hat, durch die Menschen geheilt oder von dunklen Mächten, genannt Dämonen, befreit wurden. Dabei gehe ich allerdings auch davon aus, daß manche dieser Erzählungen nachträglich ausgeschmückt wurden und dadurch den Eindruck erwecken können, als habe Jesus die von Gott der Welt gegebenen Naturgesetze durchbrochen. Aber daß Jesus in seinem Reden und Handeln eine „Vollmacht"[20] besaß, die heilenden und rettenden Charakter hatte, kann man nicht ernsthaft bestreiten.

B: Wie kommt A zu einer solchen Überzeugung, die auf mich geradezu abergläubisch wirkt?

A: Abergläubisch wäre für mich die Annahme, daß Jesus die Naturgesetze nach Belieben durchbrechen oder aufheben konnte. Das vertrete ich aber – wie gesagt – nicht. Ich spreche daher auch lieber nicht von „Wundern", sondern von „Machttaten"[21], „Zeichen"[22] oder „Zeichenhandlungen". Die beiden letztgenannten Begriffe haben im Übrigen den Vorteil, daß sie darauf hinweisen, daß die Zeichen(-handlungen) bei Jesus kein Selbstzweck sind, sondern die Verkündigung von der anbrechenden Gottesherrschaft begleiten und sie veranschaulichen. Zu der Überzeugung von der Historizität solcher Machttaten komme ich aus folgenden

---

17 Insbesondere der ganze Psalm 107 schildert, wie Menschen Wunder erleben können: dadurch, daß Verirrte den richtigen Weg finden, daß Gefangene frei werden, daß Kranke gesund werden und daß Menschen aus Seestürmen errettet werden, wobei jeweils vorausgesetzt wird, daß die in Not geratenen Menschen in ihrer Not zu Gott riefen bzw. schrien.

18 So zum Beispiel besonders oft im Johannesevangelium (Joh 2,11.18 und 23; 3,2.4.48 und 54; 11,47 und öfter). Bekannt ist auch die Doppelformulierung „Zeichen und Wunder" (5. Mose 28,46 und Röm 15,19).

19 Siehe dazu M. Wolter, Jesus von Nazaret, Göttingen 2019, S. 125–151.

20 So steht es in Mk 1,22; 2,10; Mt 7,29; 9,6; und in Lk 4,32. (Weil das Markusevangelium älter ist als das Matthäusevangelium kehre ich hier und im Folgenden bei Aufzählungen die kanonische Reihenfolge zwischen ihnen um, nenne also Markus *vor* Matthäus.)

21 So auch M. Wolter, Jesus von Nazaret (siehe oben Anm. 19), S. 125–151.

22 Diesen Begriff verwendet auch das Neue Testament an mehr als 70 Stellen, insbesondere im Johannesevangelium (2,11.18.23; 3,2; 4,48.54; 6,2.14.26; 7,31; 9,16, 11,47 und öfter).

Gründen: Sie sind im Neuen Testament sehr gut bezeugt[23]; sie werden auch Jesu Jüngern[24], ja sogar den Gegnern Jesu[25] zugetraut; Jesus betont an vielen Stellen, daß Krankenheilungen auf den Glauben der Geheilten zurückzuführen sind[26]; sie geschehen auch in der Kirchen- und Religionsgeschichte bis heute immer wieder.

B: Ich vermute, daß die meisten Menschen unter „Wundern" aber etwas anderes verstehen, nämlich doch ein Ereignis, das den Naturgesetzen widerspricht, wenn zum Beispiel Tote wiederbelebt werden oder wenn Jesus auf dem Wasser geht.

A: Solche Erzählungen gibt es tatsächlich – auch in der Bibel. Dabei wird aber nicht bedacht, daß Gott selbst als Schöpfer der Welt die Naturgesetze gegeben hat, deren zuverlässige Geltung die Voraussetzung dafür ist, daß wir uns in der Welt orientieren und sie planend gestalten können.

B: Aber dann stellt sich mir verstärkt die Frage, worin die *Beziehung* Gottes zur Welt bestehen soll, anhand deren Menschen erkennen können, daß Gott kein menschliches Fantasieprodukt ist, sondern eine *Wirklichkeit*, oder – wie man umgangssprachlich sagt – daß es Gott wirklich gibt.

A: Ich will später[27] zu zeigen versuchen, daß es gerade die Naturgesetze als zuverlässige Verlaufsregeln sind, die wir als Spuren des Wirkens Gottes in der Welt wahrnehmen können. Doch das sind nicht die einzigen Weisen, wie sich die Beziehung Gottes zur Welt zeigt. Hinzu kommen aber auch die *Offenbarungsereignisse* in der Weltgeschichte, durch die wir den Sinn und das Ziel der Welt erkennen können, wie sie von Gott gegeben sind. Schließlich können wir im Gebet die Erfahrung machen, daß uns durch die Ausrichtung auf Gott Einsichten und Kräfte zuteilwerden können, die wir nicht aus uns selbst haben. In unserer Gottesdienst-Agende kommt diese Erfahrung durch einen Psalmvers zum Ausdruck, mit dem in der Regel das Eingangsgebet abgeschlossen wird: „Wenn ich dich anrufe, so erhörst du mich und gibst meiner Seele große Kraft" (Ps 138,3).

B: Ich habe den Eindruck gewonnen, daß es A vor allem wichtig ist, den Begriff „Gott" mit dem Schöpfungsgedanken in Verbindung zu bringen. Aber das halte ich nach wie vor für eine unwissenschaftliche Wunschvorstellung, also für eine Ideologie, die sich mit dem realen Zustand der Welt nicht vereinbaren läßt.

---

23 Siehe dazu G. Theißen, Urchristliche Wundergeschichten, Gütersloh [7]1998.
24 Siehe Mk 16,17; Mt 10,1 und 8; Apg 5,12 – 15 und öfter.
25 Siehe Mt 12,27 und Lk 11,19.
26 So Mk 10,52; Mt 9,22; 15,28; Lk 8,48; 17,19. Ein negativer Beleg dafür findet sich auch in Mk 6,5 f., wo die Unmöglichkeit, eine Machttat zu tun, auf den Unglauben der Bevölkerung von Nazareth zurückgeführt wird.
27 Siehe das Kapitel über Evolutionstheorie und Schöpfungsglauben (S. 48 – 68).

A: In meinem Buch „Warum Gott?"[28] habe ich den Abschnitt über „Bedeutungen des Begriffs „Gott" zusammengefasst mit folgender Aussage: „Entscheidend ist, daß jeder Definitions-Versuch ausdrücklich oder implizit folgende vier Elemente enthält: die Weltüberlegenheit Gottes, die Einzigkeit Gottes, die schöpferische Beziehung Gottes zu allem, was es in der Welt gibt und die existentielle Bedeutung Gottes für das menschliche Dasein". An dieser Aussage kann und möchte ich festhalten, und ich frage B, ob er darin eine auch von ihm akzeptierbare Basis für unser Streitgespräch sieht.

B: Ja, das kann ich grundsätzlich akzeptieren, obwohl ich zu jedem dieser vier Elemente auch kritische Einwände und Nachfragen habe, auf die wir aber sicher noch zu sprechen kommen werden. So stellt sich mir im Blick auf die „Einzigkeit Gottes" die Frage, wie sich dieses Merkmal zu der Tatsache verhält, daß andere Religionen bis heute an andere, teilweise sogar an viele Götter glauben und sie verehren, ja, daß sogar das alttestamentliche Wort für „Gott", „Elohim", ein *Plural* ist, also eigentlich „Götter" bedeutet.

A: Die frühen Schriften des Alten Testaments gehen tatsächlich an vielen Stellen davon aus, daß es viele Götter gibt, die von den unterschiedlichen Völkern verehrt werden, daß aber Israel nur den *einen* Gott Jahwe verehren soll, der das Volk durch Mose aus der Knechtschaft in Ägypten herausgeführt hat. Das nennt man „Monolatrie", also Alleinverehrung, im Unterschied zu „Monotheismus", also die Überzeugung, daß nur ein Gott existiert. Der Monotheismus setzt sich in Israel erst bei Deuterojesaja (Jes 40,1–55,13) durch und bleibt von da an ein fester Bestandteil des jüdischen sowie des christlichen und islamischen Glaubens.

B: Ferner frage ich zum Stichwort „Weltüberlegenheit Gottes", ob daraus nicht das Eingeständnis folgen müßte, daß wir dann, weil wir *in* der Welt sind, zugestehen müssen, daß wir Gott nicht erkennen und von ihm nichts wissen können.

A: Es sei denn, Gott gibt sich in der Welt zu erkennen, also er offenbart sich. Und genau das sagen ja die Bibel und die christliche Kirche zum Beispiel im Blick auf die Propheten und vor allem im Blick auf Jesus Christus. Deswegen können wir auch in der Art und Weise, wie *Jesus* von Gott geredet hat, dem authentischen *christlichen* Reden von Gott auf die Spur kommen. Auffällig an diesem Zugang ist dabei zunächst, daß Jesus überwiegend in anschaulichen Bildern und Geschichten von Gott gesprochen hat. Ich finde es auch bemerkenswert, daß Jesus dort, wo es um seine

---

28 Leipzig (2013) ³2019, S. 74.

zentrale Botschaft geht, erstens nicht nur von „Gott", sondern in der Regel vom Reich Gottes bzw. genauer von der Gottesherrschaft[29] spricht.

B: Was soll daran „bemerkenswert" sein? Die Rede vom Reich bzw. der Herrschaft Gottes stammt doch schon aus dem Alten Testament,[30] ist also offenbar nicht neu und für Jesus typisch.

A: Das ist nur scheinbar so. Bei Jesus rücken Gott und Gottesherrschaft so zusammen, daß man geradezu von einer Identifikation sprechen kann. Die Gottesherrschaft ist nicht ein künftiger Zustand, der jetzt noch „bei Gott" oder „im Himmel" aufbewahrt wird und den Jesus visionär sieht und beschreibt, sondern in und mit der nahenden Gottesherrschaft bekommt der Mensch es mit Gott zu tun. Indem sich die Gottesherrschaft naht, naht sich Gott selbst. Und diesem Nahekommen und Andringen entspricht in auffälliger Weise die Redeform der Gleichniserzählung, die dazu einlädt, sich in einer erzählten Geschichte selbst zu entdecken.

B: Aber Gleichniserzählungen gibt es doch ebenfalls bei den Rabbinen reichlich. Also auch insofern ist das doch nichts Spezifisches für Jesus.

A: Dazu schreibt Günther Bornkamm in seinem immer noch lesenswerten Jesusbuch[31]: „Gleichnisse erzählen auch die Rabbinen sonst reichlich, um einen Lehrsatz zu verdeutlichen und den Sinn einer Schriftstelle zu erklären, immer aber als Hilfsmittel der Lehre und Instrument der Exegese eines autoritativ vorgegebenen Schriftwortes. Gerade das aber sind sie in Jesu Mund nicht ... Hier sind die Gleichnisse die Verkündigung selbst und stehen nicht nur im Dienst einer von ihnen selbständigen Lehre. Jesu Gleichnisse, und zwar nicht nur die im engeren Sinne vom Reiche Gottes, zielen – wie alle Gleichnisse auf das Verstehen ab ... Ja, so ist es! ist die erste Antwort, die jedes Gleichnis verlangt. ... Nicht wenige Bildworte und Gleichnisse Jesu beginnen darum mit der stürmischen, ohne alle Präliminarien sofort zupackenden Frage: „Wer unter euch?" – eine Gleichnisform, für die es bezeichnenderweise in rabbinischer Überlieferung nicht eine einzige Parallele gibt". Jürgen Becker[32] kann sogar sagen, die Nähe der Gottesherrschaft werde durch Jesu Gleichnisreden *hergestellt*. Auffällig ist ferner, daß Jesus für Gott sehr häufig die Metapher „Vater"[33] und bei seinem Verhör durch den Hohenpriester den Begriff

---

29 Siehe dazu M. Wolter, Jesus von Nazaret, Göttingen 2019, S. 95–123. „Reich Gottes" ist insofern mißverständlich, als dieser Ausdruck die Assoziation einer Gebietskörperschaft oder eines Staates wecken kann. Die Gottesherrschaft ist aber ein *Geschehen*, das sich ereignet.

30 Siehe Ps 103,19; 145,11–13; Jes 9,6; Dan 3,33; 6,27; 7,27, Ob 21.

31 Jesus von Nazareth, Stuttgart u.a. [12]1980, S. 61 f.

32 Jesus von Nazaret, Berlin/New York 1996, S. 176.

33 So zum Beispiel im Vater unser (Mt 6,9–13 und Lk 11,2–4) sowie an vielen anderen Stellen, teilweise auch in der Form des kindlichen „Abba" (Mk 14,36). Das wird von Paulus in Röm 8,15 und Gal 4,6 aufgenommen.

„Macht" oder „Kraft" (griechisch: „dynamis")[34] verwendet. Das ist zu unterscheiden von „Gewalt", die sich mit Verletzung oder Drohung durchsetzt. Unter rechtsstaatlichen Bedingungen steht die Anwendung von Gewalt, die durch das Recht begründet und begrenzt ist, nur dem Staat zu, der das Gewaltmonopol innehat. Von der Macht der Liebe gilt dagegen das, was schon der Prophet Sacharja (4,6) als Wort Gottes formuliert hat: „Es soll nicht durch Heer oder Kraft, sondern durch meinen Geist geschehen".

B: Wenn „man" durch das Erzählen von Gleichnissen die Nähe der Gottesherrschaft und damit die Nähe Gottes *herstellen* kann, dann kann ich nicht verstehen, warum damals und heute so wenig von der Gottesherrschaft bzw. von Gott zu sehen und zu erleben ist. Die Gleichnisse Jesu sind doch millionenfach in Kindergottesdiensten, im Religionsunterricht, in Predigten usw. nacherzählt worden, aber offenbar ohne durchschlagenden Erfolg. Mit der Möglichkeit, durch die Gleichnisse die Gottesherrschaft herzustellen, scheint es also nicht sehr weit her zu sein.

A: Der Einwand von B macht mir bewußt, warum ich mich selbst an der Formulierung Beckers gestoßen habe. Der technisch wirkende Ausdruck „herstellen" ist offenbar nicht nur sprachlich ungeeignet, sondern – wie das oft bei sprachlich Unpassendem ist – auch *sachlich* nicht angemessen. Denn tatsächlich hat ja Jesus selbst und hat die christliche Kirche seitdem mit ihrer (Gleichnis-)Verkündigung keineswegs nur Zustimmung geerntet. Und die Gottesherrschaft wird sicher nicht überall dort „hergestellt", ja nicht einmal „herbeigeführt", wo die Gleichnisse Jesu erzählt werden. Es gibt ja auch Wirkungslosigkeit, Desinteresse, Unverständnis oder Ablehnung. Ich muß die These Beckers korrigieren bzw. präzisieren: Die Gleichnisse Jesu sind ein vorzügliches sprachliches Mittel, durch das sich die Nähe der Gottesherrschaft ereignen kann. Ob das geschieht, hängt einerseits davon ab, ob Gottes Geist das menschliche Reden so bekräftigt und beglaubigt, daß Menschen davon erreicht werden; andererseits davon, ob sie sich darauf einlassen und dafür gewinnen lassen. Es wird sich übrigens zeigen, daß diese Ergänzung und Unter-

---

34 Mk 14,62 und Mt 26,64. Lukas (22,69) macht aus der „Macht" die „Macht Gottes" und damit aus einem metaphorischen *Begriff* für Gott eine *Eigenschaft* Gottes. Wir werden auf das Thema „Gott als Macht" im folgenden Kapitel noch einmal zu sprechen kommen (siehe unten S. 26–30). Dabei wird dann zu bedenken sein, daß der Begriff „Macht" (oder „Kraft"), ohne hinzuzufügen, um welche bzw. was für eine Macht es sich handelt, zu unbestimmt ist, um in dieser abstrakten Form auf Gott angewandt zu werden. Auch Teufel und Dämonen können in der Bibel als „Mächte" bezeichnet werden. Deshalb ist der Begriff „Macht" zum Beispiel in Form der „Macht der Liebe" (EG 269,4 und EG[Wü] 641,1) oder als „gute Mächte" (EG 65,1 und 7) in Kirchenlieder aufgenommen worden und im Bewußtsein vieler Menschen bis heute verankert.

scheidung selbst ein Bestandteil der Gleichnisverkündigung Jesu ist, also der spezifischen Art, wie Jesus von Gott geredet hat.

B: Mit dieser erheblichen Einschränkung kann ich die These erst einmal akzeptieren. Denn nun wird ja nur noch behauptet, daß das so sein *kann*, daß es also möglich ist. Und wenn man überhaupt von Gott reden will, dann kann natürlich auch die Form des Gleichnisses eine Möglichkeit sein. Aber was ist denn nun das Besondere an Jesu Reden von Gott und von der Gottesherrschaft?

A: Mir ist aufgefallen, daß es in der Verkündigung Jesu *vier Spannungselemente* gibt, die man gelegentlich als unterschiedliche Überlieferungsstränge oder als Interpretationsalternativen gedeutet hat, die aber meines Erachtens untrennbar zusammengehören, in allen Fällen also spannungsvolle *Einheiten* bilden, die sehr auffällig sind und auf etwas Besonderes an der Verkündigung Jesu verweisen.

B: Und welche Spannungselemente wären das?

A: Am häufigsten diskutiert ist dabei *erstens* die Spannung zwischen Zukünftigkeit und Gegenwart der Gottesherrschaft. Von der Zukunft spricht das Vaterunser, in dem um das Kommen der Gottesherrschaft gebetet wird. Ebenso ist es dort, wo Gleichnisse zum Wachen im Blick auf die kommende Gottesherrschaft mahnen.[35] Andererseits spricht Jesus von der Gottesherrschaft als von etwas bereits Gekommenem.[36] Man hat versucht, die Spannung zwischen beiden zu eliminieren entweder, indem man nur eine der beiden Seiten für echt erklärte, oder, indem man beides als Abfolge miteinander verband und von den sogenannten Wachstumsgleichnissen her interpretierte. Daran ist richtig, daß es sich beim Kommen der Gottesherrschaft um einen Prozess handelt, der trotz kleiner Anfänge schon im Gange ist, dessen Ziel aber noch nicht erreicht ist. Irreführend ist aber die Vorstellung von einem organischen, kontinuierlichen Wachstumsprozess, der unaufhörlich voranschreitet. Es geht nicht um kontinuierliches Wachstum, sondern um den *Kontrast* zwischen dem gegenwärtigen fragmentarischen Anbruch und dem erhofften großen Ziel und Ende[37]. In diesem Kontrast ist auch das Element des Überraschenden, Unableitbaren erhalten. Aber die entscheidende Zäsur liegt schon in der Sendung Jesu. In *seinen* Worten und Taten bricht sich die Gottesherrschaft schon Bahn.

Auf die *zweite* Spannung hat der Neutestamentler Adolf Jülicher[38] am Ende des 19. Jahrhunderts in einer meines Erachtens allerdings problematischen Form hin-

---

35 So zum Beispiel in Mk 13,28–37; Mt 24,42; 25,13 und Lk 12,35–40.

36 So zum Beispiel in Mt 11,4–6; 12,28; Lk 11,20 und 17,20 f.

37 Deutlich wird das in den Gleichnissen von der hundertfachen Ernte (Mk 4,3–9; Mt 13,3–9; Lk 8,4–8), vom Senfkorn (Mk 4,30–32; Mt 13,31 f.; Lk 8,4–8) und vom Sauerteig (Mt 13,33).

38 Siehe dazu Adolf Jülicher, Die Gleichnisreden Jesu, (Freiburg i. B. 1899), Neuauflage Darmstadt 1963.

gewiesen, indem er den Hauptteil der Gleichnisreden Jesu in zwei *Klassen*[39] eingeteilt hat: in *Gleichnisse* (im engeren Sinn) und in *Parabeln*. Dabei ist ein Gleichnis eine Erzählung, die etwas Bekanntes, Alltägliches und Typisches zum Inhalt hat, um daran eine Botschaft wie zum Beispiel die von der kommenden Gottesherrschaft zu verdeutlichen. Gleichnisse appellieren also an etwas, was den Hörern vertraut oder sogar ganz selbstverständlich ist – zum Beispiel, daß Saat von selbst wächst (Mk 4,26–29), daß ein Sohn, der seinen Vater um Brot oder einen Fisch bittet, von ihm keinen Stein oder keine Schlange bekommt (Mt 7,9 f.), oder daß man einem Freund, der durch überraschenden Besuch in Verlegenheit gekommen ist, auch nachts aushilft (Lk 11,5–8). Parabeln sind demgegenüber Erzählungen, die etwas Einmaliges, Besonderes und Außergewöhnliches zu Gehör bringen. Sie enthalten eine Überraschung, mit der man nicht rechnen konnte – zum Beispiel, daß ein König seinem Knecht, der ihm zehntausend Zentner Silber schuldet, auf dessen Bitte um Erbarmen hin diese gigantische Summe erläßt (Mt 18,23–27), aber auch daß genau dieser Knecht anschließend von seinem Mitknecht einen winzigen Geldbetrag erbarmungslos einfordert (Mt 13,28–35) oder daß Arbeiter im Weinberg, obwohl sie ganz unterschiedlich lange gearbeitet haben, alle denselben Lohn erhalten (Mt 20,1–15).

B: Ist die Gottesherrschaft also so, daß sie sich in etwas ganz Alltäglichem zeigen kann, oder so, daß ihr nur etwas ganz Außergewöhnliches angemessen ist?

A: Diese Frage führt, wenn sie als Alternative verstanden wird, meines Erachtens in die Irre. Es handelt sich nicht um zwei *Klassen* von Texten, sondern eher um zwei *Elemente*, die man an den Gleichnisreden Jesu entdecken kann. Ich vermute deshalb: Das Besondere an der Verkündigung Jesu liegt im Nebeneinander, Ineinander und Zugleich beider Elemente, das besagt: Im Alltäglich-Vertrauten begegnet das völlig Überraschende und Außergewöhnliche. Spezielle Beispiele dafür sind die Gleichnisse vom Schatz im Acker und von der kostbaren Perle. Deren Pointe besteht ja darin, daß jemand, dem bei seiner Arbeit oder Tätigkeit ein solcher Fund zuteilwird, dafür *gerne* alles verkauft, was er hat, um ihn zu erwerben (Mt 13,44–46). Ähnlich ist es in den Gleichnissen über das verlorene Schaf, den verlorenen Groschen und den verlorenen Sohn (Lk 15,3–32) mit der überschäumenden Freude darüber, daß das Verlorene wiedergefunden wird. Das alles paßt gut zu der seit vielen Jahren immer stärker diskutierten These, die Gleichnisse Jesu seien als entfaltete *Metaphern* zu verstehen[40]. In dieser Theorie wird die Unterscheidung zwischen dem Alltäglich-Vertrauten und dem Überraschend-Außergewöhnlichen

---

39 Hinzu kommen die *Bildworte*, wie zum Beispiel das vom „Salz der Erde" (Mt 5,13), sowie die positiven oder negativen *Beispielgeschichten*, wie zum Beispiel vom verlorenen Sohn und vom reichen Kornbauern (Lk 10,25–37 und 12,16–21).

40 Siehe dazu exemplarisch Hans Weder, Die Gleichnisse Jesu als Metaphern, Göttingen (1978) ⁴1990.

noch einmal relevant, und zwar in einer noch grundsätzlicheren, sozusagen radikalisierten Hinsicht: Nun ist die Gottesherrschaft selbst das Überraschende, das sich aber nicht als Abbruch des Vertrauten ereignet, sondern in der alltäglichen Wirklichkeit: in Jesu Tischgemeinschaft, in seinen Erzählungen, in seinen Worten und Taten. Dieses innere Spannungselement läßt sich nicht ohne Substanzverlust eliminieren.

B: Dazu kann ich nur sagen: Das leuchtet mir ein, ist mir aber nicht nur von Jesus oder dem Neuen Testament her, sondern auch aus anderer Literatur bekannt.

A: Das *dritte* Spannungsmoment stellt eine Radikalisierung und Vertiefung des zweiten dar. Ging es dort um das Außergewöhnliche im Alltäglichen, so geht es nun um die Elemente Verlust und Gewinn, Schwäche und Stärke, Armut und Reichtum, Niedrigkeit und Hoheit, ja sogar Tod und Leben. Das Wirken und die Verkündigung Jesu hat ja einen auffälligen Zug nach *unten:* zu den „Mühseligen und Beladenen" (Mt 11,28), Verachteten und Ausgestoßenen, zu den an Leib und Seele Kranken, mit einem Wort: zu den Verlorenen[41].

B: Ich empfinde das weder als bemerkenswert noch als besonders spannungsvoll. Wenn ein Mensch anderen helfen oder etwas Gutes tun will, dann wird er sich naheliegenderweise an solche wenden, die in Not sind und Hilfe brauchen, statt an zufriedene Menschen, denen es gutgeht.

A: Das ist richtig. Allerdings muß dabei auch nach dem *Maßstab* für Hilfsbedürftigkeit gefragt werden. Der muß nicht medizinischer oder finanzieller Art sein.[42] Auch wohlhabende Menschen können arm und elend dran sein und darum Hilfe brauchen. Aber ich will damit auf ein Element hinweisen, das auch in den neutestamentlichen Evangelien und schon im Gottesverständnis des Alten Testaments vorkommt, nämlich, daß die Armut bzw. die Armen selbst eine Nähe zur Gottesherrschaft haben und daß darum die Armen seliggepriesen werden können (Lk 6,20). Das findet sein Pendant in dem Weheruf über die Reichen und Satten (Lk 6,24 f.) und in der Beispielgeschichte vom reichen Kornbauern (Lk 12,16 – 21) sowie in dem provozierenden Bildwort, das besagt, daß leichter ein Kamel durch ein Nadelöhr geht, als daß ein Reicher in die Gottesherrschaft eingehe (Mk 10,25, Mt 19,24; und Lk 18,25). Besonders pointiert kommt das zum Ausdruck in Hannas Lobgesang (1. Sam 2,6 f.), wo es heißt: „Der Herr macht arm und reich; er erniedrigt und erhöht." Dem entspricht Marias Lobgesang in Lk 1,52: „Er stößt die Gewaltigen vom Thron und erhebt die Niedrigen". Unter den Liedern des Gesangbuchs nimmt das bekannte Lied von Georg Neumark: „Wer nur den lieben Gott läßt walten" in seiner sechsten Strophe diesen Gedanken mit folgenden Worten auf: „Es sind ja Gott sehr

---

41 Siehe dazu Mk 10,35–45; Mt 11,28; 25,31–46; Lk 5,27–32; 15,1–32; Joh 13,1–15 und Phil 2,5–11.
42 Beispiele dafür sind die reichen Zöllner Levi (Mk 2,14–17; Lk 5,27–32) und Zachäus (Lk 19,1–10).

leichte Sachen und ist dem Höchsten alles gleich: den Reichen klein und arm zu machen, den Armen aber groß und reich ...".

B: Dieses sogenannte dritte Spannungselement überzeugt mich nicht. Es entspricht auch nicht unserer Erfahrung, daß Reiche (von Gott) regelmäßig in Armut gestürzt werden, Arme aber (von Gott) reich gemacht werden. Außerdem hätten diese Aussagen als generelle Regeln eine ziemlich absurde Konsequenz: Sowie ein Reicher arm gemacht wird, müßte er – weil er nun arm ist – reich gemacht werden und umgekehrt. Die daraus resultierende Rotationsbewegung zwischen Reichtum und Armut, Erhöhung und Erniedrigung muß man doch, bei allem Respekt, als Unfug bezeichnen.

A: Obwohl das ein hartes Urteil ist, muß ich B Recht geben. Diese, wie eine generelle Regel wirkenden Aussagen kommen nicht zufällig in drei poetischen Texten bzw. Liedern vor und können deshalb nicht als generelle Verlaufsregeln verstanden werden, sondern als Warnung vor drohender Selbstsicherheit von Reichen einerseits und als Ermutigung der von Resignation bedrohten Armen andererseits. Sie bringen solche Erfahrungen aus der Perspektive von erniedrigten oder verarmten Menschen zum Ausdruck und dürfen wohl auch nur so verstanden werden.

B: Daß das gelegentlich so passieren kann, würde ich auch nicht bestreiten, aber als allgemeine Aussage ist das doch eindeutig unzutreffend. Ich bin froh, daß wir uns darin einig sind.

A: Pointiert kommt eine ähnliche, aber noch tieferreichende Spannung in *allen* Evangelien zum Ausdruck in der Verheißung: „Wer sein Leben verliert um des Evangeliums willen, wird es gewinnen" (Mk 8,35; Mt 10,39 und 16,25; Lk 9,24 sowie Joh 12,25) und in der zugehörigen Warnung: „Wer sein Leben behalten will, der wird es verlieren" (Mk 8,35; Mt 16,25; Lk 9,24 und Joh 12,24). Hier wird im Zusammenhang der Leidensankündigungen Jesu eine Erkenntnis formuliert, die auf Jesu Tod am Kreuz und seine Auferstehung vorausweist bzw. im Bewußtsein seines Todes und seiner Auferstehung formuliert ist: Der Zugang zu Gottes ewigem Leben führt nicht am Tod vorbei, sondern durch ihn hindurch – auch bei Jesus Christus selbst und bei allen, die an ihn glauben. In der kirchlichen Liturgie und im Gesangbuch taucht das auf in dem Satz: „Geheimnis des Glaubens: Im Tod ist das Leben" (EG[Wü] 585,1–4). Und das bezieht sich nicht nur auf Märtyrer.

B: Führt das nicht zu einer tendenziellen Verharmlosung oder gar Verklärung von Leiden und Tod oder geht es dabei um eine Art Handel oder Geschäft mit Gott nach dem bekannten Motto: Wer hier in diesem Jammertal leidet (wie zum Beispiel der arme Lazarus[43]), der wird dafür im Jenseits (in Abrahams Schoß) getröstet. Man

---

43 Ich spiele damit auf die Gleichniserzählung vom reichen Mann und armen Lazarus aus Lk

muß kein Marxist sein, um zu erkennen, daß das eine Vertröstung ist, an deren Wahrheit man mit guten Gründen zweifeln kann, und daß es eine Vertröstung ist, mit der man Menschen über Jahrhunderte hin dazu bewogen hat, sich mit ihrem Schicksal abzufinden, nicht aufzubegehren und alles hinzunehmen. Diese Ergebenheits-Theologie finde ich schlimm und überdies gesellschaftlich gefährlich, weil sie dazu angetan ist, die Kräfte und Akteure der Unterdrückung, der Gewalt und des Todes noch zu ermutigen und zu bestärken.

A: Ich stimme zu, daß das in der Geschichte des Christentums nicht selten vorgekommen ist. Aber daß das ein *Mißverständnis und Mißbrauch* dieser Texte ist, wird schon durch *die* neutestamentlichen Aussagen klar, die dazu anregen, Armen und Notleidenden zu helfen,[44] vor allem aber zeigt es sich am alt- und neutestamentlichen Gebot der *Nächstenliebe*, das zusammen mit dem Gebot der Gottesliebe im Neuen Testament als *höchstes Gebot* bezeichnet wird.[45]

B: Aber man muß doch unterscheiden, ob etwas als Gebot in der Bibel bzw. in einer anderen Heiligen Schrift steht oder ob es im Christentum bzw. in einer anderen Religionsgemeinschaft konsequent *befolgt* wird. Und was Letzteres anbelangt, hat doch das Christentum im Allgemeinen in seiner Geschichte – jedenfalls ab dem 4. Jahrhundert, also nach der Konstantinischen Wende – und auch das evangelische Christentum von seinen Anfängen an ein problematisches Erbe mitbekommen. Man denke nur an Luthers Schriften zu den Bauernkriegen.

A: Luthers Denkansatz – auch in den Bauernkriegen – besagt: Ein Christ soll bereit sein, *für sich selbst* Unrecht zu erleiden, aber er soll dem Bösen mit allen rechtlich zulässigen Mitteln widerstehen, wenn es um seinen *Nächsten* oder um *andere Menschen* geht, die ihm anvertraut sind, oder wenn die gesellschaftliche Ordnung durch Gewalttäter und Gewalttaten bedroht ist.[46] Für diesen Ansatz beruft Luther sich auf biblische Aussagen, die sich in all den Schriften finden lassen, die einerseits einen radikalen Gewaltverzicht fordern, aber andererseits die Legitimität der staatlichen Gewaltanwendung betonen.[47]

16,19–31 an, die man angesichts ihres Schlußsatzes: „Hören sie Mose und die Propheten nicht, so werden sie sich auch nicht überzeugen lassen, wenn jemand von den Toten aufersteht" für eine polemische jüdische Erzählung halten könnte, die sich gegen das Christentum, insbesondere gegen den Glauben an die Auferstehung Jesu von den Toten richtet.

44 So zum Beispiel Mk 14,7; Mt 10,42; 25,35 und 42; Joh 12,8; Apg 4,34f.; Hebr 13,16.

45 Mk 12,31; Mt 5,43–48; 22,39; Lk 10,25–37; Joh 13,34; Röm 13,9; Gal 5,14; Jak 2,8.

46 Vergleiche dazu W. Härle, ‚Niemand soll in eigener Sache Richter sein'. Luthers Sicht der Obrigkeit und der demokratische Rechtsstaat, in: U. Heckel u.a. (Hg.), Luther heute, Tübingen 2017, S. 294–318. Diese Auffassung kommt auch in Artikel 16 des Augsburger Bekenntnisses und in Artikel 5 der Barmer Theologischen Erklärung zum Ausdruck.

47 Es handelt sich vor allem um drei biblische Schriften: Matthäusevangelium (5,39 und 20,25); Römerbrief (12,14–21 und 13,1–7) und 1. Petrusbrief (3,9 und 2,13f.).

B: Aber man kann doch auch durch die persönliche wehrlose Hinnahme von Unrecht Unrechttäter zur Fortsetzung oder Wiederholung ihrer Untaten ermutigen und sich so mitschuldig machen. Deswegen halte ich das Beschreiten des Rechtswegs auch im Blick auf persönlich erlittenes Unrecht für grundsätzlich zulässig und sogar für empfehlenswert. Vielleicht kann man sagen, daß Widerstand gegen das Böse dort geboten ist, wo er um des Gemeinwohls willen erfolgt – und nicht aus egoistischen Gründen wie zum Beispiel aus Rachsucht.

A: Dem kann ich durchaus zustimmen. Die diesbezügliche Verkündigung Jesu wäre übrigens mißverstanden, wenn man sie als Gebot der generellen widerstandslosen Hinnahme von Übel, Leiden und Tod deuten würde. Dem Johannesevangelium zufolge hat Jesus bekanntlich, um die göttliche Bestimmung des Tempels als Bethaus gegen ihre menschliche Mißachtung wieder zur Geltung zu bringen, die Händler und Geldwechsler mit Gewalt aus dem Tempel vertrieben (Joh 2,13–17), und als Jesus während seines Prozesses von einem Diener wegen einer selbstbewußten Antwort ins Gesicht geschlagen wurde, hat er nicht die andere Backe hingehalten, sondern dagegen protestiert (Joh 18,22 f.). Wenn Jesus die bekannte Formulierung aus der Bergpredigt vom Hinhalten der anderen Backe (Mt 5,39) buchstäblich verstanden hätte, dann hätte er sich doch in dieser Situation anders verhalten müssen.

B: Das kommt gelegentlich bei Religionsstiftern vor, die sich selbst nicht an die von ihnen verkündigten Gebote halten. Aber darum geht es mir in diesem Fall gar nicht, sondern um die generelle christliche Tendenz, die Friedrich Nietzsche zu Recht als „Sklavenmoral" bezeichnet hat.

A: Diese Diagnose stimmt schon deshalb nicht, weil ja den Verlorenen, Kranken, Leidenden *Erlösung, Rettung, Heilung und Trost* zugesagt wird – und zwar nicht erst im Jenseits, sondern schon hier und jetzt. Aber das wäre zu oberflächlich verstanden, wenn man es im Sinne eines zeitlichen Nacheinanders deuten würde nach dem Motto: Jetzt erdulden wir Armut, Leiden und Tod; dann warten auf uns als Belohnung oder Ausgleich Reichtum, Heilung und Leben. Es geht auch hier um ein *Ineinander.* Richtig daran ist, daß gemäß der christlichen Botschaft den Menschen, die an Gott glauben, nicht Armut, Leiden und Tod erspart bleiben, sondern daß sie *in* dem allen Gottes Nähe und Gegenwart erfahren können. Das kommt in den Briefen des Paulus besonders klar zum Ausdruck, wenn er etwa beschreibt, wie Schwachheit als Stärke erfahren werden kann und wie sich dadurch die Maßstäbe von „schwach" und „stark", „töricht" und „weise", „Tod" und „Leben" verwandeln[48]. Auch diese Spannung, die prägnant zum Ausdruck kommt in Aussagen wie: „denn wenn ich schwach bin, so bin ich stark" (2. Kor 12,10) oder „Geheimnis des Glaubens:

---

48 So zum Beispiel in 1. Kor 1,25–29; 2. Kor 4,10–13; 11,30 und 12,5–9.

im Tod ist das Leben",[49] gehört deshalb unverzichtbar zur Verkündigung und zum Wirken Jesu.

B: Über die Themen „Tod", „Auferstehung" und „ewiges Leben" müssen wir natürlich noch ausführlicher streiten. Im Moment interessiert mich aber vor allem, welches vierte Spannungselement A in der Verkündigung Jesu entdeckt hat, das man beim christlichen Reden von Gott bedenken muß.

A: Das *vierte* Spannungselement ist meines Erachtens das aufregendste: Die Gottesherrschaft wird von Jesus einerseits verkündigt als etwas, das ganz *von selbst* kommt,[50] ohne menschliches Zutun; andererseits als etwas, das sich nur denen erschließt und nur bei denen zur Wirkung kommt, die sich *darauf einlassen*, die daran glauben und entsprechend handeln[51]. Auch diese Spannung darf nicht einseitig aufgelöst, sondern muß zusammengehalten werden. Das ist auch deshalb wichtig, weil nur so die unfruchtbare Alternative, ob der Glaube Gottes Werk oder unser Tun ist, überwunden werden kann.[52] Ich verstehe die Verkündigung und das Wirken Jesu so, daß dadurch dem Menschen, der sie hört, eine Zusage gemacht oder eine Erfahrung vermittelt wird, die Vertrauen, Zuversicht oder Hoffnung wecken oder entzünden kann. Aber erst dort, wo diese Zusage oder Erfahrung tatsächlich Glauben findet, wird sie wirksam.[53]

B: Ich empfinde diese letzten Aussagen in hohem Maß als gefährlich und mißbrauchbar. Mit den ersten drei Elementen (Zukunft/Gegenwart; Besonderes/ Alltägliches; Schwachheit/Stärke) kann ich etwas anfangen und finde das durchaus ansprechend, weil erfahrungsbezogen. Freilich ist das meiste noch so formal und allgemein, daß ich noch nicht ganz sehen kann, was das über Gott und speziell über das christliche Gottesverständnis aussagt. Aber der letzte Gedanke, daß der Glaube selbst eine (mit-)konstitutive Funktion hat, erscheint mir als hochproblematisch.

A: Zugegeben: Das ist auch problematisch – außerdem sicher auch mißverständlich. Gerade deshalb möchte ich mich darüber mit B genauer auseinandersetzen. Ich würde das aber im Moment gerne zurückstellen, um zunächst auf die

---

49 Das ist Teil der Abendmahls- bzw. Eucharistieliturgie im Anschluß an 1. Tim 3,9.

50 Die Gottesherrschaft kommt „automatisch", das heißt: aus ihrer *eigenen* Kraft, wie es in Mk 4,27 heißt.

51 In Mk 9,23 f. sagt Jesus zu dem Vater eines epileptischen Knaben: „Alle Dinge sind möglich dem, der da glaubt", und die Beispielerzählung vom barmherzigen Samariter schließt in Lk 10,28 mit der Aufforderung: „Tue das, so wirst du leben".

52 Siehe dazu W. Härle, Der Glaube als Gottes- und/oder Menschenwerk in der Theologie Martin Luthers (1992), in: W. Härle, Menschsein in Beziehungen, Tübingen 2005, S. 107–144.

53 Hier stellt sich die Frage, ob der christliche Glaube folglich den Charakter einer self-fulfilling-prophecy hat. Mit dieser Frage habe ich mich in meinem Aufsatz: „Ist ‚self-fulfilling-prophecy' eine theologisch brauchbare Kategorie?" in: ThLZ 148/2023, Sp.147–160 beschäftigt und komme zu einer grundsätzlich bejahenden Antwort. Siehe dazu unten S. 105–114.

Frage von B einzugehen, was das alles über Gott und speziell über das christliche Gottesverständnis sagt.

B: Ich kann dieser Zurückstellung im Moment aus Gründen der Übersichtlichkeit zustimmen, möchte aber gleich darauf hinweisen, daß von meinen diesbezüglichen Bedenken natürlich das ganze Reden von Gott betroffen ist. Insofern melde ich hiermit einen generellen Vorbehalt an. Aber die Frage, was das über Gott nach christlichem Verständnis sagt, ist auch für mich jetzt vordringlich.

A: Um das zu beantworten, muß ich zunächst auf ein inhaltliches Element verweisen, das in allem bisher Gesagten mitgedacht oder vorausgesetzt war, aber noch nicht ausdrücklich zur Sprache kam: Es geht in all diesen Aussagen und in den Gleichnissen um das Heil(-werden) des Menschen. Damit wird Gott nicht als neutrale Größe verstanden, sondern als Anwalt, Helfer und Retter des Menschen.

B: Ich räume ein, daß es so etwas wie eine Sehnsucht des Menschen nach „Heil" gibt. Ich würde allerdings eher von sinnvollem, erfülltem, gelingendem, vor allem aber von *glücklichem* Leben sprechen. Aber genau das garantiert oder bringt Gott doch nicht. Und das kann ja auch durch das Erzählen von Gleichnissen kaum gebracht werden. Etwas anderes ist es sicher, wenn Krankenheilungen stattfinden oder Menschen aus sozialer Isolierung befreit werden, in die sie übrigens oftmals erst durch religiöse Vorschriften oder Regeln geraten![54] Wenn das Christentum durch seine Verkündigung oder seine Aktionen in diesem Sinne „Heil" vermitteln könnte, dann bräuchten sich die Kirchen vermutlich keine Sorgen um ihre Mitgliederzahlen zu machen.

A: Solche Angebote und Erfahrungen gibt es ja durchaus. Ich denke zum Beispiel an spektakuläre Auftritte von religiösen Krankenheilern. Aber ich sehe das mit einer gewissen Skepsis. Nicht weil ich bezweifle, daß die geistig-seelisch-soziale Gesundung eines Menschen auch körperliche Auswirkungen haben kann, und auch nicht, weil ich bezweifeln würde, daß es Menschen gibt, von denen heilende Kräfte ausgehen. Aber mit dem Personenkult, mit der Lautstärke und – vor allem – der Erfolgs- und Geldorientierung, die dabei oft eine große Rolle spielen, habe ich große Probleme. Heil ist etwas anderes als Erfolg. Heil ist auch nicht einfach mit Glück identisch. Heil ist das Finden dessen, was sich im Glück und Unglück, im Gelingen und Scheitern, im Leben und Sterben als tragfähig und orientierend erweist. Davon ist die Rede, wenn von Gott die Rede ist. Und der Spitzensatz der christlichen Gotteslehre heißt: „Gott ist Liebe" (1. Joh 4,8 und 16). Das heißt, das, was im Leben und Sterben tragfähig und orientierend ist, das, was „bleibt", wenn alles vergeht, ist die

---

54 Ich denke dabei zum Beispiel an ekklesiogene, also durch Kirchen verursachte Neurosen oder an das, was Tilmann Moser in seinem gleichnamigen Buch von 1976 treffend als „Gottesvergiftung" bezeichnet hat.

Liebe (1. Kor 13,13). Anders gesagt: Das einzige, worauf es im Leben eines Menschen wirklich und letztlich ankommt, ist, ob dieses Leben von der Liebe berührt, erreicht und gestaltet wird. Und für diese Botschaft stehen auch und vor allem die Gleichnisse Jesu von der Gottesherrschaft.

B: Aber es gibt doch auch Gleichnisse und Worte Jesu, die besagen, daß Menschen nicht nur gerettet, sondern daß viele auch *verdammt* werden, *verlorengehen*, Gleichnisse mit einem *doppelten* Ausgang, wie man sagt.[55] So eindeutig positiv ist das Gottesbild Jesu offensichtlich nicht. Ich empfinde das Bild, das A zeichnet, als einseitig und geschönt. Die dunklen Seiten werden von ihm einfach ausgeblendet, damit ein helles, einladendes, menschenfreundliches Bild entsteht.

A: Ich muß und will zugeben, daß vom Gerichtsaspekt oder vom Zorn Gottes bisher kaum die Rede war. Insofern akzeptiere ich den Vorwurf der Einseitigkeit. Aber auch hier gilt: Sie wird nicht dadurch überwunden, daß man im Sinne von „einerseits – andererseits" den Zorn Gottes neben die Liebe oder das Gericht neben die Gnade stellt, sondern so, daß man beides integriert.[56] Dabei muß und will ich allerdings zugestehen, daß es *einzelne* neutestamentliche Aussagen gibt, bei denen ich eher ein unverbundenes Nebeneinander oder gar ein Übergewicht der Gerichtselemente wahrnehme. Sie lassen sich vor allem in den Anfangsteilen der Evangelien, und zwar in der Verkündigung Johannes des Täufers finden.[57] Im Zentrum *seiner* Verkündigung steht die Warnung vor dem drohenden Gericht Gottes und die Aufforderung zur Wassertaufe als Zeichen der Buße zur Vergebung der Sünden. Er bleibt also weitgehend auf die Überwindung der Sünden durch Buße und Askese fixiert. Das ist zwar auch eine Verkündigung in positiver Absicht, aber sie enthält noch nicht die Zusage einer Erneuerung der Menschen durch die Taufe mit dem Heiligen Geist. Wenn die neutestamentlichen Aussagen über den Täufer dessen Selbstverständnis angemessen wiedergeben, dann war ihm diese Differenz[58] durchaus bewußt, als er Jesus im Jordan taufte. Den Evangelien zufolge hat Jesus deshalb Johannes den Täufer – allerdings als den Größen – dem *alten* Bund zugeordnet und nicht der neutestamentlichen Verkündigung der Gottesherrschaft.[59]

---

55 Das gilt zum Beispiel für Mk 13,28 – 32; Mt 7,13 f. und 24 – 27; 12,33 – 37; 18,23 – 35; 24,45 – 51 und 25,1 – 46; Lk 12,41 – 46; 19,12 – 27 und 21,29 – 33.

56 Eine solche Integration erscheint mir in dem Passionslied „Holz auf Jesu Schulter" gelungen zu sein, wenn es darin heißt: „Streng ist seine Güte, gnädig sein Gericht" (EG 97,4).

57 Siehe Mk 1,2 – 8; Mt 3,7 – 10; Lk 3,7 – 18; Joh 1,19 – 27 und Apg 1,5.

58 Sie blieb übrigens auch nach dem Kommen Jesu noch lange, ja bis heute erhalten. Siehe dazu Apg 19,1 – 7 und die Religionsgemeinschaft der Mandäer, die sich bis heute der Botschaft des Täufers verpflichtet wissen.

59 Mt 11,11 und Lk 7,28.

Diese Aussagen des Täufers müssen aber von der „Mitte des Evangeliums" her relativiert werden. Relativiert heißt freilich nicht eliminiert.

B: Was soll diese spitzfindige Unterscheidung bedeuten: relativiert, ja, aber nicht eliminiert?

A: Ich hoffe, daß ich B zeigen kann, daß das keine spitzfindige, sondern sogar eine *notwendige* Unterscheidung ist. Wenn man die Einsicht, daß es für uns Menschen ein letztes, also Jüngstes Gericht gibt, eliminieren, und das heißt abstreiten würde, dann wäre es *gleichgültig*, wie Menschen sich der Verkündigung Jesu von der kommenden Gottesherrschaft gegenüber verhalten. Es gibt schlichte, das heißt: undifferenzierte Formen der Lehre von einer „Allerlösung"[60], die zumindest dazu tendieren. Die unfreiwillige und vermutlich sogar unerwünschte Konsequenz wäre aber, daß damit diese Verkündigung selbst gleichgültig würde. Man merkt das übrigens auch daran, daß es unter dieser Voraussetzung schwer bis unmöglich wäre, die Frage zu beantworten, warum die christlichen Kirchen das Evangelium von der kommenden Gottesherrschaft in Gottesdiensten verkündigen sollten und warum Menschen diese Gottesdienste besuchen sollten. Interessanterweise ergibt sich aber dieselbe Konsequenz aus einer entgegengesetzten Lehre: aus der Lehre von der ewigen göttlichen doppelten Prädestination der Menschen entweder zum ewigen Heil oder zur ewigen Verdammnis. In beiden Fällen käme das – einfache oder zweifache – Ziel und Ende nach Gottes ewigem, unveränderlichem Ratschluss unabhängig davon, ob es verkündigt, geglaubt oder abgelehnt wird.

B: Das leuchtet mir beim ersten Hören total ein, bringt aber mich vermutlich weniger in Verlegenheit als A!?

A: Das ist nur dann der Fall, wenn man sich auf diese Alternative zwischen undifferenzierter Allerlösung und doppelter ewiger Prädestination festlegen läßt.

B: Wie soll und kann man das vermeiden?

A: Eine einfache, aber theologisch hochproblematische Form der Vermeidung bestünde darin, den endzeitlichen Ausgang des menschlichen Lebens ganz vom menschlichen Entscheiden und Verhalten abhängig zu machen. Das ist in den Religionen der Fall, in denen Gott oder die Götter entweder die guten und die bösen Werke der Menschen oder deren richtige oder falsche religiöse Einstellungen festhalten in Büchern oder auf Waagschalen und beim Endgericht feststellen, welche der beiden Seiten überwiegt. Die Entscheidung liegt also in diesem Fall ganz in den Händen der Menschen.

---

60 Diesen treffenderen Begriff (statt Allversöhnungslehre) hat J. Ch. Janowski in ihrer gleichnamigen, höchst differenzierten Habilitationsschrift im Jahr 2000 in die theologische Diskussion eingeführt.

B: Als evangelischem Theologen wird A aber vermutlich auch diese dritte Möglichkeit nicht zusagen, weil das eine Position einschließt, die man in der evangelischen Kirche und Theologie als „Werkgerechtigkeit" bezeichnet und negativ beurteilt.

A: Diese Vermutung ist richtig und kann sich auf zahlreiche und gewichtige biblische Aussagen stützen. Damit stellt sich aber für mich natürlich die Frage, ob es eine weitere, also vierte Möglichkeit gibt, die endgültige Entscheidung über das menschliche Schicksal durch Gott zu denken. Die finde ich am deutlichsten entwickelt im Johannesevangelium. Dabei beginne ich mit einem geradezu programmatischen Satz, der als ein Spruch Jesu in Joh 3,17 f. überliefert ist: „Denn Gott hat seinen Sohn nicht in die Welt gesandt, daß er die Welt richte, sondern daß die Welt durch ihn gerettet werde. Wer an ihn glaubt, der wird nicht gerichtet; wer aber nicht glaubt, der ist schon gerichtet ...". Damit wird nicht gesagt, daß es aus der Sicht des christlichen Glaubens kein Gericht gäbe, sondern damit wird gesagt, daß das Gericht keine zusätzlich zu Glauben oder Unglauben erfolgende *Sanktion* ist, sondern bereits *im* Glauben oder Unglauben ergeht.

B: Entschuldigung, aber das verstehe ich nicht.

A: Das klingt vielleicht beim ersten Hören unverständlich, ist uns aber aus vielen Zusammenhängen bekannt, und zwar immer dann, wenn es um etwas außerordentlich Wichtiges und Wertvolles im Leben geht, das ein Mensch erlangen bzw. gewinnen kann oder verfehlt bzw. versäumt. Der Verlust des Wichtigen und Wertvollen zieht nicht eine Bestrafung nach sich, sondern er *ist selbst* das negative Ergebnis der Verfehlung bzw. des Versäumnisses. Wir kennen das zum Beispiel von kostbaren Beziehungen her, die gescheitert sind, oder von einmaligen Chancen her, die sich uns eröffnet haben, aber von uns nicht ergriffen wurden. Dafür paßt nicht einmal die Formulierung, daß die Strafe in solchen Fällen auf dem Fuß folgt, sondern der Verlust *ist* selbst „die Strafe". Das heißt aber auch, daß es gar keiner gesonderten Strafe bedarf, weil der Mensch bereits durch den Verlust genug gestraft ist. So erklärt sich der jeweilige doppelte Ausgang in den meisten der von B angeführten Bibelstellen, zum Beispiel in Form eines einstürzenden Hauses oder des Ausgeschlossenseins von einem Festmahl.

B: Das leuchtet mir ein, sofern es tatsächlich um etwas Wertvolles und Wichtiges im Leben geht, vor allem dann, wenn man die negative Entscheidung nicht rückgängig machen kann.

A: Genau genommen kann man gar nichts rückgängig machen, was geschehen ist, aber man kann unter Umständen darauf hoffen, daß sich die günstige Gelegenheit noch einmal ergibt und man dann eine andere Entscheidung treffen kann als früher.

B: Aber das setzt doch immer voraus, daß ein Mensch das Wichtige und Wertvolle an oder in dem *erkennt*, was er annimmt oder ausschlägt, was er ergreift oder verfehlt!? Diese Deutung des Gerichtsgedankens setzt also voraus, daß der betreffende

Mensch sich dessen *bewußt* ist, daß der Glaube an Gott ein wertvolles Gut und der Unglaube ein schwerer Verlust ist. Aber da bin ich mir gar nicht so sicher.

A: Ja, das ist eindeutig aus der Sicht des Glaubens gesprochen, und die kann man nicht bei jedem Menschen fraglos voraussetzen. Aber die Bibeltexte gehen davon grundsätzlich aus und verstehen das negative Urteil im Gericht von daher.

B: Gibt es dafür *mehr* biblische Belege als die *eine* Stelle im Johannesevangelium?

A: Ja, schon im Alten Testament findet sich die Aussage: „Meinst du, daß ich Gefallen habe am Tode des Gottlosen, spricht Gott der Herr, und nicht vielmehr daran, daß er sich bekehrt von seinen Wegen und am Leben bleibt" (Hes 18,23). Und in 1. Tim 2,4 heißt es, daß Gott „will, daß alle Menschen gerettet werden und sie zur Erkenntnis der Wahrheit kommen."

B: Aber wenn das stimmen würde, dann könnte und müßte ein allmächtiger Gott doch einfach alle Menschen retten und sie zur Erkenntnis der Wahrheit bringen.

A: Gott handelt mit uns Menschen *nicht* so, daß er auf unsere Herzen bzw. Seelen Zwang ausübt. Erzwungenes „Vertrauen" wäre auch kein Vertrauen, sondern so etwas wie Hörigkeit. Sondern Gott lädt ein: „Laßt euch versöhnen mit Gott!" (2. Kor 5,20), er wartet auf unsere Antwort und respektiert sie, er steht, in einem schönen biblischen Bild gesagt, vor unserer Tür und klopft an und geht zu denen hinein, die seine Stimme hören und die Tür auftun (Offb 3,20). Aber man kann natürlich in diesem Sinn auch schwerhörig oder trotzig sein und nicht hören oder auftun.

B: Dann liegt es also doch an uns Menschen, und wer nicht glaubt, ist selber daran schuld!?

A: An ihrer Schwerhörigkeit sind Menschen in aller Regel nicht selbst schuld, aber wir sind sehr wohl dafür selbst verantwortlich, wie wir auf das *reagieren*, was wir hören. Wo ein Mensch sich der von ihm erkannten Liebe Gottes gegenüber verschließt und verweigert – sei es aus Mißtrauen, aus Trotz oder aus Hochmut –, da schließt er sich selbst von dieser Liebe aus, obwohl die ihm weiterhin unbeirrt gilt. Die Warnung vor dem „Gericht" oder „Verlorengehen" ist die *Kehrseite* der unersetzlichen Bedeutung der rettenden Wahrheitserkenntnis. Das möchte ich als *fünftes* Spannungselement in der Gottesverkündigung Jesu ausdrücklich ergänzen.

B: Damit hätten wir meines Erachtens eine Verständigung über den *Sinn* des Gottesbegriffs aus christlicher Sicht erzielt, den wir in unserem Streitgespräch zugrunde legen können. Ich erinnere mich aber, daß A bei meinem Vorschlag nicht nur eine Reihe von Ergänzungen bei den Eigenschaften Gottes gemacht hat, sondern auch anmahnte, daß wir uns noch über die *Beziehung zwischen Gott und Welt* verständigen müßten. Ich glaube, diese Baustelle ist noch offen und wäre jetzt an der Reihe.

II In welcher Beziehung steht Gott zur Welt?

A: Ja, das sehe ich auch so und akzeptiere gerne diesen Vorschlag von B. Dabei möchte ich zum Einstieg darauf hinweisen, daß ich bisher bewußt keinmal von einem „liebenden Gott" gesprochen habe, wohl aber die Rede von Gott als „Macht der Liebe" oder von „guten Mächten" ausdrücklich akzeptiert habe[61]. Das schließt Aussagen, die von Gott als oder wie von einer der Welt *gegenüberstehenden Person* sprechen, als eine irreführende Redeweise aus. Man kann zwar bildhaft so von Gott reden. Und in Predigten, Andachten, Gebeten und Liedern usw. *muß* man es sogar, aber man sollte sich dessen bewußt sein, daß man dann *metaphorisch*, also im übertragenen Sinn von Gott redet. Das Reden von Gott in Kategorien des Geschehens und der Beziehung erscheint mir als angemessener als das Reden von Gott als einem Individuum oder einer Person. Und wenn man von Gott als einem *Mann* oder einer *Frau* redet, dann spricht man sogar *potenziert* metaphorisch.

B: Ich verstehe nicht, was das heißen soll.

A: Meine Gründe für die Zurückhaltung gegenüber der *theistischen* Rede von Gott ergeben sich aus der Schwierigkeit, personale Aussagen im buchstäblichen, also nicht im übertragenen Sinn auf Gott anzuwenden. Der Begriff „Person" stammt aus der Theatersprache und bedeutet „Maske", durch die eine Stimme hindurchtönt (per-sonat), oder „Rolle", die in einem Theaterstück gespielt wird. Beides trifft aber allenfalls insofern auf Gott zu, als man sagen kann und muß, daß Gott *durch* Menschen, wie zum Beispiel durch die Propheten und durch Jesus Christus, zu Menschen spricht. Dann ist aber nicht Gott eine Person, sondern die Menschen, durch die er spricht, sind die Personen. Und selbst wenn man den Begriff „Person" in einem weiteren Sinn, nämlich im Sinn von „vernunftbegabtes Individuum" versteht oder definiert, bleibt die Aussage „Gott ist eine Person"[62] schwierig, weil und solange ein Individuum als eine *begrenzte* Größe gedacht wird, die abgesondert ist von anderen Individuen oder Personen, ihnen also *gegenübersteht*, sie aber nicht umfasst und durchdringt. Ich stimme Paul Tillich zu, wenn er sagt: „'Persönlicher Gott' bedeutet nicht, daß Gott eine Person ist... Er ist nicht: eine Person, aber er ist

---

61 Siehe oben in Anm. 34.

62 Ich bin aber durch ein mich überzeugendes Argument des Berliner Philosophen Holm Tetens zu der Einsicht gelangt, daß Tillich nicht Recht hat, wenn er die These vertritt, daß wir über Gott *ausschließlich* symbolische bzw. metaphorische Aussagen machen können. Das gilt zwar für alle Begriffe, die wir von Irdischem auf Gott übertragen, aber es gilt nicht für Begriffe, die – wie zum Beispiel „Ewigkeit" oder „Allmacht" – von Hause aus nur auf Gott angewandt werden können.

https://doi.org/10.1515/9783111578897-003

auch nicht weniger als eine Person... Das Symbol ‚Persönlicher Gott' ist irreführend." [63]

B: Heißt das, daß A ein *pantheistisches* Gottesverständnis vertritt, bei dem Gott mit der alles hervorbringenden, umfassenden und durchdringenden Natur (natura naturans[64]) gleichgesetzt wird?

A: Nein! Dieses pantheistische Gottesverständnis lehne ich ab, weil es meiner Überzeugung nach weder Gott noch der Welt noch der Beziehung zwischen Gott und Welt gerecht wird. Wohl aber vertrete ich ein Gottesverständnis, dem der Göttinger Philosoph Karl Christian Friedrich Krause Anfang des 19. Jahrhunderts den Namen „Panentheismus", auf Deutsch: „All-in-Gott-Lehre", gegeben hat.[65]

B: Was kann und soll man sich darunter vorstellen?

A: Das panentheistische Gottesverständnis geht von den beiden Eigenschaften aus, die B eingangs zu erwähnen vergessen hatte: Allgegenwart und Unsichtbarkeit Gottes. Im Gegensatz zum Pantheismus *vermischt* der Panentheismus jedoch nicht Gott und Welt, und im Gegensatz zum Theismus *trennt* er beide nicht.[66]

B: Aber der Hinweis auf einen Philosophen des 19. Jahrhunderts zeigt doch, daß das offenbar eine ganz neue, moderne Vorstellung ist, die zum Beispiel *nichts* mit den Aussagen der Bibel über Gott zu tun hat. Die sind doch ganz offensichtlich durch und durch vom Theismus geprägt. Da ist schon auf den ersten Seiten davon die Rede, daß Gott die Menschen aus Erde formt und ihnen Verbote erteilt, daß er am Abend, wo es kühl ist, im Garten Eden spazieren geht und daß er beim Turmbau zu Babel vom Himmel „herniederfährt" und die Sprache der Menschen verwirrt. Das alles ist doch in der biblischen Urgeschichte in 1. Mose 1 – 11 nachzulesen, und das alles sind doch massive theistische Vorstellungen von Gott. Wenn A all das mit Hilfe eines modernen oder modernistischen Panentheismus wegwischen will, bekommen wir nachträglich doch noch ein großes Verständigungsproblem über das, was wir mit dem Begriff „Gott" meinen.

---

63 P. Tillich, Systematische Theologie, Bd 1, Stuttgart [8]1984, S. 283. Hegel hat im Blick darauf in seiner „Wissenschaft der Logik" zu Recht von „schlechter Unendlichkeit" gesprochen, weil es sich dabei um eine *begrenzte* Unendlichkeit handelt, was ein Widerspruch in sich selbst ist.

64 Baruch de Spinoza vertritt in seiner „Ethik nach geometrischer Methode dargestellt" diese Position, wenn er sagt: „jenes ewige und unendliche Wesen, das wir Gott oder die Natur heißen" (Phil. Bibl. Meiner 92), S. 187.

65 K. Ch. F. Krause, Vorlesungen über das System der Philosophie, (Göttingen 1828) Breitenfurt 1981, S. 256. Siehe dazu W. Härle, „...und hätten ihn gern gefunden", Leipzig 2017, S. 224 – 230.

66 In seinem Artikel über „Panentheismus" bringt John Macquarrie das gut auf den Punkt: „Die Lehre des Panentheismus, daß alles, was ist, ‚in' Gott ist, weist auf eine engere Beziehung zwischen Gott und Welt hin, als sie der Theismus zuzugestehen bereit ist, geht aber nicht so weit wie die pantheistische Vorstellung von der Verschmelzung Gottes mit der Welt" (TRE XXV/1995, S. 611).

A: Ich bestreite diese von B angeführten biblischen Aussagen und Bilder natürlich überhaupt nicht. Man könnte diese Reihe leicht durch das Alte und das Neue Testament, durch die Kirchen- und Frömmigkeitsgeschichte, ja auch durch die Theologie- und Philosophiegeschichte hindurch fortsetzen. Aber ich bin der Auffassung, daß das durchweg *bildhafte* Sprache ist, die in einem übertragenen Sinn von Gott redet. Dabei sind diese Metaphern unserer irdischen Welt und ihrer Anschauung entnommen und werden auf Gott übertragen. Das läßt sich vergleichen mit der bildhaften, poetischen Sprache, die zum Beispiel in Gedichten verwendet wird. So ist die dichterische Bitte: „Willst du dein Herz mir schenken" natürlich nicht zu verstehen als Bitte um eine kostenlose Herztransplantation, sondern als Einladung zur Liebe, die selbst als eine Liebeserklärung zu verstehen ist. Und ich glaube auch, daß diese bildhafte Sprache, mit der Menschen von einer – für unsere Augen[67] – unsichtbaren Realität reden, einen unverzichtbaren Mehrwert hat gegenüber der buchstäblichen Interpretation, um die sich die wissenschaftliche Auslegung der Bibel und anderer Texte bemüht. Aber ich möchte auch noch hinzufügen, daß es zumindest zwei bekannte biblische Aussagen gibt, in denen das panentheistische Gottesverständnis deutlich zum Ausdruck kommt. Das ist zum einen Psalm 139, dessen Botschaft kulminiert in dem Satz aus Vers 5: „Von allen Seiten umgibst du mich und hältst deine Hand über mir" sowie zum anderen die von Lukas in Apostelgeschichte 17 überlieferte Areopagrede des Apostels Paulus mit ihrer Aussage in Vers 27 f.: „fürwahr, er ist nicht ferne von einem jeden unter uns. Denn in ihm leben, weben und sind wir".

B: Das sind unbestritten zwei schöne Aussagen über Gott, aber ist A im Ernst der Meinung, daß diese beiden biblischen Belege für den Panentheismus angesichts der erdrückenden Übermacht der theistischen Vorstellungen und Aussagen das ganze Gebäude des Panentheismus tragen können?

A: Wenn es nur diese beiden biblischen Aussagen gäbe, dann wäre das in der Tat ein schwaches Fundament. Aber der tiefere Sinn vieler anderer biblischer Aussagen – vor allem der vielen Aussagen über das Mit-Sein und Bei-uns-Sein Gottes – erschließt sich erst oder jedenfalls besser, wenn man sie im Sinn des Panentheismus versteht.[68] Dabei ist auch bemerkenswert, daß in bekannten und beliebten

---

67 Damit spiele ich auf die biblische Aussage aus 1. Sam 16,7 an, daß der Mensch nur sieht, was vor Augen ist, daß Gott aber das Herz (des Menschen) ansieht. Sie wurde im Neuen Testament aufgenommen in dem Wunsch: „Gott gebe euch erleuchtete Augen des Herzens" (Eph 1,18) und von A. de Saint-Exupéry in dem wunderbaren Satz des kleinen Prinzen: „Man sieht nur mit dem Herzen gut. Das Wesentliche ist für die Augen unsichtbar".

68 Diese panentheistische Verhältnisbestimmung von Gott und Welt fand aber auch Aufnahme im Neuplatonismus, in der jüdischen und christlichen Mystik, bei Dionysius Areopagita, Nikolaus von

Kirchenliedern, wie zum Beispiel Gerhard Tersteegens Liedern: „Gott ist gegenwärtig" (EG 165) und: „Ich bete an die Macht der Liebe" (EG-Wü 641)[69] sowie in Dietrich Bonhoeffers bekanntem Lied „Von guten Mächten treu und still umgeben" mit dem Schlußvers: „Von guten Mächten wunderbar geborgen, erwarten wir getrost, was kommen mag. Gott ist bei uns am Abend und am Morgen und ganz gewiß an jedem neuen Tag" (EG 65,1 und 7) diese panentheistische Vorstellung so überzeugend zu Wort kommt, daß das für zahllose Menschen zu einem authentischen Ausdruck ihres Glaubens und ihrer Frömmigkeit geworden ist.

B: Das will ich gar nicht bestreiten, aber ich frage mich, wie man sich dieses „All-in-Gott" konkret vorstellen soll.

A: Ich kenne dafür kein passenderes Bild als das einer erwünschten menschlichen Schwangerschaft, in der die entscheidenden Elemente des Panentheismus in anthropologischer Form zum Ausdruck kommen: Das neu entstehende menschliche Leben ist von dem mütterlichen Leib *umgeben* und von ihm *abhängig*, aber es ist *nicht* ein *Teil* der Mutter, sondern ein Wesen mit einem *eigenen Leben und Lebensrecht*. Die Mutter ist für den Fötus und Embryo nicht sichtbar, aber spürbar. Sie umgibt ihn und ist immer für ihn gegenwärtig, und zwischen beiden ereignet sich ein vielfältiger Austausch.[70] Und die Mutter ist dem werdenden Kind in *Liebe* zugetan. Die beiden gravierendsten Unterschiede dieses Bildes von der gemeinten „Sache" bestehen freilich darin, daß erstens die Beziehung zwischen Mutter und Embryo stets an die *leibhafte* Präsenz von Mutter und Kind gebunden ist, während das für die Beziehung zwischen Gott und Mensch nicht gilt, und daß zweitens das menschliche In-Sein des Kindes in der Mutter durch die Geburt ein Ende, genauer eine gravierende Veränderung erfährt, während das für das In-Sein der Welt in Gott nicht gilt.

B: Jetzt hat A offenbar mit seinem Verweis auf „Macht des Guten" und „Macht der Liebe" sein Verständnis von „Gott" als „Beziehungsgeschehen" eingeführt, das mir zugegebenermaßen noch ziemlich fremd ist. Fremd bzw. noch nicht überzeugend ist mir allerdings auch die darin unausgesprochen enthaltene Voraussetzung, daß wir, um das Ereignis von Liebe zu erklären oder zu verstehen, auf eine *tran-*

Kues, Johann Gottfried Herder, Georg Wilhelm Friedrich Hegel, Alfred North Whitehead, Charles Hartshorne, Paul Tillich, Jürgen Moltmann, Eilert Herms und vielen anderen.

69 Dieses Lied ist zwar durch die süßlich wirkende Melodie, die D. S. Bortnjansky im Jahr 1822 dem 1757 von Tersteegen gedichteten Choral gegeben hat, bei manchen in Mißkredit geraten, aber sein theologischer Gehalt ist nicht zu beanstanden. In den Worten aus der 4. Strophe dieses Liedes: „Nicht im Geschöpf, nicht in den Gaben, mein Platz, der ist in dir allein" findet die panentheistische Vorstellung einen klaren Ausdruck.

70 Siehe dazu das instruktive Buch von Thomas Verny und John Kelly: Das Seelenleben des Ungeborenen, München 1981.

szendente, also eine die Welt umfassende und übersteigende Macht der Liebe rekurrieren müssen. Ich habe den Eindruck, daß sich das aus der Willensentscheidung oder aus dem Einfühlungsvermögen des Menschen hinreichend erklären läßt. Aber ich verstehe jetzt etwas besser, warum A sich distanziert zu der Vorstellung von Gott als einer liebenden, allmächtigen, allwissenden *Person* geäußert hat. Bevor ich mir dazu eine Meinung und ein Urteil bilden kann, wüsste ich gerne genauer, wie A begründen will, daß dies *das christliche* oder jedenfalls *ein christliches* Gottesverständnis sei. Ich habe das jedenfalls bisher noch nie oder höchstens andeutungsweise als christliches Gottesverständnis kennengelernt. Es heißt doch im Apostolischen Glaubensbekenntnis: „Ich glaube an Gott, den Vater, den Allmächtigen, den Schöpfer des Himmels und der Erde". Ich stelle mir darunter jedenfalls immer so etwas wie eine jenseitige, absolute, unendliche Person vor, und ich vermute: die meisten Christen und andere Menschen doch auch. Und die Geister scheiden sich eben daran, daß die *einen* glauben, daß es diese oder eine solche Person, ein höchstes Wesen gibt, und die *anderen*, zu denen ich gehöre, können oder wollen das nicht glauben, weil sie das für eine Illusion halten.

A: Ich bestreite nicht, daß die meisten Menschen sich Gott so substantiell, individuell oder personalistisch vorstellen – wenn überhaupt. Und ich sagte schon, daß wir wahrscheinlich gar keine geeignetere Sprache haben, um von Gott zu reden, als die personale Sprache, weil wir die konkrete Erfahrung von Liebe immer oder fast immer als ein Geschehen zwischen – in der Regel zwei – menschlichen Personen erleben. Aber ich nannte ja schon die theologischen Gründe, warum eine solche Vorstellung von Gott als einem höchsten Wesen auch christlich-theologisch betrachtet problematisch ist. Es könnte sein, daß wir uns aufgrund einer solchen Vorstellung den Zugang zu Erfahrungen von und mit Gott verbauen.

B: Will A damit sagen, daß wir nur die richtigen Vorstellungen von Gott haben müssen, dann werden wir ihn auch entdecken oder erfahren? Das kommt mir doch ziemlich gekünstelt und abwegig vor.

A: So wie B es formuliert, wäre es auch künstlich und abwegig oder sogar so, als könnten wir uns und andere auf Gotteserfahrung programmieren. Ich meine aber etwas anderes: Es könnte doch sein, daß wir uns eine falsche Vorstellung von Gott machen, indem wir ihn uns wie einen mächtigen Steuermann oder wie einen allwissenden Berater oder wie einen stets sprungbereiten Helfer in der Not vorstellen, und hätten dann vielleicht das Gefühl: Davon merke ich nichts in meinem Leben bzw. das kommt in meinem Leben nicht vor. Da greift niemand in die natürlichen Abläufe wie von Zauberhand ein und löst meine Probleme. Auch im Leben eines gläubigen Menschen geht es doch ziemlich normal zu. Und wenn ich bete, bekomme ich keine Antworten oder Weisungen aus dem Jenseits durch eine himmlische Stimme. Aufgrund solcher enttäuschten Erwartungen würde ein solcher Mensch vermutlich sagen: Ich erfahre Gott jedenfalls nicht, oder: Er existiert nicht. Dabei könnte es sein, daß er gleichzeitig die Erfahrung gemacht hat, daß sich schwierige Strecken des Lebens im Rückblick als sinnvoll und heilsam erweisen, daß trotz schweren Versagens eine Beziehung wieder in Ordnung kommt, daß ihm durch ein Gebet oder ein Gespräch Ruhe, Klarheit und Kraft zuwächst – und das alles könnten doch Gotteserfahrungen sein. Es kann doch sein, daß Gott gerade *so* wirkt und erfahrbar wird. Aber aufgrund eines problematischen Gottesbildes wird nicht erkannt, daß es Gott ist, der gerade *so* in der Welt und im Leben von Menschen wirkt.

B: Das kann so sein, aber es muß nicht so sein. Ob das sinnvoll oder völlig willkürlich ist, kann man nicht entscheiden, indem man rückblickend Zusammenhänge aufdeckt oder positive Erfahrungen herausfiltert und die dann nachträglich „Gott" nennt oder mit Gott in Verbindung bringt, sondern indem man *vorher* sagt, welche Art der Erfahrung man als Gotteserfahrung bezeichnet und aus welchen Gründen man das tut, um daraufhin zu prüfen, ob sich solche Erfahrungen einstellen.

A: Ich habe den Eindruck, daß B damit für Religion, Glauben, aber auch für die menschliche Lebenserfahrung im Allgemeinen ein Kriterium aufstellt, das in dieser Form an mathematisch-naturwissenschaftlichen Modellen, zum Beispiel der Wahrscheinlichkeitsrechnung oder an Statistik oder am Modell des Doppelblindversuchs in der Medizin, orientiert ist. Da paßt das – jedenfalls weitgehend. Aber diese Art des Zugangs und der Erkenntnis bleibt doch an der Außenseite bzw. Oberfläche. B würde doch wahrscheinlich auch nicht behaupten, nur das sei Glück oder Sinn oder Erfüllung, was man vorher als solches definieren und dann empirisch verifizieren oder falsifizieren kann.

B: Das wäre allerdings schon deshalb ziemlich töricht, weil man sich auf diese Weise mit Sicherheit alle neuen Erkenntnisse und Erfahrungen verbauen würde. Die sind ja nur möglich, weil wir Wahrnehmungen und Erfahrungen machen können, die wir nicht erwarten und dann, wenn sie eintreten, lediglich durch empirische Tests überprüfen, sondern die unsere bisherigen Erwartungen, Vorstellungen, vielleicht sogar Kategorien sprengen. Aber darum geht es doch nicht, wenn wir uns über „Gott" und „Gotteserfahrung" verständigen, sondern es geht darum, ob der Begriff „Gott" so klar ist, daß man mit seiner Hilfe feststellen kann, ob das, was man erlebt, überhaupt eine Gotteserfahrung und dann vielleicht eine neue und überraschende Gotteserfahrung ist. Und das setzt doch voraus, daß man sich in irgendeiner Form darüber verständigen und überprüfen kann, ob es sich um eine Gotteserfahrung handelt.

A: „Verständigen" finde ich okay. „Überprüfen" finde ich schon schwieriger oder sogar unangemessen. Das klingt so, als könne man eine solche Erfahrung von außerhalb analysieren und an vorgegebenen Kriterien messen. Aber das geht doch nicht im Blick auf eine existentielle oder religiöse Erfahrung, also im Blick auf eine

Wirklichkeit, die „uns unbedingt angeht" (P. Tillich[71]). Aber ich würde das Anliegen von B insofern gelten lassen, daß ich nicht nur von „Erkenntnis" oder „Einsicht" oder „Gewißheit" spreche, sondern auch das Kriterium der „Kommunizierbarkeit" nicht nur gelten lasse, sondern mir gerne als Forderung an mich und an andere zu eigen mache.

B: Das kann ich natürlich gut akzeptieren. Mir leuchten auch die Einwände gegen „Überprüfbarkeit" weitgehend ein. Die Affekte, die uns existentiell betreffen, wie zum Beispiel Trauer, Freude, Scham, Glück usw. kann man wohl wirklich nicht von außerhalb überprüfen – wahrscheinlich nicht einmal von innerhalb, also bei sich selbst, weil man sich dazu schon von ihnen distanzieren müßte. Aber Kommunizierbarkeit ist jedenfalls ein Kriterium, durch das subjektive Willkür und Beliebigkeit reduziert oder eingegrenzt werden kann. Ich sehe allerdings noch nicht, wie man dieses Kriterium konkret und mit Aussicht auf Erkenntnisgewinn auf das Reden von Gott anwenden kann.

A: In gewisser Hinsicht haben wir das doch in unserem Dialog schon immer wieder versucht und – wie ich meine – nicht ganz erfolglos. Wir haben ja nicht ständig feststellen müssen, daß wir gar nicht verstehen, was der andere meint, sondern wir haben uns doch auch widersprochen – B hat zum Beispiel das, was ich glaube, für eine Illusion erklärt. Das setzt doch eine, wenn auch vielleicht zunächst nur bescheidene Form von Verstehen voraus. Insofern erweist unser Dialog doch die Möglichkeit von Kommunikation. Aber das Problem, mit dem wir uns jetzt beschäftigen, also die Kommunizierbarkeit, stellt sich für jede neue Religion, die nicht einfach allen bisherigen religiösen Überlieferungen widerspricht, sondern sie teilweise aufnimmt, teilweise kritisiert, teilweise modifiziert, teilweise vertieft. Wobei man letztlich sagen muß, daß von den Modifikationen auch das Übernommene mitbetroffen ist.

B: Heißt das nicht: Man muß sich eben auf die neue Religion einlassen, sonst versteht man sie gar nicht; und „sich einlassen" heißt „daran glauben"? Dann ergibt sich eine sehr einfache Lösung: Jeder, der einer neuen Religion widerspricht, hat sie eben nicht richtig verstanden, und wer sie richtig versteht, der glaubt eben.

A: Nein, ganz so ist es meines Erachtens nicht. Man kann eine Religion richtig verstehen und sich trotzdem von ihr abwenden. Und dafür gibt es – psychologisch gesprochen – gute Gründe. Aber immer stellt sich das Problem der Anknüpfung des Neuen an das Bekannte. Das kann man übrigens auch an der Art und Weise, wie Jesus von Gott gesprochen hat, gut aufzeigen. Jesus war jedenfalls abstammungsmäßig und seiner religiösen Herkunft nach Jude und wurde trotzdem – vermutlich

---

71 Das ist das Hauptkriterium seiner Systematischen Theologie (siehe oben Anm. 63), Bd. 1, S. 19 f. und oft.

wider Willen – zum Stifter einer neuen Religionsgemeinschaft. Hier muß sich daher das Problem von Kommunikation und Zustimmung oder Ablehnung deutlich stellen, und das tut es auch, wie man sowohl an Jesu Einstellung zur Sabbatheiligung,[72] zu den alttestamentlichen Reinheitsvorschriften sowie an den so genannten Antithesen in der Bergpredigt zeigen kann.

B: Das klingt interessant, aber das wüsste ich gerne genauer.

A: Okay. Fangen wir mit dem Sabbatgebot an, das bekanntlich zu den Zehn Geboten gehört und vorschreibt, den Sabbattag zu *heiligen*, und das heißt nach alttestamentlicher Vorstellung vor allem, keine Arbeit zu tun.[73] Was zu den Arbeiten gehört, die am Sabbat nicht getan werden durften, wurde im Lauf der Zeit durch eine Fülle von Einzelverboten immer detaillierter geregelt. Daß die Verrichtung von Arbeit (zum Beispiel in Form von Erntearbeiten, Handel mit Waren und das Sammeln oder Anzünden von Brennholz[74]) mit dem Tod bestraft werden soll, geht aus mehreren Aussagen des Alten Testaments[75] eindeutig hervor. Jesus heilt aber am Sabbat Kranke und er erlaubt seinen Jüngern, am Sabbat Ähren auszuraufen, um ihren Hunger zu stillen. Das bekräftigt die Absicht der Pharisäer, Jesus zu töten.[76]

B: Wie kann man erklären, daß das Übertreten des Sabbatgebots so drastisch als todeswürdiges Verbrechen verstanden und bestraft wird?

A: Die Todesstrafe ist in Israel nicht nur für das Übertreten des Sabbatgebots vorgesehen, sondern auch für die Übertretung anderer Gebote und Verbote[77], aber das Sabbatgebot hat insbesondere nach der Zerstörung des Salomonischen Tempels und nach der Wegführung ins babylonische Exil für Israel den Charakter eines – auch für andere erkennbaren – *Identitätsmerkmals* bekommen.

B: Und für Jesus, der doch Jude und ein Angehöriger des Volkes Israel war, gilt das nicht?

A: Jesus hat als frommer Jude gelebt, was sich auch daran zeigt, daß er regelmäßig am Sabbat den Synagogengottesdienst besucht und aktiv an ihm teilge-

---

72 Siehe dazu vor allem Mt 12,9 – 14; Mk 3,1 – 6 und Joh 5,15 – 18.

73 2. Mose 20,8 – 11. Das Gebot: „Gedenke des Sabbattages, daß du ihn heiligst" wird hier damit begründet, daß Gott nach seinem sechs Tage umfassenden Schöpferwerk selbst am siebten Tag ruhte, während in 5. Mose 5,12 – 15 dasselbe Gebot damit begründet wird, daß das Volk Israel als „Knecht in Ägyptenland" gelebt hat und von dort von Gott herausgeführt und befreit wurde. Hier steht also die Arbeitsruhe für Knechte und Mägde im Vordergrund der Aufmerksamkeit.

74 Neh 13,15 – 22; 2. Mose 35,1 – 3 und 4. Mose 15,32 – 36

75 So steht es in 2. Mose 31,14 f.; 35,1 – 3; 4. Mose 15,32 – 36 und Jer 17,19 – 27.

76 Das steht in Mk 3,6; Mt 12,14 und von „den Juden" in Joh 5,16 – 18.

77 Siehe zum Beispiel 1. Mose 9,6; 2. Mose 21,15 – 17; 22,19 und 3. Mose 20,10.

nommen hat.[78] Er hat keines der Zehn Gebote jemals abgelehnt oder verworfen, aber er hat sie, und zwar insbesondere das Sabbatgebot, anders verstanden. Und ich würde dieses gravierende Neuverständnis als eine *gelungene Vertiefung* bezeichnen.

B: Und worin besteht die?

A: Ich sehe sie in drei Punkten. Erstens in dem Satz: „Der Sabbat ist um des Menschen willen gemacht und nicht der Mensch um des Sabbats willen" (Mk 2,27). Damit wird mit einfachsten sprachlichen Mitteln daran erinnert, daß der Sabbat und das Einhalten des Sabbats für die Menschen eine *Wohltat und Lust* sein soll und keine drückende Last und Verpflichtung unter dem Damoklesschwert einer Todesdrohung. Das kann man eigentlich schon der Begründung des Sabbatgebots mit dem Hinweis auf Gottes Ruhen nach seiner Schöpfertätigkeit (in 2. Mose 20,11 und wohl auch 23,12) entnehmen und es taucht in Tritojesaja (Jes 58,13) auf in Form der Anregung, den Sabbat als „Lust" zu bezeichnen. Daraus folgert Jesus zweitens: „So ist der Menschensohn Herr auch über den Sabbat" (Mk 2,28[79]). Das ergibt sich schon aus der Zweckbestimmung des Sabbats zum Wohl des Menschen, führt aber mit dieser Aussage zu einem neuen Verständnis der von Gott gegebenen Gebote bzw. Gesetze. Drittens versteht Jesus das Wort „heiligen" im Sabbatgebot neu, und zwar ganz sachgemäß. Es heißt für ihn Gutes – und nicht Böses – tun. Dabei verweist er mit rhetorischen Fragen auf Verhaltensweisen, die auch ein Jude unbeschadet des Sabbatgebots am Sabbat selbstverständlich verrichtet, indem er ein Kind oder Tier, das in einen Brunnen gefallen ist, natürlich am Sabbat rettet, indem er sie herauszieht (Lk 14,5), indem er sein durstiges Vieh auch am Sabbat tränkt (Lk 10,15) und indem er seinen hungrigen Jüngern auch am Sabbat erlaubt, Körner aus Ähren zu reiben und sich davon zu nähren (Mk 2,23–26 und Lk 6,1–4). Und so kann er den Sinn des Sabbatgebotes zusammenfassen in dem Satz: „Darum ist es erlaubt, am Sabbat Gutes zu tun" (Mt 12,12).[80] In Kol 2,16 wird das alles zusammengefasst in dem befreienden Satz, man solle sich wegen des Sabbats kein schlechtes Gewissen machen lassen.

B: Ich muß unumwunden zugeben, daß mir das sehr gut gefällt. Es macht mir die Position Jesu sogar recht sympathisch. Es hat für mich nur nichts mit Gott oder mit Religion zu tun.

---

78 Siehe Mk 1,21; 6,2 und Lk 4,16.. Dasselbe gilt später laut Apg 13,14 und 44; 16,13 sowie 17,2 von Paulus.

79 Ebenso heißt es in Mt 12,8 und in Lk 6,5. Dabei ist exegetisch nicht ganz klar, ob mit dem „Menschensohn" an dieser Stelle nur Jesus selbst gemeint ist oder jedes Menschenkind.

80 Auch diese Erkenntnis taucht schon andeutungsweise bei Tritojesaja auf: „Wohl dem ... Menschenkind, ... das den Sabbat hält und nicht entheiligt und seine Hand hütet, nichts Arges zu tun" (Jes 56,2).

A: Für mich schon; denn es zeigt, daß der Gott, den Jesus verkündigt und gebracht hat, kein neidischer oder eifersüchtiger, die Menschen einengender Gott ist, der ihnen keine Lust gönnt. Und es zeigt auch, daß der Sinn der Gebote – vergleichbar mit den Leitplanken an schnellen oder gefährlichen Straßen – nicht in der Einengung oder Knechtung der Menschen besteht, sondern daß sie ihrem Schutz und ihrem Wohlergehen dienen sollen. Und das gilt auch für die beiden anderen Beispiele aus der Verkündigung Jesu: seinen Umgang mit den alttestamentlichen Reinheitsvorschriften und seinen Antithesen in der Bergpredigt.

B: Davon würde ich gerne mehr hören.

A: In vielen Religionen spielt die Unterscheidung zwischen dem, was rein, und dem, was unrein ist, eine wichtige Rolle. Das gilt auch für das Judentum, den Islam und den Hinduismus.

B: Könnte das nicht daher rühren, daß in den Ländern des Nahen und des Fernen Ostens, denen die meisten Religionen entstammen, klimatische und hygienische Lebensbedingungen bestanden und teilweise noch bestehen, aus denen sich diese Betonung der Wichtigkeit der Unterscheidung zwischen dem, was rein und darum genießbar, und dem, was unrein und darum ungenießbar ist, erklären lassen?

A: Das wird teilweise tatsächlich eine Rolle gespielt haben, aber es handelt sich dabei, und das ist sehr wichtig, nicht um bloß ästhetische, hygienische oder diätetische Empfehlungen, sondern immer auch um Verbote, die vor allem *religiöse* Bedeutung haben. Das bedeutet: Wer etwas tut oder mit etwas in Berührung kommt, was als „unrein" gilt, sündigt entweder oder wird selbst unrein und schließt sich damit automatisch von der kultischen Gemeinschaft aus. Solange diese „Verunreinigung" nicht behoben ist, kann der oder die Betreffende also nicht an der Feier der Gottesdienste teilnehmen. Ihre Beziehung zu Gott gilt zumindest als gestört, wenn nicht sogar als ganz zerbrochen.

B: Welche Folgen hat das für die betroffenen Menschen?

A: In Fällen, die das Alte Testament für gravierend hält, wie etwa den Verzehr von Blut, den homosexuellen Geschlechtsverkehr oder die Sodomie kann die Übertretung einer Reinheitsvorschrift sogar die Ausrottung aus dem Volk[81] und damit in Form der Todesstrafe den definitiven Ausschluß aus der Gottesgemeinschaft als Folge nach sich ziehen. In leichteren Fällen kann eine Verunreinigung durch Waschungen oder durch das Darbringen eines Opfers behoben werden, das in der Regel darin besteht, daß ein makelloses Tier getötet und dessen Fett auf einem Altar als Opfer verbrannt wird.

---

81 So zum Beispiel 3. Mose 7,27; 18,22 – 29 und 20,13 – 16.

B: Bezieht sich die Unterscheidung zwischen „rein" und „unrein" nicht häufig auch auf das Fleisch von bestimmten Tieren, das (nicht) verzehrt werden darf?

A: Ja, allgemein bekannt ist das Verbot von Schweinefleisch, aber auch der Verzehr des Fleisches vieler anderer Tiere ist streng verboten[82]. Darauf beschränken sich die alttestamentlichen Speiseverbote jedoch nicht. Das Alte Testament enthält auch eine Vorschrift über die Speise*zubereitung.* Es handelt sich um das folgenreiche Verbot, ein Böcklein in der Milch seiner Mutter zu kochen[83]. Diese – ohne Begründung eingeführte – Bestimmung hat bis heute im orthodoxen Judentum die strenge Trennung aller Küchengeräte und jeder Speisezubereitung zwischen solchen, die mit Fleisch, und solchen, die mit Milch in Berührung kommen, zur Folge.

B: Ach daher stammt diese Sitte oder Vorschrift. Das ist ja kurios.

A: Neben diesen Speisevorschriften stehen Reinigungsvorschriften, wie zum Beispiel das auch uns geläufige Händewaschen vor dem Essen[84]. Noch gewichtiger ist die Verpflichtung zur Reinigung nach dem Kontakt mit Köperflüssigkeiten, wie zum Beispiel Eiter, Sperma und Blut[85]. Dazu gehören auch die Reinigungsvorschriften für Wöchnerinnen (3. Mose 12) und – aus medizinisch-hygienischen Gründen gut nachvollziehbar – für Menschen, die vom Aussatz befallen sind[86]. In diesen Zusammenhang ordnet das Alte Testament auch (4. Mose 5,2) die Verunreinigung ein, die durch jede Berührung eines Toten entsteht.

B: Aber das ist doch im Zusammenhang mit Leichenschau und Bestattung insbesondere der eigenen Angehörigen ganz unvermeidbar.

A: Trotzdem gilt das als eine kultisch relevante Verunreinigung, wie aus 5. Mose 6,7 ausdrücklich hervorgeht. Im Übrigen sind auch viele andere Verunreinigungen unvermeidbar.

B: Dann kann man aber diese Menschen doch dafür nicht schuldig sprechen.

A: Das ist richtig, hebt aber nach alttestamentlicher Vorstellung die Unreinheit nicht auf. Anders ist es bei den Kleidungsvorschriften wie dem Verbot, Kleider aus unterschiedlichen Stoffen, und zwar aus Wolle und Leinen, am Körper zu tragen (5. Mose 22,11). Das Tragen von Männersachen durch Frauen oder von Frauenkleidern durch Männer gilt im Alten Testament gar als „ein Gräuel" und damit als ein to-

---

82 Siehe 3. Mose 11,1 – 8 und 13 – 45 sowie 5. Mose 14,7 – 20.

83 2. Mose 23,19; 34,26 und 5. Mose 14,21. G. von Rad spricht in seinem Kommentar zum 5. Buch Mose (Berlin 1965, S. 73) die Vermutung aus, daß damit einem Milchzauber gewehrt werden soll, der in einem ugaritischen Text erwähnt wird.

84 Sie wird in Mk 7,1 – 5 als eine „Satzung der Ältesten" in Erinnerung gerufen, die von allen Juden eingehalten werde, außer von den Jüngern Jesu.

85 Das wird in 3. Mose 15 für Männer und Frauen detailliert festgehalten.

86 So in großer Ausführlichkeit in 3. Mose Kapitel 13 und 14.

deswürdiges Verbrechen (5. Mose 22,5). Dahinter steht offenbar das Anliegen, Vermischungen oder Verbindungen dessen abzulehnen bzw. zu vermeiden, was seiner Herkunft nach verschiedenartig ist. Noch einen gravierenden Schritt weiter in diese Richtung geht schließlich der Ausschluß sämtlicher *Mischlinge* aus der Gemeinde und damit aus den gottesdienstlichen Versammlungen Israels (5. Mose 23,3). Und dieser Ausschluß bezieht sich nicht nur auf die Mischlinge selbst, sondern gilt auch für ihre Nachkommen bis in die zehnte Generation.

B: Das würden wir heute zu Recht als Rassismus bezeichnen und scharf kritisieren.

A: In der Tat, und man muß sagen: Das alles verbirgt sich hinter der Unterscheidung zwischen „rein" und „unrein" in ihrer *religiösen* Bedeutung, wie sie vom Alten Testament her für Israel und das Judentum als gültig und verpflichtend vorauszusetzen ist.

B: Und was sagt Jesus bzw. was sagen die Schriften des Neuen Testaments dazu?

A: Auf diese Unterscheidung sprechen, laut Mk 7,1–23 und Mt 15,1–20, Pharisäer und Schriftgelehrte Jesus kritisch an, da sie beobachtet haben, daß seine Jünger mit ungewaschenen Händen Brot essen. Jesus gibt darauf eine ausführliche, klare, dem Alten Testament *widersprechende* Antwort, die von religionsgeschichtlich *revolutionärer* Bedeutung ist: „Hört mir alle zu und begreift's! Es gibt nichts, was von außen in den Menschen hineingeht, das ihn unrein machen könnte; sondern was aus dem Menschen herauskommt, das ist's, was den Menschen unrein macht!" (Mk 7,14 f. und Mt 15,10 f.). Diese eindeutige Antwort verhindert jedoch nicht, daß die Jünger – wie so oft – nicht verstehen, was Jesus damit meint und sagen will. Deshalb fragen sie ihn, als sie mit ihm alleine sind, nach dem Sinn dessen, was sie für ein Gleichnis halten. Und Jesus – verwundert über ihr Unverständnis – gibt ihnen folgende Antwort: „Merkt ihr nicht, daß alles, was von außen in den Menschen hineingeht, ihn nicht unrein machen kann? Denn es geht nicht in sein Herz, sondern in den Bauch und kommt heraus in die Grube. Damit erklärte er alle Speisen für rein. Und er sprach: Was aus dem Menschen herauskommt, das macht den Menschen unrein; denn von innen, aus dem Herzen der Menschen kommen heraus böse Gedanken, Unzucht, Diebstahl, Mord, Ehebruch, Habgier, Bosheit, Arglist, Ausschweifung, Mißgunst, Lästerung, Hochmut, Unvernunft. Alle diese bösen Dinge kommen von innen heraus und machen den Menschen unrein." (Mk 7,18b-23 und Mt 15,17–20).

B: Nach alledem, was vorhin über die Bedeutung und das zahlreiche Vorkommen der Unterscheidung von „rein" und „unrein" gesagt wurde, kann man diese Aussagen Jesu tatsächlich nur als einen fundamentalen Widerspruch zum Alten Testament bezeichnen.

A: Ja, das ist richtig. Und die religionsgeschichtlich revolutionäre Botschaft dieser Rede Jesu läßt sich zusammenfassen in dem zitierten Satz: „Es gibt nichts, was von außen in den Menschen hineingeht, das ihn unrein machen könnte." Dieser Satz würde aber mißverstanden, wenn man nicht seine Fortsetzung hinzufügte: „sondern was aus dem Menschen herauskommt, das ist's, was den Menschen unrein macht!" Ohne diese Fortsetzung könnte die Aussage so wirken, als gäbe es gar nichts Unreines in der Welt, das die Gottesbeziehung eines Menschen gefährden oder zerstören könnte. Mit dieser Fortsetzung wird aber von Jesus klar gemacht, wodurch der Mensch tatsächlich unrein gemacht wird, und aus welcher Quelle das stammt. Diese Quelle ist nicht in der äußeren Welt zu suchen, sondern im Herzen des Menschen, welches das Zentrum seiner Person, seines Fühlens, Wollens, Denkens und Handelns ist. Und das unrein Machende sind nicht irgendwelche Dinge, sondern die *Bestrebungen* des Menschen, die gegen Gott und zugleich gegen seinen Mitmenschen und letztlich auch gegen sich selbst gerichtet sind. Man kann auch sagen: Unrein werden wir Menschen durch nichts aus der von Gott geschaffenen Welt, sondern nur durch den menschlichen Verstoß gegen das Doppelgebot der Liebe: „Du sollst den Herrn, deinen Gott, lieben von ganzem Herzen, von ganzer Seele, von ganzem Gemüt und von allen deinen Kräften" und „Du sollst deinen Nächsten lieben wie dich selbst"[87].

B: Aber wie begründet Jesus diese Absage an die alttestamentlichen Reinheitsvorschriften?

A: Die Begründung, die Jesus selbst in seiner Rede dafür gibt, daß nichts, was von außen in den Menschen hineingeht, den Menschen unrein machen kann, lautet: „Denn es geht nicht in sein Herz, sondern in den Bauch" (Mk 7,19). Damit unterstreicht diese Begründung durch die in ihr enthaltene Verneinung, daß das *Herz* der Ort ist, an dem und von dem aus die Entscheidung zwischen „rein" und „unrein" fällt. Zugleich ist darin vorausgesetzt, daß nichts in der *von Gott geschaffenen Welt* von der Art ist, ja sein kann, daß seine Berührung, sein Verzehr, oder sein Einfluss auf unser physisches Dasein, uns vor Gott unrein machen und damit unsere Gottesbeziehung stören oder zerstören könnte.

B: Ist diese radikale Position in Sachen Reinheitsvorschriften auf Jesus beschränkt, oder hat sie auch in anderen Schriften des Neuen Testaments ihren Niederschlag gefunden?

A: Die Aufhebung der religiösen Unterscheidung zwischen reinen und unreinen Dingen bleibt nicht auf die Verkündigung Jesu beschränkt, sondern wird in mehreren neutestamentlichen Schriften aufgenommen, bekräftigt und begründet. So schreibt der Apostel Paulus in Röm 14,14: „Ich weiß und bin gewiß in dem Herrn Jesus, daß nichts unrein ist an sich selbst; nur für den, der es für unrein hält, ist es unrein."

---

87 5. Mose 6,4 f.; 3. Mose 19,18; Mk 12,30 f.; Mt 22,37–39 und Lk 10,27.

B: Aber ist das nicht eine andere Position und Begründung, als Jesus sie gegeben hat?

A: Auf den ersten Blick könnte es so scheinen, als würde Paulus damit die Grundthese Jesu in Frage stellen und die Unterscheidung zwischen rein und unrein stattdessen vom Urteil des Menschen abhängig machen. Aber aus dem Kontext dieser Stelle geht hervor, daß Paulus die Unterscheidung Jesu *voraussetzt*, ihr aber einen *zusätzlichen* Bedeutungsaspekt gibt, indem er die Dimension des *Gewissens* einbezieht. Wer die von Jesus verkündigte Aufhebung der Unterscheidung zwischen rein und unrein nicht aus Überzeugung teilt, wer also bestimmte Dinge weiterhin für an sich unrein hält und sie *trotzdem* zu sich nimmt, der wird dadurch innerlich verunreinigt, weil er gegen sein Gewissen handelt. Zwar wird nichts Äußerliches dadurch „an sich selbst" unrein, sondern nur durch die *Einstellung*, mit der ein Mensch das zu sich nimmt, wird es *für ihn* unrein. Die wichtige Konsequenz, die Paulus daraus zieht, lautet: „Wenn aber dein Bruder wegen deiner Speise betrübt wird, so handelst du nicht mehr nach der Liebe. Bring nicht durch deine Speise den ins Verderben, für den Christus gestorben ist." (Röm 14,15) Die Warnung, die Paulus hier ausspricht, und der Verzicht, den er anrät, beziehen sich also darauf, daß ein Mensch durch das Beispiel anderer dazu verführt werden könnte, gegen seine eigene Überzeugung zu handeln. Um das zu vermeiden, ist Paulus bereit, *aus Liebe* auf den Genuß von etwas zu verzichten, was ein Mitmensch für unrein hält. An der Tatsache, „daß nichts unrein ist an sich selbst" ändert sich dadurch gar nichts. Ähnlich argumentiert Tit 1,15: „Den Reinen ist alles rein, den Unreinen aber und Ungläubigen ist nichts rein, sondern unrein ist beides, ihr Sinn und ihr Gewissen." Auch in 1. Tim 4,4 wird die auf Jesus zurückgehende Aufhebung der Unterscheidung zwischen rein und unrein aufgenommen und mit dem Schöpfungsglauben sowie mit der diesem Glauben entsprechenden Dankbarkeit verbunden: „Denn alles, was Gott geschaffen hat, ist gut, und nichts ist verwerflich, was mit Danksagung empfangen wird ...". Damit wird das Urteil des Schöpfers über seine Schöpfung aufgenommen, das in der zusammenfassenden Form lautet: „Und Gott sah an alles, was er gemacht hatte, und siehe, es war sehr gut." (1. Mose 1,31)

B: Daran zeigt sich, welche Bedeutung der von mir nicht geteilte Schöpfungsglaube auch für diese neutestamentliche Argumentation hat.

A: Ja, und deshalb ist dies zugleich eine kritische Anfrage an alle Religionen, die an Gott als den Schöpfer der Welt glauben, aber gleichwohl davon ausgehen, daß es in dieser Welt Dinge gibt, deren Berührung oder Verzehr eine kultische Verunreinigung zur Folge hat, die den Menschen von Gott trennt. Um all diese Aussagen nicht mißzuverstehen, sollte man freilich hinzufügen, daß es auch in der von Gott gut erschaffenen Welt Dinge gibt, deren Verzehr Menschen nicht in jedem Fall *guttut*, ja unter Umständen *lebensgefährliche* Wirkungen oder Folgen für sie hat. Darum kann es auch geboten oder empfohlen sein, bestimmte Dinge zu meiden. Aber im Blick auf die *Gottes*beziehung gelten die beiden Sätze: „daß alles, was von außen in den Menschen hineingeht, ihn nicht unrein machen kann", weil „alles, was Gott geschaffen hat, gut ist." Aber *nicht alles*, was es als Gottes Schöpfungswerk in der Welt gibt, eignet sich für Menschen – und für Tiere – zum Verzehr.

B: Ist diese Sicht auf die Reinheitsvorschriften im Neuen Testament und im Christentum *einhellige* Überzeugung, oder gibt es nicht auch davon *abweichende* Auffassungen?

A: Ja, es gibt davon im Neuen Testament und in der Kirchengeschichte bis heute Abweichungen. Apg 15 berichtet davon, daß in der Mitte des 1. Jahrhunderts nach Christus „Zwietracht" und „Streit" (Vers 2) in der Urgemeinde entstand, der dadurch ausgelöst wurde, daß einige ehemalige Pharisäer, die Christen geworden waren, mit Nachdruck die Auffassung vertraten, daß Nicht-Juden, die Christen werden wollten, zuvor beschnitten werden müssten und daß man ihnen gebieten müsste, „das Gesetz des Mose zu halten" (Vers 5) . Beide Forderungen lehnt Paulus entschieden ab, weil er erkannt hat, daß man nur *entweder* auf Jesus Christus sein Vertrauen richten kann *oder* auf die Erfüllung der alttestamentlichen (oder anderer) Gesetzesvorschriften. Denen, die stattdessen meinen, sie könnten und sollten – nach dem Motto: „doppelt genäht hält besser" – ihr Vertrauen *sowohl* auf Christus *als auch* auf ihre Gesetzeserfüllung richten, sagt er: „Ihr habt Christus verloren, die ihr durch das Gesetz gerecht werden wollt, aus der Gnade seid ihr herausgefallen" (Gal 5,4).

B: Aber A hat doch immer wieder betont, daß das Liebesgebot bzw. das Doppelgebot der Liebe nach christlichem Verständnis das höchste Gebot ist. Muß der Mensch das nicht erfüllen, um vor Gott bestehen zu können?

A: Auch Paulus ist der Auffassung: „Die Liebe tut dem Nächsten nichts Böses. So ist nun die Liebe des Gesetzes Erfüllung" (Röm 13,10[88]), aber er ist der Überzeugung, daß wir nicht *durch* unsere Erfüllung des Liebesgebots vor Gott bestehen können, sondern nur durch das Vertrauen auf die Gnade Gottes, die in Jesus Christus Mensch geworden ist,[89] daß aber dieses Vertrauen, also der Glaube, die Liebe als eine *Frucht* des Heiligen Geistes hervorbringt (Gal 5,22).

B: Und hat Paulus sich mit seiner Überzeugung gegen die ehemaligen Pharisäer, die Christen geworden waren, durchsetzen können?

A: Paulus schreibt in seinem Bericht über die Apostelversammlung in Jerusalem, ihm sei dort „nichts weiter auferlegt" worden, als daß er der Armen in der

---

88 Fast wortgleich heißt es in Gal 5,14: „Denn das ganze Gesetz ist in dem einen Wort erfüllt: „Liebe deinen Nächsten wie dich selbst"".

89 So schreibt er in Röm 3,28: „So halten wir nun dafür, daß der Mensch gerecht wird ohne des Gesetzes Werke, allein durch den Glauben". Im selben Sinn heißt es in Joh 1,17: „Denn das Gesetz ist durch Mose gegeben; die Gnade und Wahrheit ist durch Jesus Christus geworden."

Jerusalemer Urgemeinde gedenken solle, was er auch durch das Sammeln von Kollekten sich „eifrig bemüht habe zu tun" (Gal 2,6 und 10). Dagegen schreibt Lukas in der Apostelgeschichte, Jakobus, der leibliche Bruder Jesu, habe zwar die gesetzesfreie Missionstätigkeit von Paulus und Barnabas unter den „Heiden" anerkannt, aber sich doch dafür ausgesprochen, daß diese „sich enthalten sollen von Befleckung durch Götzen und von Unzucht und vom Erstickten und vom Blut" (Apg 15,20[90]). So hat es auch in der Geschichte der christlichen Kirchen bis heute immer wieder Konfessionen, Gemeinschaften oder Gruppen gegeben, die zwar nie *alle* alttestamentlichen Reinheitsvorschriften, aber doch *Teile* davon übernommen und als bleibend gültig betrachtet haben.

B: Wie ist das angesichts des klaren Befundes aus der Verkündigung Jesu zu erklären?

A: Das erklärt sich meist aus einem *biblizistischen* Verständnis des Christentums, demzufolge die ganze Bibel, also Altes und Neues Testament, als irrtumsfreies, von Gott offenbartes Wort Gottes gilt, das als Autorität der Offenbarung Gottes in Jesus Christus gleichgeordnet wird.

B: Ist das nicht auch die Position, die Luther vertreten und an die evangelischen Kirchen vererbt hat – nach dem Motto: „Das Wort sie sollen lassen stahn" (EG 362,4)

A: Keineswegs. Seit Luther das Neue Testament 1522 ins Deutsche übersetzt hatte, hat er schon in den Vorreden zu einzelnen Büchern des Neuen Testaments klar unterschieden zwischen den biblischen Schriften, die als apostolisch und damit als maßgebliche Norm gelten, *weil sie Jesus Christus verkündigen*, und den biblischen Schriften, die das *nicht* tun und darum *nicht* als apostolisch gelten können. So schreibt Luther in der Vorrede zu den Briefen von Jakobus und Judas: „Das Amt eines rechten Apostels ist, daß er von Christi Leiden und Auferstehung und Amt predige und lege dessen Glaubensgrund, wie er selbst in Joh 15 sagt: ‚Ihr werdet von mir zeugen'. Und darin stimmen alle rechtschaffenen heiligen Bücher überein, daß sie allesamt Christum predigen und treiben. Auch ist das der rechte Prüfstein, alle Bücher zu tadeln, wenn man sieht, ob sie Christum treiben oder nicht... Was Christum nicht lehrt, das ist nicht apostolisch, wenn es gleich St. Petrus oder Paulus lehrt. Wiederum was Christum predigt, das wäre apostolisch, wenn es gleich Judas, Hannas, Pilatus und Herodes täte"[91] Diese Entscheidung ist also für Luther nicht davon abhängig, ob die Schriften von einem Apostel wie zum Beispiel Petrus oder Paulus stammen oder ob sie von gegnerischen Personen wie zum Beispiel von dem Jesus verratenden Jünger Judas, von dem Hohenpriester Hannas, dem jüdischen

---

90 Laut 3. Mose 17 f. sind das Minimalforderungen, deren Erfüllung jedem Juden, aber teilweise auch den Fremdlingen abverlangt wurden, die sich vorübergehend im Volk Israel aufhielten.
91 WA DB, Bd. 7,384,25 – 32. (sprachlich leicht modernisiert).

König Herodes oder dem römischen Statthalter Pilatus stammen würden. Entscheidend ist für diese Frage alleine ihr *Christus-Inhalt*. Dieser Position ist Luther auch in späteren Jahren treu geblieben. So schreibt er in einer Disputation über das Thema „Glaube" im Jahr 1535: „Wenn nun die Gegner Christus mit der Schrift bedrängen, dann bedrängen wir die Schrift mit Christus. Wir haben den Herrn, sie die Knechte, wir das Haupt, sie die Füße oder Gliedmaßen, über die das Haupt herrschen und denen es vorgeordnet werden soll. Wenn eins von beiden aufgegeben werden müßte, Christus oder das Gesetz, dann ist das Gesetz aufzugeben, aber nicht Christus"[92].

B: Diese Bibelkritik korrigiert mein Bild von Luthers Theologie erheblich – und nicht zu seinem Nachteil. Allerdings frage ich mich, warum A dann für seine Auffassung so eifrig die Bibel zitiert. Hat die dann eigentlich überhaupt noch Geltung und Autorität?

A: Ich zitiere die Bibel ja nicht wahllos, sondern nur dort mit normativem Geltungsanspruch, wo ihr von ihrem Inhalt her zuzustimmen ist – und das ist an den allermeisten Stellen der Fall. Ich tue das, *sofern* die Bibel Jesus Christus authentisch bezeugt. Die Bibel ist *nicht identisch* mit dem offenbarten Wort Gottes, das ist laut Joh 1,14[93] Jesus Christus, aber sie legt von diesem Wort Gottes *menschliches Zeugnis* ab. Auch von der Bibel gilt, was Paulus in 2. Kor 4,7 als generelle Regel formuliert: „Wir haben aber diesen Schatz in irdenen Gefäßen, auf daß die überschwängliche Kraft von Gott sei und nicht von uns". Aber ohne diese Gefäße, also ohne die Bibel, wüßten wir wohl so gut wie nichts Verläßliches über das Leben und Sterben, die Verkündigung und das Wirken Jesu Christi.

B: Da bleibt aber doch unglaublich viel – vor allem aus dem Alten Testament – auf der Strecke!?

A: Bevor wir auf die generelle Frage nach der Bedeutung des Alten Testaments für das Christentum kommen,[94] sollten wir erst noch die sechs Antithesen aus der Bergpredigt Jesu betrachten. Sie stehen in Mt 5,21–48[95] und beginnen jeweils mit der Formel: „Ihr habt gehört, daß (zu den Alten) gesagt ist: ..." und werden fort-

---

92 LDStA 2, Leipzig 2006, S. 409,12–18.
93 Dieselbe Auffassung vertritt Paulus in 1. Kor 3,11: „Einen andern Grund kann niemand legen außer dem, der gelegt ist, welcher ist Jesus Christus" und Petrus laut Apg 4,12 vor dem Hohen Rat: Jesus Christus „ist der Stein, von euch Bauleuten verworfen, der zum Eckstein geworden ist. Und in keinem andern ist das Heil, auch ist kein andrer Name unter dem Himmel den Menschen gegeben, durch den wir sollen selig werden." Diese *Mensch*werdung Gottes in Jesus Christus ist im Unterschied zu einer *Buch*werdung Gottes für das Christentum zentral.
94 Siehe dazu unten S. 46 f.
95 In der bei Lukas überlieferten Feldrede Jesu kommt nur die (Anti-)These von der Feindesliebe vor (Lk 6,27–35).

geführt mit der Formel: „Ich aber sage euch: ...". Schon dieser Rahmen enthält einen ungeheuren Autoritätsanspruch; denn das, von dem gesagt wird, daß es zu den Alten gesagt ist, ist ja seinem Selbstverständnis nach *von Gott* durch Mose dem Volk Israel gesagt worden, und dem setzt Jesus sein „Ich aber sage euch" entgegen. Dabei wird sich freilich gleich bei der inhaltlichen Analyse der Antithesen zeigen, daß Jesus das (zu den Alten) Gesagte nicht verwässert oder verharmlost, sondern *vertieft* und insofern sogar *radikalisiert*.

B: Um welche Antithesen handelt es sich denn dabei?

A: Die Antithesen handeln vom Töten, vom Ehebruch, von der Ehescheidung, vom Schwören, vom Vergelten und von der Feindesliebe. Sie beziehen sich also teilweise auf Verbote, die in den Zehn Geboten vorkommen, teils auf Einzelgebote, die im Alten Testament überliefert sind.

B: Und worin besteht diese Vertiefung bzw. Radikalisierung?

A: Die *erste* Antithese lautet: „Ihr habt gehört, daß zu den Alten gesagt ist: „Du sollst nicht töten"; wer aber tötet, der soll des Gerichts schuldig sein. Ich aber sage euch: Wer mit seinem Bruder zürnt, der ist des Gerichts schuldig; wer aber zu seinem Bruder sagt: Du Nichtsnutz!, der ist des Hohen Rats schuldig; wer aber sagt: Du Narr!, der ist des höllischen Feuers schuldig" (Mt 5,21 f.). Der Sinn dieser zugespitzten Aussagen besteht darin, daß Jesus hier – wie auch bei anderen Antithesen – nach der *Wurzel* fragt, aus der eine vom Gesetz verbotene Verhaltensweise resultiert. Beim *Töten* ist diese Wurzel der Haß auf einen Mitmenschen, der sich zunächst in Schimpfwörtern und ehrenrührigen Beleidigungen Ausdruck verschaffen kann, die dann zu Gewalttaten und schließlich zur Tötung führen können.

B: Das ist ja eine Erfahrung, die wir in den zurückliegenden Jahren in zahlreichen Konfliktsituationen in unserem Land und weltweit beobachten konnten. Man kann sie wohl zusammenfassen in der Regel, daß körperliche Gewalt häufig aus sprachlicher Gewalt im Sinn von Beleidigung, Kränkung oder Haßreden hervorgeht. Man kann zum Glück aber nicht sagen, daß das *immer* so ist. Aus Worten müssen nicht Taten folgen. Man kann sich schließlich auch beherrschen.

A: Das stimmt, macht die sprachlichen Entgleisungen aber nicht harmlos. Die zugespitzte Rhetorik Jesu macht dagegen seine Aussagen eindrücklicher. Dasselbe gilt für die folgende, *zweite* Antithese, die sich wohl auch wegen ihrer radikalen Formulierung ins allgemeine Gedächtnis eingeprägt hat: „Ihr habt gehört, daß gesagt ist: „Du sollst nicht ehebrechen". Ich aber sage euch: Wer eine Frau ansieht, sie zu begehren,[96] der hat schon mit ihr die Ehe gebrochen in seinem Herzen" (Mt 5,27).

---

96 Klaus Berger und Christiane Nord geben diesen Satz in ihrer Übersetzung und Kommentierung des Neuen Testaments (Frankfurt/Main 1999, S. 580) folgendermaßen wieder: „Jeder, der eine Frau anblickt und sie in Gedanken auszieht, der hat schon in seinem Herzen Ehebruch mit ihr begangen".

Das gilt natürlich nur im Blick auf eine Frau, die *mit einem anderen Mann verheiratet* ist.

B: Aber *kann* man das immer vermeiden? Hat nicht Luther gesagt, daß es unmöglich ist, mit seinem Willen sein Begehren zu kontrollieren oder zu verändern? [97]

A: Ja, das stimmt. Aber Luther hat auch – in derselben gegen Erasmus gerichteten Schrift – gesagt, daß es ein Irrtum ist, aus der Tatsache, daß es ein biblisches Gebot bzw. Verbot gibt, zu folgern, daß das Gebotene oder Verbotene auch durch unsere eigene Willensanstrengung *getan oder unterlassen* werden könnte.

B: Aber was ist dann der Sinn solcher Gebote und Verbote, wenn wir sie gar nicht erfüllen können?

A: Erstens können wir durch sie sensibilisiert werden zu erkennen, wo häufig die *Wurzeln* böser Taten liegen, und zweitens ist nach reformatorischer Überzeugung der Hauptsinn der Gebote und Verbote Gottes, uns die *Begrenztheit* unseres eigenen Willensvermögens und unser *Angewiesensein* auf die Gnade Gottes bewußt zu machen.

B: Das ist aber ein merkwürdiges – um nicht zu sagen kurioses – Verständnis der Gebote und Verbote, die in der Bibel enthalten sind. Demgegenüber halte ich es mit dem alten naturrechtlichen Satz: „Über sein Können hinaus ist niemand zu etwas verpflichtet".[98]

A: Es kommt darauf an, wie man das „Nicht-Können" versteht. Wenn es sich dabei um eine *grundsätzliche, notwendige* Grenze des menschlichen Willensvermögens handelt (wie zum Beispiel in dem Satz: „Du sollst niemals CO_2 verursachen!"), dann gilt dieser Naturrechtsgrundsatz wohl. Aber wenn es sich „nur" um eine *faktische, nicht-notwendige* Grenze des Willensvermögens handelt (wie zum Beispiel in dem Satz: „Du sollst nichts begehren, was dir nicht zusteht"), dann gilt dieser Grundsatz *nicht*. In diesem zweiten Fall kann der Sinn eines Gebots oder Verbots aber darin bestehen, einer Norm zwar aus Überzeugung zuzustimmen, aber sich gleichzeitig bewußt zu machen, daß wir mit unserem Willensvermögen nicht darüber *verfügen*, sie auch einzuhalten.

B: Gilt das für alle sechs Antithesen?

A: Nein! Es gilt nur dort, wo die Antithesen sich auf das *Begehren* beziehen. Es galt schon nicht für die erste Antithese, die vom Töten und von den Haßreden handelt, und es gilt auch nicht für die folgenden, also auch nicht für *dritte* Antithese von der Ehescheidung. Sie lautet: „Es ist auch gesagt: „Wer sich von seiner Frau scheidet, der soll ihr einen Scheidebrief geben." Ich aber sage euch: Wer sich von

---

97 So mehrfach in seiner Schrift „De servo arbitrio" von 1525 (siehe LDStA 1, ³2022, 289,10 – 295,4).
98 „Ultra posse nemo obligatur".

seiner Frau scheidet, es sei denn wegen Unzucht, der macht, daß sie die Ehe bricht; und wer eine Geschiedene heiratet, der bricht die Ehe" (Mt 5,31 f.)

B: Was meint dieser zweite Satz mit „Unzucht" und „Ehebruch"?

A: Dem wichtigsten und ausführlichsten Kommentar zum Matthäusevangelium, der von dem Neutestamentler Ulrich Luz[99] stammt, entnehme ich, daß diese Antithese von Matthäus im Anschluß an das in Mk 10,2–12. wiedergegebene Streitgespräch der Pharisäer mit Jesus gebildet wurde. Dort vertritt Jesus die Auffassung, daß der ursprüngliche Schöpferwille Gottes – wie aus 1. Mose 1 und 2 hervorgeht – darin besteht, daß Mann und Frau „*ein* Fleisch" und damit untrennbar werden, daß aber Mose um „eures Herzens Härte willen" (Mk 10,5), wir würden wohl sagen: um eurer Hartherzigkeit willen, zugelassen hat, daß ein Ehemann und eine Ehefrau einander verlassen können und dies durch einen Scheidebrief zu dokumentieren ist. Fazit Jesu: „Wer sich scheidet von seiner Frau und heiratet eine andere, der bricht ihr gegenüber die Ehe; und wenn die Frau sich scheidet von ihrem Mann und heiratet einen anderen, bricht sie die Ehe" (Mk 10,11 f.). In den Antithesen der Bergpredigt taucht die Frau dagegen nur als Objekt einer Scheidung auf und die Scheidung ist nur durch den Ehemann möglich und zulässig, wenn seine Ehefrau eine außereheliche sexuelle Beziehung aufgenommen hat. Das wird als „Unzucht" (griech. porneia) bezeichnet. In diesem Fall gilt das Scheidungsverbot nicht. Jesus selbst geht es dagegen „wohl primär um die Unantastbarkeit der Ehe und damit des Willens Gottes".[100]

B: Aber ist das nicht eine unbarmherzige Haltung, die der Tatsache nicht Rechnung trägt, daß eine Ehe, in der den Partnern die Liebe abhandengekommen bzw. verlorengegangen ist, zu einem unerträglichen Gefängnis werden kann?

A: Ja, das sehe ich auch so. Allerdings werden wohl die meisten Menschen, die von einer Ehescheidung in irgendeiner Form betroffen sind, der Auffassung zustimmen, die Jesus in Mk 10,5 vertritt, daß Ehescheidung immer ein Ausdruck von Hartherzigkeit ist, unter der in der Regel nicht nur die Ehepartner, sondern auch die Kinder und andere Angehörige und gute Freunde leiden können. Die Antithese über die Ehescheidung finde ich in der von Matthäus überlieferten Fassung auch nicht überzeugend. Anders ist es mit der folgenden, *vierten* Antithese über das *Schwören*. Sie lautet: „Ihr habt weiter gehört, daß zu den Alten gesagt ist: „Du sollst keinen falschen Eid schwören und sollst dem Herrn deine Eide halten".[101] Ich aber sage euch, daß ihr überhaupt nicht schwören sollt ... Eure Rede aber sei: Ja, ja; nein, nein. Was darüber ist, das ist vom Bösen" (Mt 5,33–37). Was mich an dieser Antithese voll

---

99 U. Luz, Das Evangelium nach Matthäus, 1. Teilband, Düsseldorf/Zürich/Neukirchen-Vluyn ⁵2002, S. 357–369.

100 So Luz a.a.O., S. 360.

101 So ungefähr steht es in 3. Mose 19,12 und 4. Mose 30,3.

überzeugt, ist die darin enthaltene Einsicht, daß sich das Problem von Unwahrheit bzw. Unwahrhaftigkeit bereits in dem beteuernden Eid selbst zu Wort meldet. Damit wird nämlich die Wahrheit des einfachen Ja oder Nein, das nicht durch einen Eid bekräftigt wird, stillschweigend in Frage gestellt. Wenn es neben den uneidlichen Aussagen auch eidliche gibt, stellt sich doch – sei es ausdrücklich oder implizit – sofort die Frage nach dem Wahrheitsgehalt der *un*eidlichen Aussagen. Sind diese „einfach auch wahr", dann bedarf es keines Eides. Taucht aber die Institution des Eides auf, stellt das die Wahrheit der uneidlichen Aussage zusätzlich in Frage.

B: Aber ohne Eidesleistungen kommen wir doch im gesellschaftlichen Leben nicht aus, insbesondere vor Gericht, beim Militär und bei der Übernahme öffentlicher Ämter.

A: Dem stimme ich auch ausdrücklich zu, und daran kann man auch sehen, unter welchen Bedingungen Eidesleistungen sinnvoll und vermutlich sogar unverzichtbar sind: Immer dann, wenn eine Aussage für eine Gesellschaft so *wichtig* ist, daß ihre Falschheit mit einer *schweren Strafe* belegt werden muß, ist es angebracht, Eidesleistungen zu fordern und zu dokumentieren. Von solchen Aussagen können schließlich das Wohl und Wehe anderer Menschen oder das Gemeinwohl abhängen. Das galt in der antiken und mittelalterlichen Welt, der – verglichen mit heute – geringere Möglichkeiten der technischen Überwachung und Überprüfung zur Verfügung standen, in verstärktem Maß. Aber in unserer zwischenmenschlichen Kommunikation ist nicht erst die Lüge und die Täuschung ein Übel, sondern schon die ausdrückliche Wahrheitsbeteuerung, mit der einzelne Aussagen begleitet oder beschworen werden. Darin steckt schon die verborgene *Option* auf Unwahrheit. Deshalb gilt grundsätzlich: Ein Ja soll immer ein Ja und ein Nein soll immer ein Nein sein. Was darüber hinausgeht, „ist vom Bösen".

B: Das klingt in meinen Ohren zwar etwas rigoros, aber ich vermute, Jesus hat damit wohl recht – zumal er ja nicht behauptet, daß man auf jede Frage mit ja oder nein antworten kann oder muß.

A: Ich hoffe, daß auch die *fünfte* Antithese, über die wir schon einmal gesprochen haben,[102] B überzeugen wird. Sie lautet: „Ihr habt gehört, daß gesagt ist: „Auge um Auge, Zahn um Zahn."[103] Ich aber sage euch, daß ihr nicht widerstreben sollt dem Bösen, sondern: Wenn dich jemand auf deine rechte Backe schlägt, dem biete die andere auch dar" (Mt 5,38 f.).

B: Nein, diese Aufforderung zum wehrlosen Erdulden aller Schläge oder Angriffe finde ich nicht überzeugend – nicht einmal im persönlichen Bereich, wie viel weniger im internationalen Bereich, wenn Länder überfallen werden. Und A hat ja

---

102 Siehe oben S. 16 f.
103 Das steht so oder ähnlich in 2. Mose 21,24; 3. Mose 24,19 f. und 5. Mose 19,21.

auch bereits zugegeben, daß Jesus selbst sich bei seinem Prozess – laut Joh 18,22 f. – nicht so verhalten hat. Ich dachte, wir seien uns darin einig, daß auch die Selbstverteidigung mit Waffen im Verhältnis zwischen Völkern legitim ist.

A: Ja, dem stimme ich ausdrücklich zu. Aber Vergeltung ist etwas ganz anderes als Selbstverteidigung. Bei der Vergeltung fügt der Angegriffene dem Angreifer einen neuen, zusätzlichen Schlag zu, der über die Abwehr des Angriffs hinausgeht und leicht weitere Gegenschläge provoziert.

B: Wenn ich richtig informiert bin, dient dieses so genannte Jus talionis[104] nicht der Befriedigung der Rachsucht der Opfer, sondern der *Begrenzung* der Vergeltung auf genau das Maß, das man selbst erlitten hat. Und das soll bekanntlich der Abschreckung dienen, hat also einen *positiven* Sinn und Zweck.

A: Das ist in der Tat die ursprüngliche Intention des Jus talionis. Aber nicht nur im allgemeinen Bewußtsein, sondern auch bei Konflikten zwischen Personen, Gruppen oder ganzen Völkern wirkt dieses Prinzip doch meist nicht begrenzend, sondern eher stimulierend, also anreizend. Zudem führt die Anwendung dieses Vergeltungsprinzips fast immer zu einem Streit darüber, wer angefangen hat und wer darum auch den Kreislauf der Vergeltung beenden müßte. Ferner kommt es häufig gegen die Absicht des Talionsprinzips doch zu einer Steigerung der Gewalt, durch die der Kreislauf der Vergeltung die Form einer nach oben offenen Spirale annimmt. Der amerikanische Soziologe Amitai Etzioni hat in seinem Buch „The New Golden Rule"[105] auch zu begründen versucht, warum solche Ausgleichsregeln, wie zum Beispiel die Goldene Regel, oft nicht funktionieren: Wir empfinden das Böse, das uns angetan wird und die Belastungen, die wir übernehmen müssen, stärker als das Böse, das wir anderen antun, und als die Belastungen, die wir anderen zumuten, weil wir sie nicht am *eigenen Leib* zu spüren bekommen. Etzioni schlägt daher statt einer Ausgleichsregel von 50 : 50 im Interesse guter Beziehungen eine Regel von 75 : 75 vor, weil seiner Meinung nach in diesem psychischen Bereich gilt: 75 + 75 = 100. Das heißt: Wenn beide Seiten bereit sind, „gefühlt" drei Viertel der Belastungen oder Pflichten zu übernehmen,[106] kann eine hundertprozentig befriedigende Situation für beide entstehen.

---

104 Das heißt „das Recht des Gleichen oder Gleichartigen".
105 A. Etzioni, The New Golden Rule, New York 1996. Die 1997 in Frankfurt/M. erschienene deutsche Übersetzung trägt den blassen Titel: „Die Verantwortungsgesellschaft" und tilgt damit den Bezug zu der Goldenen Regel aus Tob 4,15 („Was du nicht willst, daß man dir tu, das füg auch keinem andern zu") bzw. aus Mt 7,12 („Alles nun, was ihr wollt, daß euch die Leute tun, das tut ihr ihnen auch!"). Siehe hierzu W. Härle, Ethik, Berlin/Boston ²2018, S. 167 f.
106 Beim Zufügen von Übeln im Sinne des Jus talionis gilt diese Regel natürlich *nicht*. Da hätte sie sogar verheerende, weil drastisch steigernde Auswirkungen.

B: Aber damit ist natürlich der „Charme" der Goldenen Regel und des Jus talionis dahin oder, anders ausgedrückt, aus diesen plausiblen, sogar schon Kindern leicht vermittelbaren Faustregeln, werden auf diese Weise theoretische Überlegungen gemacht, die jedenfalls auf den ersten Blick nicht plausibel wirken und es wohl auch nur bei der Übernahme von Pflichten und Leistungen im familiären Nahbereich sind.

A: Als Anregung für das bessere Verstehen der mangelnden Praxistauglichkeit solcher Ausgleichsregeln und als Impuls für einen besonneneren Umgang miteinander ist dieser Vorschlag Etzionis aber doch nicht schlecht!?

B: Jetzt fehlt nur noch die *sechste* und letzte Antithese über die Feindesliebe. Da widerstrebt mir schon der Begriff. Wie soll man denn, bitte, seinen Feind lieben?

A: Der Wortlaut in der Bergpredigt heißt: „Ihr habt gehört, daß gesagt ist: „Du sollst deinen Nächsten lieben" (3. Mose 19,18) und deinen Feind hassen. Ich aber sage euch: Liebt eure Feinde und bittet[107] für die, die euch verfolgen, auf daß ihr Kinder seid eures Vaters im Himmel. Denn er läßt seine Sonne aufgehen über Böse und Gute und läßt regnen über Gerechte und Ungerechte" (Mt 5,43–45).

B: Die Worte „und deinen Feind hassen" stehen allerdings *nirgends* im Alten Testament. Damit wird von Jesus also ein Popanz aufgebaut, den er dann umso leichter widerlegen kann.

A: Das Gebot, den Feind zu hassen, kommt im Alten Testament tatsächlich nicht vor, wohl aber kommt dort an zahlreichen Stellen das göttliche Gebot vor, an den Feinden Israels den Bann zu vollziehen, das heißt sie *restlos zu vernichten.*[108] Das ist zwar nicht dasselbe wie hassen, kommt aber im Ergebnis auf dasselbe hinaus.

B: Aber daß man sich gegen Feinde, die einen angreifen, verteidigen bzw. wehren und dabei auch todbringende Waffen verwenden darf, bestreitet doch auch die Bibel nicht, und wenn sie es täte, wäre es gegen alle Vernunft und eine Ermutigung für alle Angreifer. Darin waren wir uns doch auch einig, dachte ich. Aber die Forderung Jesu, die Feinde zu *lieben*, geht meines Erachtens entschieden zu weit, ja sie ist eigentlich ganz unmöglich.

A: Es kommt darauf an, was man unter „lieben" versteht, und da gibt der Text aus der Bergpredigt einen wichtigen Hinweis, indem er „lieben" erläutert durch die Worte „für sie beten". Als eine solche Erläuterung und nicht nur als eine Ergänzung verstehe ich jedenfalls diesen zweiten Satzteil. Ich stimme B zu, daß es in aller Regel nicht möglich ist, Feinden gegenüber liebevolle oder auch nur freundschaftliche *Gefühle* zu empfinden, aber von *eros* oder *philia* ist an dieser Stelle im griechischen

---

107 Wörtlich heißt es nicht „bittet", sondern „betet" (griech.: proseuchesthe). So geben es auch die Basisbibel und die Einheitsübersetzung wieder.
108 So zum Beispiel in 4. Mose 21,1–3; 5. Mose 2,33 f. ; Jos 6,17–19; 10,29–40 sowie 1. Sam 15,3 und 18 f.

Urtext auch nicht die Rede, sondern von agape, für welche die Erzählung Jesu vom barmherzigen Samariter (Lk 10,25–37) eines der eindrucksvollsten Beispiele ist. In der sechsten Antithese wird zu Recht vorausgesetzt, daß wir auch für Feinde beten können und daß dies[109] ein Ausdruck von Feindesliebe sein kann. Es verändert oft unsere Einstellung den Feinden gegenüber zum Besseren.

B: Das setzt natürlich voraus, daß es überhaupt Sinn macht zu beten. Wovon ich im Unterschied zu A jedenfalls nicht überzeugt bin. Aber was soll die triviale Begründung der Feindesliebe mit dem Verweis auf Sonne und Regen, die alle unabhängig von ihren moralischen Qualitäten in gleichem Maße treffen?

A: Ja, vom Sinn des Gebets bin ich überzeugt, und darüber müssen und werden wir noch miteinander reden.[110] Und die Begründung mit Gottes Liebe, die – wie Sonne und Regen – nicht nur den Guten und Gerechten, sondern ebenso den Bösen und Ungerechten zuteilwird, ist doch nicht trivial, sondern sagt viel über das christliche Verständnis von Gott und Gottes Beziehung zur Welt aus. Damit wird die Vorstellung von einem Gott, der Böse und Ungerechte gnadenlos bestraft, nicht nur abgelehnt, sondern durch das Bild von einem liebenden Vater ersetzt.[111] Und die Begründung motiviert dazu, diesem Vater dadurch zu entsprechen, daß man sich auch Feinden gegenüber als sein Kind verhält und es ihm in dieser Hinsicht gleichtut.

B: Wenn ich mir vergegenwärtige, an wie vielen Punkten A gezeigt hat, daß Jesus dem Alten Testament widersprochen hat, frage ich mich, ob das Christentum nicht gut beraten wäre, sich vom Alten Testament als normative Lehrgrundlage zu verabschieden und nur das Neue Testament beizubehalten.

A: Überblickt man die Stellen, an denen ein klarer Widerspruch zwischen dem Neuen und dem Alten Testament besteht, dann kann dieser Eindruck tatsächlich entstehen. Und diese Konsequenz wurde seit den Anfängen der Christenheit[112] bis in die Gegenwart[113] von einzelnen Theologen oder Gruppen empfohlen und gezogen – nicht zuletzt von den NS-nahen „Deutschen Christen". Fragt man jedoch genauer nach, wie die neutestamentliche Absage an einzelne alttestamentliche Aus-

---

109 Im Unterschied zu einem *un*christlichen Gebet *gegen* die Feinde, denen man mit Gottes Hilfe alles Böse an den Hals wünscht.

110 Siehe unten Kap. VI.

111 Vgl. dazu auch die alttestamentliche Aussage aus Psalm 103,13: „Wie sich ein Vater über Kinder erbarmt, so erbarmt sich der Herr über die, die ihn fürchten." Hier und an anderen Stellen im Alten Testament ist die Vaterliebe Gottes allerdings begrenzt auf die Menschen, die Gott mit Ehrfurcht begegnen.

112 Zu erinnern ist hierfür an Marcion von Sinope (ca. 85-ca. 160), der das Alte Testament als christliche Lehrnorm abschaffen und das Neue Testament von jüdischen Elementen reinigen wollte.

113 Siehe dazu W. Härle, Ein Berliner Zwist über die Kirche und das Alte Testament, in: Rotary Magazin 6/2015, S. 32–35.

sagen *begründet* wird, so zeigt sich, daß die Absage weitgehend zurückzuführen ist auf den Glauben an Gott als den *Schöpfer* der Welt. Dieser Glaube ist aber der christlichen Kirche und Theologie *durch das Alte Testament* vorgegeben und überliefert worden, und dasselbe gilt auch für den *Bund* zwischen Gott und seinen Geschöpfen, für das *Liebesgebot* und für die Hoffnung auf den *Messias* Israels, welcher der *Heiland* der Welt ist. Das heißt: Es handelt sich um Absagen, die aus dem Alten Testament *abgeleitet* sind. Das Neue Testament – inspiriert durch Jesus Christus – vollzieht in dieser Hinsicht eine *Vertiefung, Weiterführung* und *konsequente Anwendung* des Schöpfungs- und Heilsglaubens, die sich im Alten Testament so noch nicht finden. Und das zeigt zugleich, daß diese Absagen sich nicht *gegen* das Alte Testament richten, sondern dessen Aussageabsichten nur konsequenter zur Geltung bringen, als es das Alte Testament selbst tut. Daran zeigt sich noch einmal die Bedeutung und Wichtigkeit des Glaubens an Gott als den Schöpfer des Himmels und der Erde bzw. des Sichtbaren und Unsichtbaren. Dem sollten wir uns jetzt endlich zuwenden, nachdem dieses Thema ja schon mehrfach in unserem Dialog vorkam und offensichtlich zwischen uns stark umstritten ist.

III Evolutionstheorie und/oder Schöpfungsglaube?

B: Ich bin mit der großen Mehrheit der Naturwissenschaftler der Überzeugung, daß der „Urknall" der Ursprung des Universums ist.

A: Schon dieser Satz klingt nicht nur merkwürdig, sondern er ist in sich so widersprüchlich, daß ich ihm die These entgegensetzen will: Der Urknall kann jedenfalls *nicht* der Ursprung des Universums sein.

B: Diesen kühnen, um nicht zu sagen ungeheuerlichen Satz muß A aber erst einmal begründen.

A: Ja, gerne. Dabei gehe ich davon aus, daß wir unter „Ursprung" (des Universums) den Anfang verstehen, der einerseits nichts anderes zur Voraussetzung seiner selbst hat, der also von nichts anderem abhängt, aus dem aber andererseits sich anderes, und zwar letztlich – wenn es um den Ursprung des Universums geht – alles andere ergibt, also von ihm abhängt.

B: Ja, so verstehe auch ich diesen Begriff.

A: Nun dürften wir uns auch darüber einig sein, daß „Urknall" die ziemlich problematische[114] deutsche Übersetzung des Begriffs „Big Bang" ist, den der britische Astronom und Mathematiker Fred Hoyle 1949 in einer Rundfunksendung eingeführt hat, um die kosmologische bzw. kosmogonische[115] Theorie des belgischen Physikers und Priesters Georges Lemaître[116] mit einem anschaulichen, aber auch etwas ironisierenden Namen zu bezeichnen. Hoyle selbst war und blieb jedoch ein Kritiker der Big-Bang-Theorie von Lemaître.

B: Ja, das ist zutreffend, wobei hinzuzufügen ist, daß sich Hoyles Kritik nicht auf die von dem US-amerikanischen Astronomen Edwin Hubble und Georges Lemaître etwa gleichzeitig entdeckte generelle *Expansion* des Universums bezog, die Hoyle anerkannte, aber anders als aus einem Urknall heraus erklärte.[117] Diese andere

---

114 Problematisch ist die deutsche Übersetzung des englischen Ausdrucks „Big Bang" mit „Urknall" vor allem deshalb, weil in ihr die Vorsilbe „Ur-" vorkommt, die suggeriert, daß der Big Bang der Ursprung des Universums ist oder jedenfalls sein könnte. Diese Suggestion ist im englischen Ausdruck „Big Bang" (dt.: „großer Knall") nicht einmal andeutungsweise enthalten.

115 Als „kosmogonisch" bezeichnet man das, was den Ursprung, also die Entstehung des Kosmos betrifft.

116 Er gehörte einer lokalen Bruderschaft mit dem Namen „Freunde Jesu" („Amis de Jesu") an.

117 Mit F. Hoyles eigener, sogenannter Steady-State-Theorie kann ich mich hier mangels physikalischer Fachkompetenz nicht weiter beschäftigen. Sie spielt für meine Argumentation auch keine Rolle.

https://doi.org/10.1515/9783111578897-004

Theorie von Hoyle wird aber inzwischen von fast keinem Physiker mehr vertreten. Die ganz überwiegende Mehrheit der Physiker vertritt in der einen oder anderen Form die Urknall-Theorie von Lemaître.

A: Das bezweifle ich nicht, und sie wird ja auch in den Schulen weithin wie bzw. als eine bewiesene Theorie gelehrt. Aber ich bezweifle, daß dies eine bewiesene oder auch nur überzeugende Antwort auf die Frage nach dem Ursprung des Universums ist oder sein kann. Dabei mache ich in dieser Hinsicht keinen Unterschied zwischen der Theorie von Lemaître, der davon ausgeht, daß der Urknall als Explosion eines Ur-Atoms vorzustellen ist, und dem so genannten Standardmodell, wie es zum Beispiel von dem US-amerikanischen Physiker Steven Weinberg vertreten wird.[118]

B: Ist es nicht reichlich anmaßend von einem Theologen, der nicht einmal Physik studiert hat, der überwiegenden Mehrheit der Physiker der Welt im Blick auf eine physikalische Theorie vom Ursprung des Universums zu widersprechen?

A: Das könnte so wirken, aber ich verwende dazu keine *physikalischen* Argumente, sondern ich verwende nur *logische* Argumente, und Logik habe ich sehr wohl studiert, später gelehrt und auch ein Lehrbuch mit dem Titel „Systematische Philosophie"[119] verfaßt, das eine Einführung in die Logik enthält.

B: Und was läßt sich von der Logik her gegen die Theorien über den Ursprung des Universums, die mit der Urknalltheorie arbeiten, einwenden?

A: Mein erster Einwand ist an Schlichtheit kaum zu überbieten. Er besagt, daß diese Theorien die Frage nach dem Ursprung des Universums weder beantworten noch überhaupt beantworten können, da sie voraussetzen, daß der Big Bang eine Explosion ist, von der Weinberg sagt: „Zu Anfang gab es eine Explosion. Nicht eine Explosion, wie wir sie auf der Erde kennen, die von einem bestimmten Zentrum ausgeht und sich zunehmend in die umgebende Luft ausbreitet, sondern eine Explosion, die sich gleichzeitig überall vollzog, die von Anfang an den gesamten Raum ausfüllte und bei der jedes Materieteilchen von allen übrigen Teilchen fortflog. Der ‚gesamte Raum' kann in diesem Zusammenhang sowohl die Gesamtheit eines unendlichen als auch eines endlichen Universums bedeuten, welches wie die Oberfläche einer Kugel in sich gekrümmt ist."[120]

B: Und was soll daran unlogisch oder logisch widersprüchlich sein?

---

118 Siehe dazu St. Weinberg, The First Three Minutes. A Modern View oft he Origin oft the Universe, London 1977, dt: Die ersten drei Minuten. Der Ursprung des Universums, München (1977) [10]1991, S. 9 und 14.

119 Dieses Buch erschien (1982) [2]1987 in München als eine Einführung in die Philosophie für Theologiestudierende und enthält auf S. 60–129 eine Einführung in die traditionelle und in die moderne, symbolische Logik.

120 So St. Weinberg, Die ersten drei Minuten (siehe oben Anm. 118), S. 14.

A: Wir hatten uns darüber verständigt, daß wir unter „Ursprung (des Universums)" nur einen Anfang (des Universums) verstehen wollen, der seinerseits von nichts anderem abhängt, von dem aber alles andere abhängt. Wenn aber der Urknall in einer – wie Weinberg sagt – „Explosion" besteht, „die sich gleichzeitig überall vollzog... und bei der jedes Materieteilchen von allen übrigen Teilchen fortflog", dann setzt der Urknall voraus, daß es eine Explosion von *etwas* gab, bei der *Materieteilchen* auseinanderflogen. Dasselbe gilt für die These von Lemaître, die besagt, das Universum beginne mit „einem kosmischen Ei, das im Moment seiner Entstehung explodiert".[121] Damit ist auf jeden Fall gegeben, daß *etwas* vorauszusetzen ist, das im Urknall explodiert ist, und überdies ist nach Weinberg vorauszusetzen, daß es Materieteilchen gab, die aufgrund der Explosion auseinanderflogen. Das widerspricht in beiderlei Hinsicht dem Begriff „Ursprung", weil es ein Anfang ist, der etwas voraussetzt, das explodiert und in dem überdies Materieteilchen vorkommen.

B: A war bei seiner Verwendung und Erklärung theologischer Inhalte oder Sachverhalte sehr großzügig mit dem Eingeständnis, der eine oder andere Ausdruck dürfe nicht wörtlich oder buchstäblich verstanden werden, sondern sei *metaphorisch* zu verstehen. Könnte er diese semantische Großzügigkeit nicht auch im Blick auf die physikalischen Erklärungen für den Ursprung des Universums walten lassen?

A: Wenn Physiker sagen würden, ihre Aussagen über den Ursprung des Universums seien nicht wörtlich oder buchstäblich, sondern metaphorisch, also im übertragenen Sinn zu verstehen, dann würde mich das sehr überraschen, da sie eigentlich immer[122] auf größte Genauigkeit Wert legen, die sich in mathematischen Formeln ausdrücken läßt. Aber ich würde das dann respektvoll zur Kenntnis nehmen und akzeptieren. Aber *ein* Problem kann man so nicht zum Verschwinden bringen, daß nämlich bei der Urknalltheorie als Theorie vom Ursprung des Universums immer *etwas* vorausgesetzt werden muß, von dem gesagt werden kann, es sei explodiert. Das müssen nicht Materieteilchen oder ein Ur-Atom sein, es könnten auch irgendwelche Energiemengen oder etwas anderes sein, aber eine „Explosion" ohne etwas, das explodieren kann und tatsächlich explodiert, ist ein Widerspruch in sich selbst. Oder sehe ich das falsch?

B: Ich habe das bisher nicht so gesehen und würde darüber gerne erst noch etwas nachdenken, bevor ich vor diesem Argument die Segel streiche. Immerhin

---

121 Siehe dazu Lemaîtres ersten, kurzen Aufsatz zum Anfang des Universums „The Beginning of the World from the Point of View of Quantum Theory", in: Nature 127/1931, auf S. 706.

122 Eine Ausnahme bildet allenfalls eine Physik, wie sie von Fritjof Capra unter dem Titel „Das Tao in der Physik. Die Konvergenz von westlicher Wissenschaft und östlicher Philosophie" (Bern/München/Wien [1974] 7. Auflage der Neuausgabe 1985) vertreten wird.

könnte man doch möglicherweise denken, daß im Urknall etwas explodiert, was es davor noch gar nicht gab, sondern das erst durch die Explosion entsteht. Dem nähert sich jedenfalls die Theorie von Lemaître an, wenn er sinngemäß die Auffassung vertritt, dass das Universum mit einem kosmischen Ur-Atom beginnt, das im Moment seiner Entstehung explodiert.

A: Aber auch Lemaître spricht doch – sei es als Physiker, sei es als Theologe – von der „Entstehung" des Uratoms, das zwar im Moment seiner Entstehung explodiert, wobei aber die Entstehung und die Explosion zu *unterscheiden* sind, obwohl sie *zeitlich* nicht auseinanderfallen. Wenn ich ihn damit mißverstanden habe, dann müßte er doch sagen: Das Ur-Atom entsteht *durch* seine Explosion, aber das sagt er ja nicht. Und wenn er es sagen würde,[123] entstünden wieder die logischen Probleme, die ich oben genannt habe.

B: Aber damit hat A doch allenfalls eine Schwachstelle in der physikalischen Theorie vom Ursprung der Welt aufgedeckt, jedoch mitnichten bewiesen, daß Gott als Schöpfer des Universums gedacht werden muß oder auch nur so gedacht werden kann.

A: Das ist völlig richtig. Es ging und geht mir bisher nur um meine Gegenthese zu der Eingangsbehauptung von B am Anfang dieses Kapitels, daß der Urknall der Ursprung des Universums sei. Ich bleibe bei meinem Widerspruch dagegen und füge an, daß der Big Bang allenfalls eine zeitlich sehr frühe *Etappe oder Periode in der Evolution*, und das heißt: in der *Entwicklungsgeschichte* des Universums sein kann. Dagegen hat B aber bislang kein Gegenargument angeführt. Wohl aber habe ich für meine These während der Abfassung dieses Buches von dem namhaften Heidelberger Physiker Jörg Hüfner zu meiner Überraschung und Freude eine klare Bestätigung erhalten. Er schrieb mir am 27. Mai 2024: „Der Urknall ist für den Teil der Welt, in der wir leben und den wir erforschen können, ein Anfang. Über seine Ursache und über eine etwaige Welt vor dem Urknall gibt es heutzutage zwar viele interessante Theorien, aber nichts durch Beobachtungen Gesichertes. Das könnte auch so bleiben. Denn während der explosionsartigen Expansion der Welt nach dem Urknall wurden Informationen über das ‚Davor' weitgehend ausgelöscht, ähnlich wie man auch nach einer irdischen Explosion (z. B. in einer Fabrik) die Ursache häufig nicht aus den Überresten rekonstruieren kann. Schon Lemaître, der die Vorstellung von einem Urknall als erster formuliert hatte, vermutete, dass der physikalische Prozess des Urknalls von solcher Art ist, dass er keine Rückschlüsse auf seine Ursache zuläßt. Deshalb könne man, so Lemaître, auch die Frage nach einem Schöpfergott mit physikalischen Methoden nicht beantworten."

---

123 Dann würde er möglicherweise als Theologe die Eigenschaft der Aseität, also des Aus-sich-selbst-Seins von Gott auf das Universum übertragen.

B: Das ist in der Tat eine erstaunliche Bestätigung der Auffassung von A durch einen anerkannten Physiker.

A: Ich will auf eine weitere Facette in der Argumentation Hüfners hinweisen, die sich unausgesprochen auch schon bei Weinberg findet. Diese Facette spricht in *erkenntnistheoretischer* Hinsicht für meine These. Hüfner sagt, daß der Prozess des Big Bang „Informationen über das ‚Davor' weitgehend ausgelöscht" hat und daß sich deshalb vermutlich prinzipiell nichts über das ‚Davor' aussagen läßt. In seinem Buch über „Die ersten drei Minuten", das in seinem Untertitel und im Vorwort behauptet, vom „Ursprung des Universums" (engl.: „Origin of the Universe") zu handeln, schrieb Weinberg kurz nach der Entfaltung dessen, was er unter dem Standardmodell der Urknall-Theorie versteht, folgende Sätze: „Nach etwa einer Hundertstelsekunde[124], dem frühesten Zeitpunkt, *über den wir überhaupt mit einer gewissen Zuverlässigkeit etwas sagen können* [Hervorhebung von W. H.], betrug die Temperatur des Universums etwa hunderttausend Millionen (10^{11}) Grad Celsius".[125] Besonders interessant ist aus meiner Sicht der Satzteil, der besagt, daß dieser Abstand den frühesten Zeitpunkt bezeichnet, über den wir überhaupt mit einer gewissen Zuverlässigkeit etwas sagen können. Das heißt aber doch: Wir kommen mit unserer Erkenntnis nicht einmal bis zum Big Bang, sondern können über ihn nur hypothetische Schlussfolgerungen im Rückblick aus einem – denkbar kurzen – zeitlichen Abstand danach machen. Das ist eine erkenntnistheoretische Aussage, aus der nicht folgt, daß es keinen Big Bang gegeben hat, wohl aber folgt daraus, daß sich der Big Bang *unserer Erkenntnis entzieht*, weil alle Aussagen, die hinter den für uns erreichbaren Zeitpunkt der Beobachtung zurückgehen, nicht einmal ein Minimum an Zuverlässigkeit (engl.: „any confidence") haben.

B: Was ist an diesem Eingeständnis schlimm? Ich finde, es verdient eher Anerkennung, wenn Physiker oder andere Wissenschaftler so genau und ehrlich wie möglich die Grenzen menschlicher Erkenntnismöglichkeiten benennen und damit auch die darüberhinausgehenden Schlußfolgerungen als hypothetische Schlußfolgerungen bezeichnen.

A: Ich schätze das auch sehr, will aber doch darauf hinweisen, daß solche hypothetischen Schlußfolgerungen von Beweisen oder von Wissen grundsätzlich zu unterscheiden sind. Dieses Modell einer strikten Unterscheidung, ja Trennung zwischen naturwissenschaftlichem Wissen und christlichem Glauben hat Martin

---

124 Gemeint ist: *nach* dem Big Bang. Seit der Abfassung und Veröffentlichung von Weinbergs Buch (s. o. Anm. 118) hat sich dieser zeitliche Abstand in der Forschung sehr (auf ca. 10^{-43} Sec.) verkürzt und wird das wohl auch in Zukunft noch weiter tun, aber ein zeitlicher Abstand vom Big Bang bleibt.
125 A.a.O., S. 14

Luther in seiner „Disputation über den Menschen"[126] mustergültig durchgeführt. Und das heißt für unser Thema: Die Hypothese vom Big Bang als Ursprung des Universums hat nicht den Charakter eines durch Beweis(e) gesicherten *Wissens*. Aber so wird sie meist vertreten. Und *das* ist meines Erachtens kritikwürdig. Wenn ich Lemaître richtig verstehe, respektiert er als Physiker streng die Grenze dessen, was wir *wissen* können, gegenüber dem, was wir als christliche Theologen oder gläubige Menschen *glauben* dürfen. Und die Entstehung des Uratoms gehört für ihn wohl zu den Glaubensaussagen und nicht zum naturwissenschaftlichen Wissen. Woraus er sie ableitete, konnte ich seinen Schriften allerdings nicht entnehmen.

B: Aber damit fiele dann die Frage nach dem Ursprung des Kosmos aus nichts streng genommen nicht in das Gebiet der Naturwissenschaften, sondern in das Gebiet des Glaubens bzw. der Theologie. Und wenn ein Naturwissenschaftler ein glaubender Mensch ist, dann kann er damit vermutlich gut leben.

A: Dieses Verständigungsangebot auf der Basis von Lemaître bedarf allerdings einer wichtigen Ergänzung, die ich nicht verschweigen will. Sie ist mir bei der Durcharbeitung des erkenntnistheoretischen Hauptwerks des scharfsinnigen österreichischen Philosophen Wolfgang Stegmüller, „Metaphysik, Skepsis, Wissenschaft",[127] bewußt geworden. Er zeigt, daß alles Wissen, sei es empirischer, sei es logischer Natur, einen *Glauben* voraussetzt, der sich auf die Verläßlichkeit unserer sinnlichen Wahrnehmung und/oder unseres logischen Denkens bezieht. Deshalb gilt für ihn: *„Man muß nicht das Wissen beseitigen, um für den Glauben Platz zu machen. Vielmehr muß man bereits etwas glauben, um überhaupt von Wissen und Wissenschaft reden zu können."*[128]

B: Aber ob man an die grundsätzliche Verläßlichkeit unserer sinnlichen Wahrnehmung und unseres logischen Denkens glaubt oder an Gott als den Schöpfer des Universums, das macht doch einen erheblichen Unterschied. Das wird doch A hoffentlich nicht bestreiten.

A: Nein, das bestreite ich nicht. Das hebt aber nicht auf, daß alle genannten Größen auf einem Vertrauen basieren, das nicht durch Wissen fundiert ist, sondern selbst das tragen muß und trägt, von dem wir sagen können: Das *wissen* wir. Dieses

---

126 M. Luther, Disputatio de homine (1536), in: LDStA ³2022, Bd. 1, 663–669. Siehe dazu G. Ebeling, Lutherstudien 2, Bd. 1–3 sowie W. Härle, „Der Mensch wird durch den Glauben gerechtfertigt". Grundzüge der lutherischen Anthropologie, in: ders., Menschsein in Beziehungen, Tübingen 2005, S. 169–190. Darin sind auch Luthers 40 Thesen vom Menschen in deutscher Übersetzung (auf S. 188–190) enthalten.
127 W. Stegmüller, Metaphysik, Skepsis, Wissenschaft, *2. verbesserte Auflage*, Berlin/Heidelberg/New York 1969.
128 A.a.O. S. 33. Diese beiden Sätze sind von Stegmüller selbst kursiv gesetzt, also hervorgehoben worden.

Vertrauen wird Menschen im Laufe ihres Lebens zuteil, wird aber nicht zu einem dauerhaften, unanfechtbaren Besitz, sondern kann auch – vorübergehend oder ganz – verlorengehen. Und für die existenziell wichtigen Fragen ist es großer Gewinn, wenn einem Menschen ein tragfähiges Vertrauen zuteilwird.

B: Ich habe verstanden, daß A die Theorie vom Urknall als Ursprung des Universums aus den von ihm genannten Gründen nicht für ein solches fundiertes Wissen hält, aber die Bedeutung des Big Bang für die Frühzeit der Evolution immerhin als eine Hypothese anerkennt und gelten läßt. Mich würde nun interessieren, ob der Schöpfungsglaube nach Meinung von A sich wenigstens auch auf dieses erkenntnistheoretische Niveau heben läßt oder sich schon dort befindet.

A: Ich wähle, wie andere auch[129], den Zugang zum Schöpfungsglauben in unserem Gesprächszusammenhang zunächst weder über die biblischen Schöpfungserzählungen, die sich in den beiden ersten Kapiteln des 1. Buchs Mose finden lassen, noch über den Prolog des Johannesevangeliums. Auf diese Texte möchte ich später zu sprechen kommen. Ich beginne stattdessen mit den naturwissenschaftlichen bzw. naturphilosophischen Beobachtungen und Folgerungen, die von der – erstaunlichen – *Beschaffenheit* des Universums ausgehen. Ich denke dabei natürlich vor allem an die „Naturkonstanten", die im Universum durchgehend anzutreffen sind, genauer gesagt, an die *Feinabstimmung* zwischen den Grundkräften – Gravitation, elektromagnetische Kraft, schwache und starke Wechselwirkung –, die im Universum besteht. Die wissenschaftliche Erforschung des Anfangs des Universums hat dazu Folgendes ergeben: Wäre die Energie, die beim Big Bang freigesetzt wurde, auch nur um einen winzigen Bruchteil schwächer oder stärker gewesen, so hätte das Universum gar nicht entstehen können[130]. Im ersten Falle wäre es in sich kollabiert, im zweiten Fall ohne Ausbildung von Elementen explodiert. Solche naturwissenschaftlichen Ergebnisse erfordern doch zumindest das Nachdenken über eine *mögliche Erklärung*.

B: Das ist richtig. Und die Physiker haben auch darüber nachgedacht. So schreibt zum Beispiel der englische Hofastronom Martin Rees: „Die Existenz Schwarzer Löcher ... zwingt uns möglicherweise zu der Auffassung, daß unser Universum – alles, was Astronomen tatsächlich sehen können – nur eines von

---

129 Eines der wertvollsten Bücher, das ich zu diesem Thema kenne, stammt von M. Schleiff und trägt den Titel: Schöpfung, Zufall oder viele Universen? Ein teleologisches Argument aus der Feinabstimmung der Naturkonstanten, Tübingen 2019. Das Buch bearbeitet in besonnener und sehr differenzierter Weise das Problem der Entstehung des Universums nicht nur aus physikalischer und theologischer, sondern auch aus argumentationslogischer Perspektive unter der Leitfrage nach der bestmöglichen Antwort.

130 Siehe H. von Ditfurth, Innenansichten eines Artgenossen, Düsseldorf ²1989, S. 239–241 und M. Rees, Vor dem Anfang. Eine Geschichte des Universums, Frankfurt/M. ²2001, bes. 193–211.

vielen Universen ist."[131] Natürlich ist seine Formulierung: „zwingt uns möglicherweise" ziemlich vage. Ich gebe auch zu, daß manche – an sich eher atheistisch oder agnostisch eingestellte – Physiker sagen, das sei fast so etwas wie ein Gottesbeweis, aber eben nur fast. Denn wir wissen nicht, ob dies der einzige Urknall oder der einzige Versuch der Evolution oder der Natur war, ein Universum entstehen zu lassen. Es könnte doch zahllose Versuche vorher, neben und nachher geben, die alle insofern „schiefgegangen" sind, als sie nicht zur Entstehung eines relativ stabilen Universums geführt haben.[132] Und deshalb ist es statistisch durchaus möglich, daß es auch einmal diesen gelungenen Versuch unseres Universums gibt. Im Übrigen wissen wir auch noch nicht, wie unser Universum endet und ob man es als „sinnvoll" bezeichnen kann.

A: Gibt es eigentlich ein Indiz für die Existenz solcher Universen, unter denen doch auch einige sein müßten, von deren Existenz wir irgendwelche Signale auffangen könnten?

B: Wenn es nicht die von Rees genannten Schwarzen Löcher sind, dann muß ich sagen, daß ich solche Indizien auch nicht kenne. Ich gebe auch zu, daß folglich die Theorie von den unzähligen Universen bzw. vom Multiversum eher als problematisch zu beurteilen und bislang als rein hypothetisch einzuordnen ist. Aber selbst wenn man auf diese Hypothese verzichtet, bleibt doch nur das staunenswerte Faktum, daß die Energie des Urknalls genau die Stärke hatte, die für die Entstehung unseres Universums notwendig war. Dieses Faktum ist extrem unwahrscheinlich, aber es beweist weder die Existenz eines allgegenwärtigen, allwissenden, allmächtigen, liebenden Gottes, noch verlangt es zwingend eine überzeugende Erklärung.

A: Ich habe nicht behauptet, daß das ein Gottesbeweis sei, sondern nur, daß dies ein Faktum sei, das nach einer *Erklärung* verlangt, so wie jedes Ordnungsphänomen im Unterschied zum Chaos eine Erklärung verlangt. Und es würde durch die Annahme eines transzendenten Weltursprungs, dem so etwas wie Geist, Intelligenz oder Wissen zukommt, tatsächlich eine gute Erklärung finden. Aber ich behaupte nicht, das sei die einzig mögliche Erklärung.

B: Für mich sind nach wie vor die Theorie – oder meinetwegen die Hypothese – vom Urknall als Ursprung und die Evolutionstheorie als Beschreibung der Entwicklung des Universums die besten bisher bekannten wissenschaftlichen Antworten auf die Frage nach der Entstehung unseres Universums. Sie reichen mir aus.

---

131 M. Rees, Vor dem Anfang. Eine Geschichte des Universums, (engl. 1997) dt. ² 2001, S. 116.
132 Mit dieser sogenannten Multiversumstheorie beschäftigt sich M Schleiff (siehe oben Anm. 129) gründlich.

A: Welche Einwände ich gegen die Hypothese von einem Big Bang als Ursprung des Universums habe, muß ich nicht wiederholen. Sie wurden durch B nicht ausgeräumt. Die Evolutionstheorie in der auf den britischen Theologen[133] und Naturforscher Charles Darwin[134] zurückgehenden Form bestreite ich nicht, halte in ihr aber zwei entscheidende Punkte für klärungsbedürftig.

B: Und welche Punkte sind das?

A: Ich teile den Konsens darüber, daß es mindestens zwei nicht reduzierbare Prinzipien der Evolution gibt, welche die Namen „Mutation" und „Selektion" tragen. Aber zumindest das Prinzip der Mutation erklärt und versteht sich nicht von selbst. Wenn ich es richtig sehe, hat die Evolutionsbiologie einen Großteil ihrer Forschungsenergie auf die Frage nach den *Selektions*prinzipien der Evolution gerichtet und dabei verschiedene Antworten geprüft, aber teilweise auch wieder verworfen. Ein frühes Kriterium war die *Selbsterhaltung*, die jedoch nur begrenzte Bedeutung hat, wie die in großer Zahl auftretenden Fälle von Selbstaufopferung zugunsten anderer sowohl unter Menschen als auch unter Tieren zeigen. Eine weitere Antwortmöglichkeit steckt in dem Hinweis auf *Arterhaltung*, die jedoch auch durch Fälle von Selbstaufopferung für Angehörige anderer Arten als allgemeines Prinzip in Frage gestellt wird. Neuerdings wird häufig die Weitergabe und damit der Erhalt der *eigenen Gene* als Selektionskriterium beurteilt. Das ist insofern bemerkenswert, als Menschen früher und Tiere generell nichts von Genen wissen konnten und können. Das müßte ihnen dann unbewußt – genetisch – einprogrammiert sein.

B: Aber es gibt doch *ein* generelles Prinzip, im Verhältnis zu dem alle bisher von A genannten Kriterien als spezielle Ausprägungen betrachtet werden können. Dieses Prinzip ist unter dem Namen „Survival oft the fittest" seit Charles Darwin und Herbert Spencer allgemein bekannt und besitzt doch auch eine große Plausibilität. Es trägt im Übrigen auch einer Tatsache Rechnung, die A bisher verschwiegen bzw. übergangen hat, daß es sich nämlich bei der evolutionären Selektion immer auch um einen *Kampf ums Überleben* handelt, in dem es nicht nur Gewinner, sondern auch Verlierer gibt, die ihre Gesundheit oder sogar ihr Leben in diesem Kampf verlieren – und daß irgendwann *alle* Lebewesen zu diesen Verlie-

---

133 Darwin hat ein vollständiges Theologiestudium absolviert, es als einer der Jahrgangsbesten abgeschlossen und später gesagt, dies sei die glücklichste Zeit seines Lebens gewesen. Im Theologiestudium erwacht in ihm durch die Werke des Theologen und Philosophen William Paley das wissenschaftliche Interesse an der Welt als wunderbare Schöpfung, das er auf seinen Forschungsreisen mit Akribie und Scharfsinn in die Tat umsetzt.

134 Das grundlegende Werk dazu ist immer noch Ch. Darwin, On the Origin of Species by Means of Natural Selection, London 1859, deutsch: Die Entstehung der Arten durch natürliche Zuchtwahl, Stuttgart 2005.

rern gehören. Auch das ist ein wichtiger, und zwar *kritischer* Beitrag zu der Frage nach einer angeblich „sehr guten" Schöpfung.

A: Ja, das kann ich nur bestätigen. Deshalb schlage ich vor, daß wir uns gleich in den nächsten Kapiteln mit der Frage beschäftigen, ob denn auch Tod, Krankheit und Leiden zu Gottes guter Schöpfung gehören können. Aber jetzt möchte ich zunächst noch kurz auf den Vorschlag von B eingehen, das Überleben der Fittesten als Selektionskriterium der Evolutionstheorie ernst zu nehmen. Ich erinnere mich deutlich an einen Vortrag[135] über Evolutionsbiologie des Zoologen und Verhaltensforschers Hubert Markl, in dem er die These vertrat, „Survival of the Fittest" sei *keine* passende Formulierung für das evolutionäre Selektionskriterium, da die maximale Fitness leicht dazu führen könne, daß eine Spezies durch die Ausrottung aller ihrer natürlichen Feinde oder durch das Aufzehren all ihrer eigenen Nahrungsquellen ihre künftigen Lebensmöglichkeiten selbst vernichtet. In diesen Fällen bewirkt die maximale Fitness längerfristig die eigene Ausrottung. Als Alternative schlug Markl die Formulierung „Survival of the *Middlest*" vor. Das leuchtet mir bis heute ein.

B: Dem kann und will ich auch nicht widersprechen und nehme diese Korrektur gerne als mögliche realistische Präzisierung an.

A: Zumal auch in dieser Form das daseins- und lebensbejahende Moment der Evolution zum Ausdruck kommt. Und dieses bejahende Element ist geradezu selbstverständlich, wenn man die Selektionskriterien der Evolution daraufhin untersucht und danach bemißt, was sich evolutionär *erhalten, durchgesetzt* und *weiterentwickelt* hat. Aber die Frage nach der Triebfeder für die *Mutation* ist damit jedenfalls nicht beantwortet. Das wußte schon Darwin und hat sich diesem Problem – insbesondere im Blick auf die zahlreichen, verschiedenen Arten von Augen, die in der Evolution entstanden sind, ehrlich gestellt. In seinem Hauptwerk „Die Entstehung der Arten"[136] schreibt er am Beginn des 5. Kapitels über die „Gesetze der Abänderung": „Ich habe bis jetzt das Wort ‚Zufall' gebraucht, wenn von Abänderungen die Rede war, die bei organischen Wesen ... auftreten. Das Wort ‚Zufall' ist natürlich keine richtige Bezeichnung, aber sie läßt wenigstens unsere Unkenntnis der Ursachen besonderer Veränderungen durchblicken".

---

135 Leider waren alle meine Versuche vergeblich, diesen Vortrag und seine Kernidee irgendwo im literarischen Oeuvre von Markl aufzufinden und von daher zu belegen. Ich muß mich vorerst in dieser Sache auf mein Gedächtnis verlassen, von dem aber nicht die Richtigkeit der von Markl vertretenen These abhängt.

136 Siehe oben Anm. 134.

B: Aber Richard Dawkins hat in seinem Buch: „Das egoistische Gen"[137] doch die These vertreten, Gene seien ausschließlich dazu fähig und damit beschäftigt, sich selbst zu vervielfältigen und sich so auszubreiten. Die Mutationen erklärt er als Resultate der Kopier*fehler*, die dabei gelegentlich vorkommen.

A: Aber diese Theorie, die behauptet, alle Weiterentwicklungen in der Geschichte der Evolution seien durch Kopierfehler der Gene zu erklären, hat Dawkins doch in seinem Buch „Der Gotteswahn"[138] stillschweigend selbst durch die Aussage ersetzt: „Stattdessen[139] lernen wir, nach langsam ansteigenden Linien zunehmender Komplexität zu suchen." Damit schließt sich Dawkins den Evolutionsforschern an, die schon seit längerer Zeit von einer solchen ansteigenden Komplexität in der Evolution ausgehen und damit ein *teleologisches*, also zielgerichtetes Element in die Evolutionstheorie aufnehmen, die ursprünglich darauf ausgerichtet war, den Gedanken an eine Teleologie auszumerzen. Zunehmende Komplexität ist jedoch eine Form von zukunftsgerichteter Gestaltung. Damit stellt sich dann aber – erneut – die Frage nach dem *Woher* dieses Prinzips zunehmender Komplexität. Und schon diese Fragestellung beurteile ich als einen großen Erkenntnis*gewinn*.

B: Aber A kann doch nicht bestreiten, daß diese Frage nach dem Woher entweder zu einer unendlichen Kette von weiteren Rückfragen führt oder irgendwo willkürlich abgebrochen werden muß, indem man einen absoluten Anfangs- und Ausgangpunkt *setzt* und *behauptet*.

A: Das gilt aber nur, wenn man die Frage nach dem Woher im Sinne einer *Wirk*ursache (causa efficiens) versteht und stellt. Da ist es wohl in der Tat nur möglich, unendlich weiterzufragen oder willkürlich abzubrechen oder die Wirkursache auf eine *andere* Form der Kausalität zurückzuführen, die frei ist von diesem Dilemma.[140]

B: Und welche andere Form der Kausalität könnte das sein?

A: Diese andere Form taucht spätestens in der „Metaphysik" von Aristoteles[141] neben der Wirkursache auf: Es ist die *Ziel*ursache (causa finalis).

---

137 R. Dawkins, The Selfish Gene, Oxford (1976) ²1989, dt. Das egoistische Gen, (Berlin, Heidelberg New York 1978), Reinbek ²1996.

138 R. Dawkins, The God Delusion, London 2006, dt.: Der Gotteswahn, Berlin 2007, S. 157.

139 Dieses „Stattdessen" bezieht sich freilich nicht auf seine Theorie von den Kopierfehlern als Mutationsprinzip, sondern auf die Annahme, eine planvolle, weise göttliche Schöpfung und Gestaltung der Welt „sei die einzige Alternative zu Zufall".

140 Als dritte – ebenfalls ganz unbefriedigende – Möglichkeit wird gelegentlich ein Zirkelschluss genannt, bei dem das, was begründet werden soll, bereits offen oder verdeckt in der Begründung vorausgesetzt wird.

141 So Aristoteles in seiner Metaphysik, Buch A, 983 a (Loeb Library Bd. 271, S. 16, dt.: Stuttgart 1970, S. 24).

B: Aber ich verstehe Aristoteles so, daß die Wirkursache und die Zielursache keine Alternativen darstellen, sondern ebenso wie die Materialursache und die Formursache *in jedem Fall* erfüllt sein müssen, also einander *ergänzen.* Deshalb nennt man ja diese Theorie das *Vier-Ursachen-Schema* von Aristoteles

A: Ich glaube nicht, daß Aristoteles das so verstanden hat; denn für die Materialursache könnte das nur gelten, wenn man eine konsequent *materialistische* Metaphysik verträte, die gar keine *immateriellen* Realitäten anerkennt bzw. zuläßt, und es würde im Blick auf die Zweckursache nur gelten, wenn man eine konsequent panpsychistische Metaphysik verträte, die keine *unbeseelten* Realitäten anerkennt bzw. zuläßt. Materialismus und Panpsychismus schließen sich aber nicht nur gegenseitig aus, sondern es spricht auch sehr viel dafür, daß sie beide falsch sind; denn erstens *gibt* es immaterielle Realitäten – wie zum Beispiel den menschlichen Geist –, und zweitens gibt es Wirklichkeiten – wie zum Beispiel Atome, Steine und Eiszapfen –, die *keine* psychischen Wirklichkeiten sind. Deshalb halte ich es für notwendig, zwischen Wirkursache (causa efficiens) und Zielursache (causa finalis) zwar nicht generell zu trennen, wohl aber zu unterscheiden und sie in *manchen* Fällen auch als *Alternativen* zu verstehen.[142]

B: Kann mir A mit Beispielen helfen, diese Unterscheidung zwischen Wirkursache und Zielursache und ihre gelegentliche Alternativstellung besser zu verstehen?

A: Ja, gerne. Wir verstehen häufig „Ursache" (also „causa") automatisch als Wirkursache. Das ist aber eine *Verengung.* Um diese Verengung zu vermeiden, ist es günstiger, zwischen „Wirkursache" (causa efficiens) und „Zielursache" (causa finalis) zu unterscheiden. Beispiel: Wenn ein Eiszapfen im Frühling von einer Dachrinne zu Boden fällt, so ist die Wirkursache dafür die Wärme, die das Eis zum Schmelzen bringt. Der Eiszapfen verfolgt mit seinem Herunterfallen aber kein Ziel. Anderes Beispiel: Wenn ein Mensch sich vornimmt, künftig mehr Sport zu machen, verfolgt er ein Ziel – vermutlich die Verbesserung seines Gesundheitszustandes oder seiner Fitness – und diese Zielsetzung wird, wenn sie ernst genommen wird, vermutlich zur Wirkursache dafür, daß der Betreffende tatsächlich mehr Sport treibt. Weiteres Beispiel: Wenn ein Mensch sich am Anblick einer Blume erfreut, ist dieser Anblick die Wirkursache für einen Gefühlszustand, der keinem Ziel zugeordnet ist und dient. Wir sagen dann oft: „Das ist zweckfrei" oder „Es ist in sich sinnvoll". Letztes Beispiel: Wenn ein Ehepaar sich ein Kind wünscht, kann das durch eine äußere Wirkursache angestoßen sein (zum Beispiel durch den Besuch bei oder von Freunden, die gerade ein Kind bekommen haben), aber die ausschlaggebende

---

142 Aristoteles sagt ebd. auch, daß die Zielursache „im Gegensatz" zur Wirkursache steht. Das ist zwar gelegentlich der Fall, muß aber nicht so sein.

Ursache bei einer erwünschten Schwangerschaft liegt in dem *Ziel*, ein Kind zu bekommen. An diesem letzten Beispiel läßt sich besonders gut die für unser Thema ausschlaggebende Pointe der Unterscheidung zwischen Wirkursache und Zielursache verdeutlichen: Während die Wirkursache immer zeitlich und sachlich *vor* dem Ereignis liegt, das aus ihr folgt, und darum auf das Dilemma von unendlichem Regreß oder willkürlichem Abbruch angelegt ist, gilt das für die Zielursache *nicht*. Sie liegt zeitlich und sachlich *nach* dem Ereignis, genauer gesagt: Es gibt diese Zielursache im Moment ihres Zustandekommens noch gar nicht, anders gesagt: Die Zielursache geht von etwas aus, was es im Moment ihrer Entstehung *nur* als Idee oder Wunsch gibt, die, wenn nichts dazwischenkommt, erst dadurch realisiert wird.

B: Ist das nicht ein sehr spezielles Beispiel?

A: Keineswegs! Man kann sogar sagen, daß die meisten Menschen auf diese Weise auf die Welt gekommen sind, also darin ihren Anfang haben. Und wenn man das verstanden hat, zeigt sich, daß *alle schöpferischen* Akte und Prozesse – ob in der Musik, Malerei, Literatur, Technik usw. – die Form haben, daß etwas, das es noch nicht gibt, in der Idee und im Wunsch vorweggenommen und dadurch zur Wirklichkeit wird, daß die Zielursache die zur Realisierung erforderlichen Wirkursachen auslöst.

B: Aber bevor A jetzt auf diesem Feuer sein schöpfungstheologisches Süppchen kocht, möchte ich doch darauf hinweisen, daß bei allen schöpferischen Akten und Prozessen, die wir in unserer Erfahrungswelt antreffen, immer vorausgesetzt ist, daß die schöpferischen Subjekte dieser Zielursachen bereits in der Welt *existieren*.

A: Das stimmt so nur scheinbar. Zwar ist es richtig, daß *jemand* vorausgesetzt werden muß, der vorhanden ist und zum Initiator einer Zielursache und daraus folgend einer Wirkursache wird, aber wodurch entsteht denn eine Wirklichkeit, die man zu Recht als „Schöpfer" bezeichnen kann? Doch erst und nur durch den Akt des kreativen[143] *Schaffens*. Gott wird im Akt oder im Prozeß seines kreativen Schaffens zum Schöpfer, und *insofern* ist er „a se", also „aus sich selbst". Analog dazu werden Menschen, die bereits existieren, im geschöpflichen Bereich durch die Realisierung ihres Kinderwunsches zu Mutter und Vater, also zu Eltern.

B: Und was hat A mit diesen ziemlich komplizierten sprachlichen Überlegungen nun für unseren Dialog erreicht?

A: Ich hoffe, gezeigt zu haben, daß die Einbeziehung der Unterscheidung zwischen Wirkursache und Zielursache auf nachvollziehbare Weise beweist, daß die Frage nach dem Ursprung des Universums nicht in dem Dilemma von unendlichem

---

143 Ich füge das Adjektiv „kreativ" nicht ein, weil es gut klingt, sondern weil „schaffen" insbesondere in Baden-Württemberg leicht als „arbeiten" missverstanden werden kann. Und „schöpfen" geht als Verb für das Wirken des Schöpfers gar nicht, weil es sich nur auf die Austeilung von Suppe oder andere Flüssigkeiten anwenden läßt.

Regreß oder willkürlichem Abbruch enden muß, sondern daß die Einbeziehung der Zielursache, mit deren geschöpflicher Form wir in unserer Alltagswirklichkeit ständig zu tun haben, den widerspruchsfreien Gedanken ermöglicht, daß es einen Ursprung des Universums geben kann, der in einer Zielursache liegt, die von Gott ausgesagt werden kann, der durch die Realisierung seiner Zielursache zum Schöpfer des Universums *wird*, also sich selbst zum Schöpfer *macht*.

B: Aber was A damit noch nicht zeigen konnte, ist seine Annahme, daß dieser Schöpfergott das Wesen von Liebe trägt bzw. die Liebe ist.

A: Mich erfreut schon lange Dreierlei: erstens die Tatsache, daß die *ersterwähnte* biblische Aufforderung Gottes an Tiere und Menschen *nicht* ein Verbot ist, sondern die lebensbejahende Aufforderung[144]: „Seid fruchtbar und mehret euch" (1. Mose 1,22 und 28); zweitens die Tatsache, daß die Evolution unseres Universums eine Tendenz zu zunehmender Komplexität aufweist, die das Universum reicher macht; drittens die Vermutung, daß Selbsterhaltung, Arterhaltung und Weitergabe der Gene im Sinne des „Survival of the Middlest" als mögliche Selektionskriterien in der Evolution wirken. Und da frage ich B, ob er es für abwegig hält, in dieser dreifachen Bejahung[145] sowie in diesem Erhaltungs- und Bereicherungswillen des schöpferischen Ursprungs eine Ausdrucksform dessen zu sehen, was Luther in seiner Heidelberger Disputation in der krönenden theologischen These 28 gesagt hat: „Die Liebe Gottes findet das für ihn Liebenswerte nicht vor, sondern erschafft es".[146]

B: Nein, für abwegig halte ich das nicht, wohl aber – wieder einmal – für eine allzu kühne Neuinterpretation der biblischen Schöpfungsaussagen, die doch verständlicherweise noch keine Ahnung von der Evolution des Universums hatten, sondern davon ausgingen, daß ein theistisch gedachter und vorgestellter Gott mit seinen Händen oder Worten am Anfang alle Arten von Geschöpfen aus nichts erschaffen hat.

A: Das bestreite ich nicht, korrigiere es aber zunächst ein wenig. Es heißt von den Landtieren: „Und Gott sprach: Die *Erde* bringe hervor lebendiges Getier" (1. Mose

---

144 Und selbst dem Verbot bzw. besser: der Warnung vor dem Essen vom Baum der Erkenntnis des Guten und Bösen geht die Erlaubnis voran: „Du darfst essen von allen Bäumen im Garten" (1. Mose 2,16).

145 Ihr steht die *Verneinung* diametral gegenüber, als die und mit der Mephisto sich in Goethes Faust selbst vorstellt: „Ich bin der Geist, der stets verneint! Und das mit Recht; denn alles, was entsteht, ist wert, daß es zugrunde geht; drum besser wär's, daß nichts entstünde ..." (Faust 1, Studierzimmer, Zeile 1338–1341).

146 LDStA Bd. 1, S. 61,7 f. und S. 67,28 f. (lat.: „amor dei non invenit, sed creat suum diligibile").

1,24, Hervorhebung von W.H.).[147] In der lutherischen Orthodoxie des 17. Jahrhunderts wurde diese Form der Schöpfung mit dem Begriff „vermittelte Schöpfung" („creatio mediata") bezeichnet und von der unvermittelten Schöpfung („creatio immediata"[148]) des Lichts, der Gestirne und der Menschen unterschieden. Darin kann man immerhin eine Anknüpfungsmöglichkeit für die Evolutionslehre sehen, wenn man will.

B: Das will ich lieber nicht, aber es ist zugegebenermaßen interessant. Und ich vermute, daß auch A damit nicht sagen will, daß die Bibel „doch Recht"[149] hat.

A: Nein, das will ich nicht. Ich will im Gegenteil darauf hinweisen, daß die Bibel in naturwissenschaftlicher Hinsicht nur über das naturkundliche Wissen ihrer Zeit verfügt, daß sie sich in ihren beiden Schöpfungserzählungen massiv selbst widerspricht und zudem – jedenfalls im Alten Testament – gravierende Lücken aufweist.

B: Diese Eingeständnisse, insbesondere die von Widersprüchen und Lücken, nehme ich gerne detaillierter zur Kenntnis. Das ist ja Wasser auf meine Mühlen.

A: Die Menschen, welche die biblischen Bücher zum Alten Testament bzw. zum Tanach[150] zusammengestellt haben, stellten an den Anfang dieser Schriftensammlung in 1. Mose 1,1 – 2,25 gleich *zwei* Schöpfungserzählungen (mit den unterschiedlichen Gottesnamen: „Elohim" einerseits und „Jahwe Elohim" andererseits), die hinsichtlich ihrer inneren Abfolge nicht miteinander in Einklang zu bringen sind. Die zuerst erzählte, aber später entstandene Schöpfungserzählung aus 1. Mose 1,1–2,4a ist in sechs Schöpfungstage und einen Ruhetag Gottes gegliedert. Die Schöpfungswerke tauchen in folgender Reihenfolge auf: 1.) das Licht, 2.) das Firmament, 3.) die Trennung von Land und Meer sowie die Hervorbringung von Pflanzen und Bäumen, 4.) die Gestirne, 5.) die Hervorbringung von Fischen und Vögeln, 6.) die Hervorbringung der Landtiere und die Erschaffung der Menschen als Mann und Frau, die wie gute Könige oder Verwalter über die Erde herrschen sollen. Die an zweiter Stelle stehende, aber ältere Erzählung kennt hingegen keine Einteilung in Schöpfungstage, beginnt aber mit der Erschaffung des Mannes aus Lehm, danach pflanzt Gott den Garten Eden mit allerlei Bäumen – unter anderen den

---

147 In ähnlicher Form wird in 1. Mose 1,11 und 20 die Entstehung von Pflanzen, Fischen und Vögeln eingeführt.
148 So zum Beispiel Johann Andreas Quenstedt, Theologia positiva, Wittenberg 1685, Teil I, S. 417 f.
149 Ich spiele damit natürlich auf den vielzitierten Titel „Und die Bibel hat doch Recht" an, den der Journalist Werner Keller seinem Buch gegeben hat, in dem er die These vertritt „Forscher beweisen die Wahrheit des Alten Testaments", Düsseldorf 1955.
150 Mit diesem hebräischen Kunstwort, das aus den drei Anfangskonsonanten der Worte „Tora" („Gesetz" oder „Weisung"), „Nebiim" („Propheten") und „Chetubim" („Schriften") zusammengesetzt ist, bezeichnet man die Heiligen Schriften Israels bzw. des Judentums, die für Christen das „Alte Testament" bilden. Der „Tanach" wird aus jüdischer Sicht oft auch zu Recht als „Hebräische Bibel" bezeichnet.

Baum des Lebens und den Baum der Erkenntnis des Guten und Bösen (1. Mose 2,9). Dann erhält der Mann von Gott den Auftrag, diesen Garten zu bebauen und zu bewahren. Zur Bewässerung des Gartens entspringen vier Ströme in Eden. Dann erschafft Gott die Landtiere und Vögel, schließlich formt Gott als Krönung der Schöpfung aus der Rippe des Mannes die Frau und führt sie ihm zu, damit die beiden „ein Fleisch" werden.

B: Das sind tatsächlich zwei einander in vieler Hinsicht geradezu entgegengesetzte Erzählungen. Was haben die Verfasser bzw. die Redaktoren des Alten Testaments sich dabei gedacht, sie so unverbunden und unerläutert nebeneinanderzustellen?

A: Das ist den Texten nicht zu entnehmen, sondern nur zu erschließen. Die Erzählungen geben vermutlich das naturkundliche Wissen wieder, das zu ihrer jeweiligen Zeit und in ihrer Umgebung bekannt war. Das Eine, Entscheidende, worin sie sich einig sind, ist die Glaubensaussage, daß diese Welt Gottes Schöpfung ist, die er den Menschen als Lebensraum und als verantwortliches Betätigungsfeld anvertraut.

B: Was diese aber, wie man ebenfalls schon dem Alten Testament entnehmen kann, offenbar notorisch mißbrauchen.

A: Das ist leider von Anfang an und bis heute so.

B: Und worin sieht A die *Lücken* in diesen Schöpfungserzählungen? Mir ist jedenfalls aufgefallen, daß in der zweiten Erzählung die Erschaffung von Licht, von Gestirnen und von Fischen fehlen. Geht es um diese Lücken?

A: Nein, die meine ich nicht, obwohl B mit diesem Hinweis natürlich Recht hat. Ich meine aber etwas viel Gravierenderes: In beiden Erzählungen fehlen Aussagen über den *Ursprung* des Universums im Sinn der Erschaffung der Welt aus nichts („creatio ex nihilo").

B: Aber in 1. Mose 1,1f. heißt es doch: „Am Anfang schuf Gott Himmel und Erde. Und die Erde war wüst und leer, und Finsternis lag auf der Tiefe, und der Geist Gottes schwebte über dem Wasser". Ist das nicht als Aussage über den Ursprung der Welt aus nichts durch Gottes Schöpfung zu verstehen?

A: So habe ich das auch lange verstanden, bis ich von den Vertretern der alttestamentlichen Wissenschaft gelernt habe, daß diese beiden Verse nicht einen ersten Schöpfungsakt im Sinne des Ursprungs der Welt bzw. des Universums meinen, sondern daß sie eine Art Überschrift für die ganze erste Schöpfungserzählung sind.

B: Wie kommt man denn darauf?

A: Wenn man die beiden ersten Verse der Bibel so verstehen würde, als würde damit der erste Schöpfungsakt Gottes beschrieben, dann würde dieser erste, grundlegende Akt aus der Reihe der Schöpfungswerke Gottes herausfallen, vor allem aber würde das besagen: Was Gott zuerst erschafft, ist „wüst und leer" (hebr.

„tohuwabohu"), ist also etwas Chaotisches. *Das* sagt die Bibel aber nie von Gottes Schöpfung. Gottes Schöpferwirken kreiert immer *gestaltete Ordnung.* Aus beiden Gründen kann die *chaotische* Erde im Sinn der Bibel nicht als Gottes Schöpfungswerk verstanden werden. Das heißt aber zugleich: Die Bibel gibt in 1. Mose 1 *keine* Antwort auf die jedenfalls uns brennend interessierende Frage, woher das Tohuwabohu, einschließlich der Urflut des Anfangs (1. Mose 1,2) stammen. Sie werden einfach als gegeben vorausgesetzt. Ebenso ist es in der älteren Schöpfungserzählung aus 1. Mose 2. Hier wird vorausgesetzt, daß es trockene, kahle Erde („Staub") und einen aus der Erde hervorbrechenden Strom gab, aus denen Gott den ersten Menschen formt, dem er dann den „Odem des Lebens" einhaucht. Wie diese Erde und dieser Strom entstanden sind, wird auch in dieser Erzählung nicht gesagt. Sie sind einfach da und werden als vorhanden vorausgesetzt.

B: Und was ist mit der Formel „Schöpfung aus nichts" („creatio ex nihilo"), die doch von allen monotheistischen Religionen gelehrt wird? Woher stammt die?

A: Sie taucht erstmals in den jüdischen Spätschriften auf, die keine Aufnahme in die hebräische Bibel gefunden haben, und zwar in 2. Makk 7,28, wo es heißt: „Ich bitte dich, mein Kind, sieh Himmel und Erde an und betrachte alles, was darin ist, und erkenne: Dies hat Gott alles aus nichts gemacht." Im Neuen Testament wird diese Aussage dann an mehreren Stellen aufgenommen und mit ähnlichen Worten wiederholt, so zum Beispiel in Hebr 11,3 („Durch den Glauben erkennen wir, daß die Welt durch Gottes Wort geschaffen ist, daß alles, was man sieht, aus nichts geworden ist"), aber auch in Röm 4,17, wo Gott als der bezeichnet wird, der das ruft, „was nicht ist, daß es sei". Diese Kennzeichnung Gottes wendet Paulus auch auf die Rechtfertigung der Sünder und auf die Auferweckung der Toten an. Die tiefsinnigste Verankerung der creatio ex nihilo ist aber im Prolog des Johannesevangeliums enthalten, das an seinem Beginn offensichtlich eine Analogie zum Beginn des Alten Testaments bildet: „Im Anfang war das Wort, der Logos, und der Logos war bei Gott und von Gottes Wesen war der Logos. Dieser war im Anfang bei Gott. Alles ist durch ihn geworden, und ohne ihn ist auch nicht eines geworden, das geworden ist" (Joh 1,1–3). [151]

B: Warum stellt diese Übersetzung neben den deutschen Begriff „Wort" noch den griechischen Begriff „Logos"?

A: Der griechische Begriff „Logos", der von „legein" (= „sagen") abgeleitet ist, zeichnet sich durch eine überaus große Bedeutungsbreite und -vielfalt[152] aus. Die

---

151 Ich zitiere zum Johannesprolog die Übersetzung der Zürcher Bibel (1531) [2]2008, die ich für die genaueste Wiedergabe dieses komplexen griechischen Textes halte.

152 Siehe dazu W. Löhr in seinem Artikel „Logos" in: RAC XXIII/2010, 328. Demnach ist „Logos" aber von Fall zu Fall auch zu übersetzen mit: Argument, Aufzählung, Ausdruck, Aussage, Ausspruch, Begründung, Berechnung, Bericht, Beweisführung, Darlegung, Erklärung, Gedanke, Gesetz, Grund,

gebräuchlichsten deutschen Übersetzungen sind *Vernunft* und *Wort.* Das damit umrissene Bedeutungsfeld von Logos hat sein Bedeutungs*zentrum* offenbar in etwas Sinnvollem, das man verstehen kann und das sich sprachlich ausdrücken und verstehen läßt. Im Ausdruck *„schöpferische Idee"* oder im Begriff *„Sinn"* läßt sich dieser Vernunft- und Sprachaspekt von Logos gut miteinander verbinden. Und diesen griechischen Begriff verwendet das Johannesevangelium für das göttliche Schöpfungswort.

B: Und was soll daran „tiefsinnig" sein, wie A sagt?

A: Das ist die Verbindung des Schöpfungswortes mit dem Sein und Wesen *Gottes,* die mit den Worten erfolgt: „der Logos war bei Gott, und von Gottes Wesen war der Logos. Dieser war im Anfang bei Gott" (Joh 1,1f.). Und diese Verbindung wird in Joh 1,14 aufgenommen mit den Worten: „Und das Wort, der Logos, wurde Fleisch und wohnte unter uns, und wir schauten seine Herrlichkeit, eine Herrlichkeit, wie sie ein Einziggeborener vom Vater hat, voller Gnade und Wahrheit" und auf die Beziehung Jesu Christi zu Gott, dem Vater und Schöpfer angewandt. Damit wird zugleich gesagt, von *woher* diese *Erkenntnis* gewonnen ist.[153] Diese sogenannte Logos-Christologie wurde in der Christenheit dauerhaft beibehalten, um mit ihrer Hilfe sowohl die Wesen*einheit* von Vater und Sohn als auch die *Unterscheidung ihrer Seinsweisen* auszusagen. Darin kommt auch die zunächst überraschend wirkende Erkenntnis zum Ausdruck, daß der Logos auch der Vermittler der Schöpfung ist.[154]

B: Ich glaube, das muß ich nicht verstehen. Aber gegen die Aussage „Am Anfang war das Wort" hat doch bekanntlich ausgerechnet der Dichterfürst Goethe aus dem Mund seines Dramahelden Faust Einspruch eingelegt mit dem Satz: „Ich kann das *Wort* so hoch unmöglich schätzen, ich muß es anders übersetzen, wenn ich vom Geiste recht erleuchtet bin, geschrieben steht: Im Anfang war der *Sinn*" und schließlich: „Im Anfang war die Tat".[155]

A: Ich sagte ja vorhin, daß „Logos" auch mit „Sinn" wiedergegeben werden kann. Deshalb hat bzw. hätte Goethes Faust mit dem ersten Vorschlag durchaus Recht, aber er verwirft diese Idee selbst, weil er bezweifelt, daß es der Sinn sei, „der alles wirkt und schafft". Dasselbe Schicksal erleidet zum Glück seine Erwägung,

---

Kalkulation, Maß, Proportion, Rechnen, Rechenschaft, Rechtfertigung, Rede, Sinn, Sprache, Überlegung, Verhältnis, Verkündigung, Verstand, Wesen sowie Zählen. Leider enthält der umfangreiche Artikel keine Aussagen zu Logos asarkos und ensarkos.

153 Siehe dazu W. Härle, Logos ensarkos und asarkos. Weitreichende Konsequenzen aus dem Prolog des Johannesevangeliums, in: F. Unger (Hg.), Sieben Positionen zum Logos, Weimar, 2014, S. 13–26.

154 Das kommt vor allem in Kol 1,16f., aber auch schon in 1. Kor 8,6 zum Ausdruck.

155 J. W. von Goethe, Faust 1, Studierzimmer, Zeile 1224–1237.

„Logos" mit „Kraft" zu übersetzen. Aber schließlich findet er vermeintlich guten Rat und übersetzt – wie B richtig sagt –: „Im Anfang war die *Tat*". Das überzeugt mich nicht voll, genauer gesagt: Wenn „Tat" als körperliche Handlung verstanden wird bzw. würde, dann käme sie ebenso nicht als Übersetzung für Gottes Schöpferwirken in Frage, sondern nur dann, wenn sie als wohlerwogene, durchdachte, sinnvolle *Zielursache* verstanden würde. Darin kommt der Logos, die Vernunft, der Sinn, oder auch die Weisheit[156] Gottes zum Ausdruck. Diese Weisheit zu erforschen, war übrigens *ein*, wenn nicht sogar *der* Hauptimpuls für die Entstehung der mittelalterlichen und neuzeitlichen Naturwissenschaften, wie noch Immanuel Kant[157] und andere vor und nach ihm wußten. Sie ist zu beeindruckend, als daß man sie einfach als eine zufällige Tatsache hinnehmen könnte. Sie schreit förmlich nach einer Erklärung oder einem begründeten Verstehen.

B: Aber was für eine tragfähige Erklärung kann der Schöpfungsglaube im Blick auf die Entstehung des Universums mit seiner staunenswerten Ordnung bieten, wenn doch auch A zugeben muß, daß sich die einschlägigen biblischen Aussagen naturwissenschaftlich nicht auf einem aktuellen Stand befinden?

A: Worin diese Erklärungsleistung besteht, kann sowohl verdeutlicht werden durch einen Blick auf *spezifisch biblische* Schöpfungsaussagen, die zugleich ein überraschendes Verständnis von „Schöpfung" enthalten, als auch anhand eines bekannten Stückes aus einer *reformatorischen Bekenntnisschrift*, in der erklärt wird, was Christen meinen, wenn sie sich zum Glauben an Gott als dem Schöpfer bekennen. Beide Befunde passen bestens zusammen und weisen in dieselbe Richtung. Bei den „spezifisch biblischen Schöpfungsaussagen" denke ich an folgende Texte: „So spricht der Herr, dein Erlöser, der dich von Mutterleibe bereitet hat: Ich bin der Herr, der alles schafft, der den Himmel ausbreitet allein und die Erde fest macht ohne Gehilfen" (Jes 44,24). Ferner: „Hat nicht auch ihn [sc. meinen Knecht] erschaffen, der mich im Mutterleibe schuf, hat nicht der Eine uns im Mutterschoß bereitet?" (Hi 35,15) und: „Deine Hände haben mich gebildet und bereitet" (Hi 10,8) sowie „Denn du ... hast mich gebildet im Mutterleibe. Ich danke dir dafür, daß ich

---

156 Mit dieser Übersetzung spiele ich darauf an, daß der Neutestamentler Ernst Haenchen (in: „Gott und Mensch. Gesammelte Aufsätze", Tübingen 1965, S. 122 f.) erwogen hat, ob der Hymnus in Joh 1 nicht möglicherweise ursprünglich, also *vor* der Logoschristologie im Anschluss an Spr 8,22 – 31. eine „weibliche" Sophia- bzw. Weisheitschristologie vertreten hat, die dann aber, weil die Sophia sich nicht inkarnierte, sondern resigniert zurückzog, von der „männlichen" Logoschristologie verdrängt wurde.

157 In seiner „Kritik der reinen Vernunft" (B 651) schreibt Kant, daß der Gottesbeweis, der von der zweckmäßigen Beschaffenheit der Welt auf die Existenz Gottes schließt (den er als *Beweis* für nicht gültig hielt), nicht nur unsere Naturkenntnisse erweitert, sondern daß diese Kenntnisse „den Glauben an einen höchsten Urheber bis zu einer unwiderstehlichen Überzeugung vermehren" können.

wunderbar gemacht bin; wunderbar sind deine Werke; das erkennt meine Seele" (Ps 139,13 f.) sowie schließlich: „Ich kannte dich, ehe ich dich im Mutterleibe bereitete" (Jer 1,5). Das Überraschende an diesen Texten könnte man bezeichnen als die Verlegung der Schöpfung in den Mutterleib, wobei primär aber nicht nur die *eigene* Erschaffung gemeint ist, sondern auch die des Knechtes, also *aller* Menschen, und sich darin die Art und Weise zeigt, wie Gott Himmel und Erde erschafft. Natürlich wußten alle diese Autoren, daß Menschen im Mutterleib entstehen durch Zeugung und Empfängnis, aber gerade *das* verstehen sie als Gottes wunderbares Schöpferhandeln. So und von da aus wird Gottes Schöpferhandeln verstanden. Das dem genau entsprechende Verständnis findet sich in Luthers Kleinem Katechismus in der Auslegung des 1. Artikels. Luther geht vom Text des Apostolikums aus, der sagt: „Ich glaube an Gott, den Vater, den Allmächtigen, den Schöpfer des Himmels und der Erde." Und er fragt – wie immer –: „Was ist das?" Und er antwortet mit den auch aus der Weltliteratur[158] bekannten Worten: „Ich glaube, daß mich Gott geschaffen hat samt allen Kreaturen, mir Leib und Seele, Augen, Ohren und alle Glieder, Vernunft und alle Sinne gegeben hat und noch erhält; dazu Kleider und Schuh, Essen und Trinken, Haus und Hof, Frau und Kind, Acker, Vieh und alle Güter ... und das alles aus lauter väterlicher, göttlicher Güte und Barmherzigkeit, ohn all mein Verdienst und Würdigkeit: für all das ich ihm zu danken und zu loben und dafür zu dienen und gehorsam zu sein schuldig bin" (UG 469 f.). Da zumindest die Anfangsworte vielen Menschen vertraut sind, fällt den wenigsten noch auf, welch kühne Interpretation des Schöpfungsglaubens hier gewagt wird. Luther sagt nicht: Ich glaube, daß Gott die Welt oder die ersten Menschen erschaffen hat, sondern daß Gott *mich* erschaffen hat samt allen Kreaturen, und dazu gehören dann auch Kleider und Schuhe usw. Er nennt lauter Dinge, deren Entstehungsursachen wir durchaus kennen, die wir sogar selbst teilweise herstellen können. Und er behauptet von alledem nicht, das habe Gott an unserer Stelle gemacht, sondern dies alles sei in seinem natürlichem Entstehungszusammenhang Gottes Schöpfung.

B: Aber was soll das dann noch heißen? A verweist immer wieder zur Erklärung dafür auf Gott und auf die Bestimmung der Kreaturen. So macht es offenbar auch Luther, wenn er von all diesen „normal entstandenen" Personen, Tieren, Pflanzen und Dingen sagt, Gott habe sie aus Güte geschaffen und dafür müßten wir Menschen Gott dankbar und gehorsam sein. Aber welchen Sinn hat in diesem Zusammenhang die Rede von Gott als Schöpfer, noch dazu von einem Gott, dessen Wesen „Liebe" ist? Ich werde den Verdacht nicht los, daß A etwas ganz Schlichtes, wenn auch vielleicht ethisch Wichtiges meint, nämlich: Wir sollten mit unserem Leben und mit dem aller anderen Kreaturen so umgehen, als ob ein Gott sie erschaffen, das heißt gemacht

---

158 Dabei denke ich vor allem an den Anfang von Thomas Manns großem Roman: „Buddenbrooks".

hätte. Wir sollen uns daran freuen, dafür dankbar sein, damit behutsam und fürsorglich umgehen, weil das uns selbst und auch den Kreaturen guttut. Ist es so gemeint?

A: Also, ich empfinde es schon einmal als viel, wenn jemand das so sehen und sagen kann, und ich würde mich freuen, wenn B so weit ginge. Trotzdem sage ich: Nein, so ist es nicht gemeint bzw. es ist mehr gemeint, falls ich B richtig verstanden habe. B meint ja wohl mit seinem „als ob" eine an sich *falsche*, aber ethisch, politisch, sozial *nützliche* Aussage. Nun bin ich gegenüber der These, es gebe falsche, aber nützliche Aussagen, prinzipiell skeptisch, weil der auf Unwahrheit oder Irrtum beruhende Nutzen immer nur kurze Beine hat und der Satz Jesu gilt: „Die Wahrheit wird euch frei machen" (Joh 8,32). Und zu dieser Wahrheit gehört nach meinem Verständnis das, was Paulus in Form einer rhetorischen Frage zum Ausdruck gebracht hat: „Was hast du, das du nicht empfangen hast?" (1. Kor 4,7). Und Schleiermacher hat diese Tatsache in seiner Glaubenslehre[159] folgendermaßen ausgedrückt: „Das Gemeinsame aller noch so verschiedenen Äußerungen der Frömmigkeit ..., also das sich selbst gleiche Wesen der Frömmigkeit, ist dieses, daß wir uns unsrer selbst als schlechthin abhängig, oder, was dasselbe sagen will, als in Beziehung mit Gott bewußt sind." Das ist der Kern des christlichen Schöpfungsglaubens.

B: Jetzt würde es mich im Sinne der Wahrhaftigkeit interessieren, ob denn zu einer angeblich auf Gottes Weisheit zurückzuführenden Schöpfung und als Ausdruck von Liebe zu verstehender Welt auch der *Tod* gehört und gehören kann.

---

159 F. Schleiermacher, Der christliche Glaube, 1. Band, Berlin (^{2}1830/31) ^{7}1960, S. 23.

IV. Gehört der Tod zu Gottes guter Schöpfung?

A: Einverstanden. Meine klare Einstiegsantwort auf diese Frage lautet: Ja!

B: Aber liest man es in der Bibel nicht anders? Ich erinnere daran, daß der Tod doch laut den ersten Kapiteln der Bibel zu den Strafen bzw. zu dem Fluch gehört, die von Gott auf Grund des Sündenfalls über Adam und über Eva, die angeblich ersten Menschen, verhängt wurden (1. Mose 3,19: „Im Schweiße deines Angesichts sollst du dein Brot essen, bis du wieder zu Erde wirst, davon du genommen bist").

A: Wenn man diesen Satz genau und im Kontext liest, ergibt sich aber ein ganz anderes Bild. Es heißt ab 1. Mose 3,17b: „verflucht sei der Acker um deinetwillen! Mit Mühsal sollst du dich von ihm nähren dein Leben lang. Dornen und Disteln soll er dir tragen, und du sollst das Kraut auf dem Feld essen. Im Schweiße deines Angesichts sollst du dein Brot essen, bis du wieder zur Erde wirst, davon du genommen bist. Denn Staub bist du und zum Staub kehrst du zurück." Daraus geht Folgendes hervor: Erstens, *nicht Adam* wird von Gott als Strafe für den Sündenfall verflucht, sondern der *Acker* wird um Adams willen verflucht, sodaß Adam seinen Lebensunterhalt nur „mit Mühsal" fristen kann. Zweitens wird die Sterblichkeit und der Tod des Menschen nicht mit Adams und Evas Sünde begründet, sondern mit dem Schöpfungs*material*, aus dem der Mensch laut der zweiten Schöpfungserzählung gemacht ist: „Denn Staub bist du und zum Staub kehrst du zurück". Drittens, und das ist das Wichtigste: Wenn der Tod keine Strafe für die Sünde ist, sondern sich aus seiner irdischen Abstammung (Staub) ergibt, was bedeutet dann der Tod im Blick auf den über den Acker verhängten Fluch? Antwort: Er ist eine *Begrenzung* des Fluchs: „Im Schweiße deines Angesichts sollst du dein Brot essen, *bis du* wieder zur Erde wirst". Ein Gegenstück zu diesem begrenzten Ackerfluch enthält der Mythos von Prometheus, der gegen den Willen der Götter das Feuer zu den Menschen gebracht hat und dafür auf Befehl von Zeus an einen Felsen im Kaukasus geschmiedet wird, wo ihm jeden Tag von einem Adler die Leber herausgehackt wird, die über Nacht wieder nachwächst, und das für „ewig oder doch dreißigtausend Jahre". Nur dank dem Mitleid von Herkules und dem Selbstopfer von Chiron findet diese schreckliche Quälerei – gegen Zeus' Willen – doch ein Ende. So zeigt selbst dieses Kontrastbild eine Fluchbegrenzung als Wohltat.[160]

B: Das ergibt in der Tat ein ganz anderes Bild. Allerdings frage ich mich wieder, ob die biblischen Belege dafür ausreichen und ob es nicht in der Bibel auch Gegenbelege dazu gibt.

---

[160] Siehe dazu Gustav Schwab, Sagen des klassischen Altertums, Hg. Sonja Hartl, Stuttgart/Wien 2007, S. 17–20, bes. S. 20.

https://doi.org/10.1515/9783111578897-005

A: Bevor ich auf die Gegenbelege zu sprechen komme, die es tatsächlich in gewisser Hinsicht gibt, möchte ich noch zwei zusätzliche, indirekte Belege nennen, die ebenfalls der biblischen Urgeschichte zu entnehmen sind. Der eine Beleg ergibt sich aus dem Namen des ersten Menschen: „Adam", wie er ab 1. Mose 3,8 genannt wird. Die Pointe dieses Namens erschließt sich erst, wenn man weiß, daß er aus dem hebräischen Substantiv für „Erde" abgeleitet ist, und das heißt „adamah". „Adam" bedeutet also „Erdling", und das paßt zu der Begründung aus 1. Mose 3,19: „Denn Staub[161] bist du und zum Staub kehrst du zurück". Man hört dem Menschen Adam die Sterblichkeit schon an seinem Namen an. Der andere Beleg steckt in dem Hinweis auf einen *zweiten* Baum in der Mitte des Gartens Eden, der schon in 1. Mose 2,9 erwähnt wird, dann in der Erzählung vom Sündenfall zunächst keine Rolle mehr spielt, bis er in 1. Mose 3,22 noch einmal in einer ganz wichtigen Funktion auftaucht. Dabei muß ich wieder eine verbreitete Vorstellung vom Inhalt der biblischen Urgeschichte korrigieren, die sich fest in die Interpretationen und in das Gedächtnis vieler Menschen eingenistet hat. Diese Vorstellung besagt, daß die ersten Menschen, also Adam und Eva, *wegen des Sündenfalls* aus dem Garten Eden vertrieben wurden. Davon steht *nichts* in der biblischen Urgeschichte. Dort steht zwar, daß um des Sündenfalls willen von Gott die Schlange verflucht wird sowie die Schwangerschaft und das Gebären der Frau ebenso wie die Feldarbeit des Mannes mit „Mühen" belegt werden, aber der Grund für die Vertreibung aus dem Garten Eden ist ein ganz anderer.

B: Jetzt bin ich aber gespannt.

A: Am besten lese ich wörtlich vor, was in 1. Mose 3,22 f. steht: „Gott der Herr sprach: Siehe, der Mensch ist geworden wie unsereiner und weiß, was gut und böse ist. Nun aber, daß er nur nicht ausstrecke seine Hand und nehme auch von dem Baum des Lebens und esse und lebe ewiglich! Da wies ihn Gott der Herr aus dem Garten Eden, daß er die Erde bebaute, von der er genommen war. Und er trieb den Menschen hinaus und ließ lagern vor dem Garten Eden die Cherubim mit dem flammenden, blitzenden Schwert, zu bewachen den Weg zu dem Baum des Lebens."

B: Das heißt ja, dass laut dieser Erzählung die ersten Menschen *nicht* wegen ihres Sündenfalls aus dem Garten Eden vertrieben werden, sondern damit sie nicht vom Baum des Lebens essen können und dann *ewig leben!?*

A: Ja, genau so steht es da. Und das heißt doch: Gott will verhindern, dass der sterblich geschaffene Mensch vom Baum des Lebens ißt und ewig lebt.

B: Aber welchen Sinn hat es dann, daß Gott in dieser Erzählung zweimal von dem Baum der Erkenntnis des Guten und Bösen sagt: „denn an dem Tage, da du von ihm ißt, mußt du des Todes sterben" (1. Mose 2,17 und fast wortgleich in 1. Mose 3,3)?

---

161 Das hebräische Wort „aphar" kann „Staub", „Erde", „Lehm" und „Niedrigkeit" bedeuten.

A: Das ist kein Widerspruch zu der Behauptung, daß laut der biblischen Ur-
geschichte der von Gott erschaffene Mensch ein sterbliches Wesen ist und daß der
Tod (auch) deshalb zu Gottes Schöpfung gehört. Gott sagt den Menschen ja nicht:
„Ihr werdet sterblich werden", sondern „an dem Tage, da du davon ißt, mußt du des
Todes sterben". Das setzt aber voraus, dass die Menschen sterben *können*, also
sterblich sind.

B: Aber sie sterben doch *nicht*, nachdem sie gegessen haben.

A: Das stimmt und wird nicht einmal begründet oder erklärt. Vielleicht gehört
das in die Reihe der Ankündigungen von Übeln, die Gott gereuen, nachdem er sie
gemacht hat.[162] Jedenfalls geht auch noch aus dieser Todesankündigung hervor, daß
die von Gott geschaffenen Menschen von Hause aus *sterblich* sind.

B: Aber vertritt nicht Paulus, den A sonst so hoch schätzt, die Auffassung, daß
der Tod erst durch die Sünde Adams in die Welt gekommen ist?

A: Das ist richtig. In Röm 5,12 schreibt Paulus: „Deshalb, wie durch *einen*
Menschen [sc. Adam] die Sünde in die Welt gekommen ist und der Tod durch die
Sünde, so ist der Tod zu allen Menschen durchgedrungen, weil sie alle gesündigt
haben." Und Paulus fährt in Vers 18 folgendermaßen fort: „Wie nun durch die Sünde
des Einen [sc. Adam] die Verdammnis über alle Menschen gekommen ist, so ist auch
durch die Gerechtigkeit des Einen [sc. Christus] für alle Menschen die Rechtfertigung gekommen, die zum Leben führt." Und Paulus schließt diesen ganzen Ge-
dankengang in Röm 6,23 ab mit den bekannten Worten: „Denn der Sünde Sold ist
der Tod; die Gabe Gottes aber ist das ewige Leben in Christus Jesus, unserm Herrn."
Ähnlich hatte Paulus schon im Auferstehungskapitel 1. Kor 15,21–26 argumentiert,
indem er dort schrieb: „Denn da durch *einen* Menschen der Tod gekommen ist, so
kommt auch durch *einen* Menschen die Auferstehung der Toten. Denn wie in Adam
alle sterben, so werden in Christus alle lebendig gemacht werden. Ein jeder aber in
der für ihn bestimmten Ordnung: als Erstling Christus; danach die Christus ange-
hören, wenn er kommen wird; danach das Ende, wenn er das Reich Gott, dem Vater,
übergeben wird, nachdem er vernichtet hat alle Herrschaft und alle Macht und
Gewalt ... Der letzte Feind, der vernichtet wird, ist der Tod."

B: Das ist an Deutlichkeit wohl nicht zu überbieten und belegt doch das Gegenteil dessen, was A bisher als alttestamentliche Auffassung dargestellt hat. Und
wenn A bisher immer davon ausgegangen ist, daß im Fall von Widersprüchen
zwischen dem Alten und dem Neuen Testament die neutestamentlichen Aussagen –
als „Vertiefungen" der alttestamentlichen Aussagen – den Vorzug verdienen, dann

---

162 Beispiele dafür finden sich in 2. Mose 32,14, Hos 11,9 und Jona 3,10. Siehe dazu das erhellende
Buch von Jörg Jeremias, Die Reue Gottes. Aspekte alttestamentlicher Gottesvorstellung, Neukirchen-
Vluyn (1975) ²1997.

muß das doch wohl auch in diesem Fall gelten?! Ich kann aus diesen Aussagen des Römerbriefs jedenfalls nur herauslesen, dass der Tod *nicht* zu der von Gott geschaffenen, guten Natur des Menschen gehört, sondern erst als Folge, und zwar als Straffolge für die Sünde in die Welt kam und der „letzte Feind" ist.

A: Das ist zugegebenermaßen eine *mögliche* Lesart dieser Aussagen, aber sie enthält ein großes Problem, das mit Mehrdeutigkeiten der Begriffe „Leben" und „Tod" zusammenhängt.

B: Was soll an diesen beiden Begriffen mehrdeutig sein?

A: Beide Begriffe können entweder *biologisch*[163] verstanden werden oder *axiologisch*, das heißt in wertendem Sinn.

B: Diese Unterscheidung verstehe ich nicht.

A: Nun, wenn Menschen, denen es sehr schlecht geht, von sich sagen: „Das ist doch kein Leben (mehr)", dann meinen sie damit nicht, daß sie schon gestorben sind, sondern daß sie ihr Leben nicht mehr als lebenswert, geschweige denn als liebenswert empfinden. Und im Blick auf den Tod unterscheidet jedenfalls die Offenbarung des Johannes, also das letzte Buch der Bibel, zwischen einem ersten, biologischen Tod und einem zweiten Tod, der mit ewiger Verdammnis und Verlorenheit gleichgesetzt wird. So heißt es in Offb 2,10 – 11: „Sei getreu bis in[164] den Tod, so will ich dir die Krone des Lebens geben ... Wer überwindet, dem soll kein Leid geschehen von dem zweiten Tode." Ähnlich steht es in Offb 20,6 und 14. In Offb 21,8 wird dieser zweite Tod beschrieben als „feuriger Pfuhl", also als das, was wir umgangssprachlich oft als „Hölle" bezeichnen.

B: Aber man kann doch diese Unterscheidung zwischen zwei Arten von Tod, die in der Offenbarung des Johannes auftaucht, nicht einfach in die Briefe des Paulus hineinlesen oder hineininterpretieren. Das kommt mir unprofessionell und geradezu gewalttätig vor.

A: Das kann ich verstehen, aber nicht akzeptieren; denn in den Aussagen des Apostels Paulus steckt ein großes Problem, das sich meines Erachtens nur mit Hilfe von Differenzierungen lösen läßt, wie sie in der Johannesoffenbarung mit Hilfe der Unterscheidung zwischen erstem und zweitem Tod vorgenommen wird. Bei Paulus fehlt eine solche ausdrückliche Differenzierung am Todesbegriff, aber sie ist vorhanden am *Lebens*begriff, nämlich als Unterscheidung zwischen *irdischem* Leben und *ewigem* Leben.

B: Ich sehe nicht, daß es irgendetwas im paulinischen Text ändert oder klärt, wenn man eine solche Differenzierung am Todesbegriff in seinen Text hineinliest.

---

163 Die Unterscheidungen zwischen Herztod, Hirntod und Zelltod beziehen sich alle auf den *biologisch* verstandenen Tod.

164 Die Übersetzung „in den Tod" (Einheitsübersetzung) gibt den Sinn des Urtextes besser wieder als „an den Tod" (Luthers Übersetzung).

A: Ich sehe das sehr wohl. Wenn B der Meinung ist oder wäre, Paulus spräche immer vom Tod im *biologischen* Sinn; dann müßte er auch annehmen, Paulus spräche auch immer vom Leben im biologischen Sinn; denn nur dann würde der Gegensatz zwischen Adam und Christus durchgehalten. Stimmig wäre die Argumentation von Paulus unter einer solchen „biologistischen" Voraussetzung nur dann, wenn Paulus die Auffassung verträte: „Wer an Jesus Christus glaubt, stirbt nicht mehr, weil er unsterblich geworden ist." Aber diesen Unsinn vertritt Paulus ebensowenig wie ihn Jesus in seiner Verkündigung vertreten hat.[165] Und nur, wenn man diese Differenzierungen voraussetzt, kann man auch verstehen, warum Paulus in Phil 1,23 schreiben kann: „Ich habe Lust, aus der Welt zu scheiden und bei Christus zu sein, was auch viel besser wäre; aber es ist nötiger, im Fleisch zu bleiben um euretwillen." Hier spricht Paulus doch offensichtlich nicht vom Tod als Feind, der durch die Sünde in die Welt kam, sondern als Weg, um bei Christus zu sein. Aber Paulus hat diese beiden Aspekte des Todesbegriffs leider *nicht* terminologisch unterschieden. Das ist ein schwerer Fehler.

B: Aber das heißt doch, daß Paulus sich in seinen Aussagen über die entscheidende Frage, ob der Tod zu Gottes (guter) Schöpfung gehört, irrt. Und wenn A dieser Auffassung ist, dann sollte er das auch offen so sagen.

A: Ja, dieser Auffassung bin ich in der Tat. Übrigens ist das nicht der einzige Punkt, in dem Paulus meiner Überzeugung nach irrt.

B: An welche anderen Punkte denkt A dabei? Das würde mich doch interessieren.

A: Erstens: In 1. Kor 9,9 zitiert Paulus das alttestamentliche Gebot aus 5. Mose 25,4: „Du sollst dem Ochsen, der da drischt, nicht das Maul verbinden", damit er nicht vom Getreide fressen kann. Und Paulus, der diese Bibelstelle metaphorisch auf das Recht der Apostel beziehen will, für ihre Tätigkeit von den Gemeinden Essen und Trinken zu bekommen, fügt an dieses Zitat die rhetorische Frage an: „Sorgt sich Gott etwa um die Ochsen?" Er erwartet darauf ein „Nein!". Aber das widerspricht dem, was die Bibel im Allgemeinen (etwa in Psalm 104 und in Jona 4,11) und auch Paulus im Besonderen (in Röm 8,19 – 22) über Gottes Fürsorge für *alle* seine Kreaturen sagt. Zweitens: In 1. Kor 15,40 f. geht Paulus davon aus, daß Sonne, Mond und Sterne im Unterschied zu Menschen, Vieh, Fischen und Vögeln „himmlische Körper" haben und deshalb *unvergänglich* sind. Damit teilt er das Weltbild seiner Zeit, aber

---

165 Etwas anderes ist es, daß Jesus und auch Paulus anfangs möglicherweise gedacht haben, daß die Parusie, das heißt: die endzeitliche Ankunft Christi und damit das Ende dieses Äons noch zu Lebzeiten einiger Zeitgenossen stattfinden werde. Eine solche „Naherwartung" kommt sowohl in Mk 9,1 als auch in 1. Thess 4,15 zum Ausdruck, hat sich aber nicht erfüllt. Laut Mt 24,36 hat Jesus allerdings gesagt, Tag und Stunde des Weltendes wisse *niemand*, außer Gott, dem Vater – auch *nicht der Sohn*, also er selbst.

wir wissen heute, dass auch Galaxien, Fixsterne und Planeten *vergänglich* sind und insofern „irdische" Körper haben. Drittens: In Röm 1,24 – 32 vertritt Paulus die folgenschwere Meinung, daß homosexuelle Praxis generell nicht nur eine Verkehrung der natürlichen Geschlechterordnung ist, sondern auch Ausdruck und Folge der todeswürdigen Vertauschung zwischen *Schöpfer und Geschöpf.* Aber er nennt (und es gibt) dafür keine Begründung. Das zähle ich deshalb auch zu den Irrtümern des Apostels Paulus.

B: Das ist interessant und leuchtet mir ein. Was allerdings die Kritikpunkte von A gegenüber der paulinischen Theorie vom Ursprung des Todes anbelangt, muß ich sagen: Diese Argumente sind mir zu kompliziert. Ich brauche sie auch nicht, um mich davon zu überzeugen, daß Menschen von Anfang an sterblich waren und sind. Und daß im Pflanzen- und Tierreich schon immer gestorben wurde, geht ja schon aus den archäologischen Funden hervor, die weit hinter die ersten Spuren von *menschlichem* Leben zurückreichen. Und da ich es für sinnlos halte, im Blick auf Pflanzen und Tiere zu sagen, sie hätten gesündigt, hielte ich es schon deswegen für ganz abwegig, mir die Meinung von Paulus anzueignen, die besagt, durch die Sünde des ersten Menschen sei der Tod in die Welt gekommen. Gestorben wurde schon immer – längst bevor es Menschen gab. Aber das besagt ja nicht, daß der Tod zu einer *guten* Schöpfung gehört oder in ihr auch nur einen Platz hat. Wie A das begründen will, das würde mich interessieren.

A: Als erstes muss man sagen, daß sich in einer Welt, in der Pflanzen, Tiere und Menschen nicht sterben könnten, also unsterblich wären, mangels Nahrung und angesichts von Übervölkerung dauerhaft kein Leben erhalten könnte.

B: Das leuchtet mir ein, betrifft aber nur die *belebten* Teile des Universums.

A: Richtig. Aber ich will mich einer Antwort auf die Frage, ob eine Welt ohne Tod nicht eine bessere Welt wäre, weiter annähern, indem ich von einer Erfahrung berichte, die ich mehrfach in Lehrveranstaltungen gemacht habe. In meinen Vorlesungen oder Seminaren zu medizin- und bioethischen Themen habe ich gelegentlich die Teilnehmer gebeten, an einer etwas makabren Abstimmung teilzunehmen, der sich jedoch niemand verweigert hat. Ich habe gefragt: „Wie würden Sie sich entscheiden, wenn Sie wählen müßten, entweder *morgen* zu sterben oder *nie mehr* sterben zu können?" Nach einer kurzen Bedenkzeit habe ich um eine Abstimmung per Handzeichen gebeten, und *immer* haben *alle* Anwesenden für „morgen sterben" votiert und *niemand* hat je für „nie mehr sterben" gestimmt. Damit hatte ich nicht gerechnet, aber ich selbst hätte genauso gestimmt. Das ist zwar sicher kein für unsere Bevölkerung repräsentatives Meinungsbild, es zeigt mir aber doch, daß es nicht ausgeschlossen oder gar abwegig ist, das Sterben der Unsterblichkeit vorzuziehen. Das deutete sich ja auch schon beim Nachdenken über das Sterben als „Fluchbegrenzung"[166] an.

B: Aber hängt dieses Abstimmungsverhalten in den Lehrveranstaltungen nicht auch davon ab, in welchem Gesundheitszustand man nicht mehr sterben könnte?

A: Das kann ich nicht sagen, aber es könnte so sein. Ich will jedoch nicht verschweigen, daß diese Abstimmungsaktionen noch ein Nachspiel hatten. Ich begegnete einige Jahre später einer ehemaligen Studentin, die in einer der Vorlesungen an der Abstimmung teilgenommen hatte, sich gut daran erinnerte und mich von sich aus darauf ansprach. Sie sagte sinngemäß: „Ich muß ihnen gestehen, daß ich damals zwar auch für ‚morgen sterben' gestimmt habe, aber nur, weil alle anderen so votiert haben. Eigentlich wäre ich damals für ‚nie mehr sterben können' gewesen. Inzwischen bin ich aber als Seelsorgerin in einem Krankenhaus und in einer Seniorenresidenz tätig, und nun würde ich aus Überzeugung für ‚morgen sterben' stimmen."

B: Das spricht aber doch sehr dafür, daß es – zumindest auch – davon abhängt, in was für einer Lebenssituation und in welchem Umfeld man sich befindet, wenn man sich eine Meinung über die Wünschbarkeit des Todes bildet. Und weltweit gibt es doch medizinische Forschungsbemühungen, die das Ziel verfolgen, den Tod nicht nur immer weiter hinauszuschieben, sondern ihn schließlich ganz abzuschaffen. Dieses Ziel mache ich mir zwar nicht zu eigen, aber ich vermute, daß viele Menschen das für attraktiv und wünschenswert halten – vor allem dann, wenn es nicht an einen *Zwang* zum Weiterleben, also an ein Nicht-mehr-sterben-*Können* gekoppelt ist. Außerdem gibt es doch auch in der Bibel die Verheißung eines „neuen Himmels und einer neuen Erde", von denen gesagt wird: „der Tod wird nicht mehr sein" (Offb 21,1 und 4). Das wäre dann vermutlich aus der Sicht von A eher eine Horrorvision als eine attraktive Verheißung!?

A: Wenn man sich das ewige Leben als eine endlose Verlängerung des irdischen Lebens vorstellt, dann ist das tatsächlich eher abschreckend als anziehend.

B: Aber heißt es nicht sogar in einem Gesangbuchlied: „O ewig, ewig ist so lang"? Was soll „ewig" denn sonst heißen?

A: Ja, Johann Rist, ein bedeutender Theologe und Dichter des 17. Jahrhunderts hat das Lied verfaßt: „O Ewigkeit, du Donnerwort", das früher in manchen Gesangbüchern stand, auch in dem, aus dem ich in meiner Kindheit und Jugend sang. Darin kommt eine 3. Strophe vor, die mit den Worten beginnt: „O Ewigkeit, du machst mir bang! O ewig, ewig ist zu lang; hier gilt fürwahr kein Scherzen." Kurze Zeit nach Johann Rist hat allerdings ein Schweinfurter Superintendent, namens Kaspar Heunisch, ein auf dieselbe Melodie zu singendes „Gegenlied", wie ich es

---

166 Siehe oben S. 69, bei Anm. 160.

nennen möchte, verfaßt, das mit den Worten beginnt: „O Ewigkeit, du Freudenwort, das mich erquicket fort und fort, o Anfang sonder Ende". In meinem methodistischen Gesangbuch[167] standen beide Lieder nebeneinander als Nr. 783 und 784, wobei das erste auf meine Kindheit leider den weitaus stärkeren Eindruck gemacht und Einfluss ausgeübt hat als das zweite. Inzwischen sind beide Lieder aus allen mir bekannten Gesangbüchern verschwunden. Aber die Vorstellung, daß „Ewigkeit" unendlich lange Dauer bedeute, ist leider bei vielen Menschen hängen geblieben.

B: Ich frage noch einmal, was soll „Ewigkeit" denn anderes bedeuten?

A: Ich habe mich in meiner „Dogmatik"[168] an *zwei* Stellen gründlicher mit der Bedeutung von „Ewigkeit" beschäftigt, weil „Ewigkeit" sowohl eine *Eigenschaft Gottes* als auch ein wesentliches Element der christlichen *Hoffnung* über den Tod hinaus ist. Und beides hängt untereinander zusammen, zwar nicht so, daß wir Menschen im Durchgang durch den Tod zu Gott oder Göttern würden. Wir sind und bleiben Geschöpfe Gottes. Aber es hängt so zusammen, daß wir durch die Auferstehung von den Toten im ewigen Leben untrennbar und unbegrenzbar mit Gott verbunden sind und bleiben.

B: Aber das kann man sich doch nur als *anfangslose und vor allem endlose Zeitdauer* vorstellen!

A: Nein, das ist nur *eine* von fünf mir bekannten Deutungen dessen, was „Ewigkeit" heißt.

B: Und welche anderen vier gibt es noch?

A: „Ewigkeit" kann auch *zweitens* bedeuten *Gleichzeitigkeit*, die als Einheit von Vergangenheit, Gegenwart und Zukunft in *einem* Augenblick verstanden wird. „Ewigkeit" kann *drittens* „Zeitlosigkeit" bedeuten, das heißt, eine Wirklichkeit, die von allen zeitlichen Elementen völlig frei ist. Sie kann weiter *viertens* verstanden werden als *Ursprung und Ziel* der Zeit, das heißt – metaphorisch ausgedrückt – als die „Quelle", aus der die Zeit entspringt und als der „Ozean", in den sie mündet.[169] Schließlich kann „Ewigkeit" *fünftens* verstanden werden als *Erfüllung* der Zeit, das heißt als vollkommenes, nicht begrenzbares Leben.

B: Und welche Bedeutung verdient nach Meinung von A den Vorzug?

A: Die drei ersten Bedeutungen von „Ewigkeit" sind zwar weit verbreitet, aber sie sind auch die problematischsten. Denn die ersten beiden bleiben ganz an den

---

167 Gesangbuch der Bischöflichen Methodistenkirche für die Gemeinden in Deutschland, Leipzig 1969.

168 W. Härle, Dogmatik, Berlin/Boston ⁶2022, S. 264–266 und 649–652. Ich habe durch die Arbeit an diesem hier veröffentlichten Text erkannt, daß eine kleine Korrektur an den Aussagen auf S. 264f. meiner „Dogmatik" sinnvoll ist und will sie in deren nächsten Auflage auch vornehmen.

169 Das hat Schalom Ben-Chorin in seinem Lied: „Und suchst du meine Sünde" in der ersten Strophe treffend ausgedrückt durch die Worte: „Ursprung, in den ich münde" (EG 237,1).

Begriff „Zeit" gebunden, dehnen ihn nur grenzenlos aus oder fassen ihn in einem Augenblick zusammen. Die dritte Bedeutung von „Ewigkeit" enthält dagegen gar keine positive Beziehung zwischen Ewigkeit und Zeit. Das ist aber ganz unbefriedigend. Demgegenüber enthalten die beiden letztgenannten Bedeutungen sowohl eine positive Beziehung als auch eine klare Unterscheidung zwischen Ewigkeit und Zeit. Das ist ein deutlicher Vorteil.

B: Und welche von diesen beiden Definitionen ist die bessere?

A: Ich finde an der vorletzten Bedeutung von „Ewigkeit" als Ursprung und Ziel der Zeit schwierig, daß sie eine Tendenz hat zu einem *zirkulären* Verständnis von Zeit und Ewigkeit, ähnlich wie beim Kreislauf des Wassers, und damit dann doch letztlich die Vorstellung von einer endlosen Zeitdauer nicht ganz vermeiden kann.

B: Bleibt also nur die letzte Bedeutung von „Ewigkeit" als Erfüllung der Zeit, im Sinne von vollkommenem, unbegrenzbarem Leben. Darauf wäre ich von mir aus nie gekommen.

A: Ich von mir aus auch nicht, aber ich habe sie – zusammen mit vielen anderen – bei dem wichtigsten christlich-neuplatonischen Philosophen am Übergang vom Altertum zum Mittelalter gefunden: bei Anicius Manlius Torquatos Severinus Boethius. Er definiert in seinem Hauptwerk „Vom Trost der Philosophie" den Begriff „Ewigkeit" als „den ganzen und zugleich vollkommenen Besitz unbegrenzbaren Lebens".[170]

B: Aber er verwendet doch auch das Adjektiv „unbegrenzbar" und nimmt damit doch die Vorstellung von einer unendlichen Dauer auf, die A bei anderen Definitionen kritisiert hatte.

A: Nein, das scheint nur so. Boethius spricht nicht von „unbegrenz*tem*" (lat. „interminatae"), sondern von „unbegrenz*barem*" (lat. „interminabilis") Leben. Das heißt: Es handelt sich um eine Wirklichkeit, die von ihrem Wesen her anders ist als alles, was begrenzt werden *kann*.

B: Aber gibt es überhaupt etwas, das unbegrenz*bar* ist?

A: Nicht in der endlichen Welt, einschließlich des Universums bzw. Kosmos im Ganzen, das bzw. der begrenzbar ist, ja, soweit wir wissen, auch begrenzt ist, nämlich einen Anfang und ein Ende hat. Aber von den Eigenschaften Gottes, welche die endliche Welt umfassen und übersteigen, kann man mit guten Gründen sagen, daß sie unbegrenzbar sind.

B: Aber hat dann die Rede vom Besitz oder der Gabe unbegrenzbaren Lebens überhaupt eine Bedeutung für unsere endliche Welt?

---

170 A. M. T. S. Boethius, De consolatione philosophiae, ca. 525, Buch V, Abschnitt 6: lat./dt. Ausgabe München/Zürich1990, S. 262 f.: „Aeternitas ... est interminabilis vitae tota simul et perfecta possessio." Lediglich das Wort „possessio", also „Besitz", empfinde ich in Anwendung auf das ewige Leben als nicht optimal. „Donum", also „Gabe" wäre besser.

A: Allerdings, da sich diese Eigenschaften Gottes auch auf das Verhältnis Gottes zur Welt beziehen. Und da zeigt sich, daß die Definition von Boethius den großen Vorteil hat, daß sie anschlußfähig ist für eine Einsicht, die sich insbesondere im Johannesevangelium findet, und zwar in folgender Aussage Jesu: „Wer mein Wort hört und glaubt dem, der mich gesandt hat, der hat das ewige Leben und kommt nicht ins Gericht, sondern er ist vom Tode zum Leben hindurchgedrungen."[171] Das ist sowohl ein Beleg für die Erkenntnis, daß ewiges Leben durch den Glauben bereits erfahrbare *Gegenwart* ist, als auch für die Differenzierung im Begriff „Tod", die es – auch ohne die *Rede* vom „zweiten Tod" – erlaubt zu sagen, daß ein Mensch bereits jetzt vom Tod zum Leben hindurchgedrungen, also auferstanden ist. Diese Form christlicher Ewigkeitshoffnung, die man als „präsentische Eschatologie" bezeichnet, ist ein überzeugendes Argument *gegen* das Mißverständnis von „Ewigkeit" als Zeitausdehnung, die nicht enden will oder kann.

B: Ich habe den Eindruck, daß Sterben und Tod als Verlusterfahrungen aus der Sicht von A zwar auch zu den Schattenseiten der Schöpfung gehören, aber für ihn doch eindeutig ein Teil der guten Schöpfung sind. Darin kommt für mich ein positiveres Verständnis von Sterben und Tod zum Ausdruck, als es die meisten – vor allem jüngere – Menschen haben. Würde A dem so zustimmen? Und, wenn ja, wie ist er zu dieser Sichtweise gekommen?

A: Ja, ich stimme dem uneingeschränkt zu. Gewonnen habe ich diese Einstellung vor allem durch einen Text, den Martin Luther bereits als junger Reformator und Seelsorger im Alter von 36 Jahren auf Bitten eines kursächsischen Ratsherren namens Markus Schart im Jahr 1519 verfaßt und veröffentlicht hat: seinen „Sermon von der Bereitung zum Sterben".[172] Dieser Text fand in den Folgejahren reißenden Absatz, erlebte 21 Nachdrucke und wurde ins Lateinische, Dänische und Niederländische übersetzt. Das Besondere an diesem Text ist der Geist der Zuversicht und Hoffnung, von dem er durchdrungen ist, sowie die Anschaulichkeit, mit der Luther die Bedingungen für ein getrostes Sterben beschreibt, bis hin zu den äußeren und inneren Bildern, mit denen man sich im Sterben umgeben sollte. Dabei verzichtet er auf alle Drohgebärden und auf alles, was die menschliche Angst vor dem Sterben wecken oder verstärken könnte, und leistet einen wichtigen Beitrag zu ihrer

---

171 Das schließt sich nahtlos an die bereits zitierten Aussagen aus Joh 3,15f. an und an die Aussage aus Joh 6,34: „Wer glaubt, der hat das ewige Leben". Hier wird mehrfach gesagt wird, daß diejenigen, die an Jesus Christus glauben, das ewige Leben bereits jetzt *haben*.

172 WA 2, 685–697, sowie M. Luther, Ausgewählte Schriften, Hg. K. Bornkamm und G. Ebeling, 2. Bd., Frankfurt/Main 1982, S. 15–34 ferner M. Luther DDStA, Bd. 1, Leipzig 2012, S. 45–73. Siehe zu diesem Thema auch die beherzigenswerte Kolumne mit dem Titel „Angst vor dem Sterben? Kirchenschließungen als Indiz des Wandels der Zeit", die Dorothea Wendebourg in der FAZ vom 05.06.2024 auf S. N 3 veröffentlicht hat.

Überwindung. Diesen „Sermon" möchte ich hier in einer von mir etwas gekürzten Fassung und in behutsam modernisierter Orthographie als Exkurs einfügen.

Exkurs 1: Luthers „Sermon von der Bereitung zum Sterben"

„Zum Ersten: Weil der Tod ein Abschied ist von dieser Welt und von allen ihren Geschäften, ist es nötig, daß der Mensch sein zeitliches Gut in Ordnung bringt, wie es sich gehört oder er es zu ordnen gedenkt, damit nach seinem Tod kein Anlaß bleibt für Zank, Hader oder sonst einem Ärgernis unter seinen hinterbliebenen Verwandten. Das ist ein leiblicher oder äußerlicher Abschied von dieser Welt, und es wird Hab und Gut entlassen und verabschiedet.

Zum Zweiten soll man auch geistlich Abschied nehmen. Das heißt, man soll freundlich und aufrichtig um Gottes willen allen Menschen vergeben, wie sehr sie uns auch Leid zugefügt haben mögen. Man begehre auch um Gottes willen von allen Menschen Vergebung, denen wir zweifellos Leid zugefügt haben, wenigstens mit schlechtem Beispiel oder mit zu wenig Wohltaten, wie wir es nach dem Gebot brüderlicher, christlicher Liebe schuldig gewesen wären, damit die Seele nicht mit irgendwelchen Angelegenheiten auf Erden behaftet bleibe.

Zum Dritten: Wenn man sich so von jedermann auf Erden verabschiedet hat, dann soll man sich allein auf Gott ausrichten; denn dorthin wendet sich und führt auch der Weg des Sterbens. Und hier beginnt die enge Pforte und der schmale Weg zum Leben. Darauf muß sich ein jeder fröhlich wagen. Denn der ist zwar sehr eng, aber nicht lang; es geht hier zu wie bei einem Kind, das aus der kleinen Wohnung in seinem Mutterleib mit Gefahr und hineingeboren wird in den weiten Raum von Himmel und Erde, das heißt in diese Welt. Ebenso geht der Mensch durch die enge Pforte des Todes aus diesem Leben …

Zum Vierten: Ein solches Sich-Ausrichten und Vorbereiten auf diese Fahrt besteht vor allem darin, daß man aufrichtig beichte, besonders die größten Brocken, die sich bei möglichst sorgfältiger Besinnung im Gedächtnis finden, und versehe sich mit den heiligen christlichen Sakramenten des heiligen wahren Leibes Christi und der letzten Ölung, begehre sie andächtig und empfange sie mit großer Zuversicht, wenn man sie bekommen kann. Ist das aber nicht möglich, so soll einem das Verlangen und Begehren nach ihnen tröstlich sein, und man soll nicht zu sehr darüber erschrecken …

Zum Fünften soll man ja mit allem Ernst und Fleiß zusehen, daß man die heiligen Sakramente hochachte, sie in Ehren halte, sich frei und fröhlich auf sie verlasse und sie gegen Sünde, Tod und Hölle so abwäge, daß sie bei weitem das Übergewicht haben. Auch soll man sich viel mehr mit den Sakramenten und ihrer Kraft beschäftigen als mit den Sünden …

Zum Sechsten: Um die Kraft der Sakramente zu erkennen, muß man zuvor die Gegenkräfte kennen, gegen die sie kämpfen und wogegen sie uns gegeben sind. Derer sind drei: Die erste ist das erschreckende Bild des Todes, die zweite ist das grauenerregende, vielfältige Bild der Sünde, die dritte ist das unerträgliche, unvermeidliche Bild der Hölle und der ewigen Verdammnis. Nun wächst jedes von diesen dreien und wird groß und schrecklich dadurch, daß etwas Zusätzliches hinzukommt: Der Tod wird groß und schrecklich, weil die furchtsame, verzagte Natur sich dieses Bild zu tief einprägt und es zu sehr vor Augen stellt. Dazu trägt der Teufel bei, ... indem er ihnen all die schrecklichen, jähen, bösen Todesfälle vor Augen stellt, die ein Mensch je gesehen, gehört oder gelesen hat, daneben wird er mit einflechten, wie der Zorn Gottes einst hier und dort die Sünder heimgesucht und ins Verderben gestürzt hat. So will er die ängstliche Natur dahin treiben, daß sie den Tod fürchte ... Denn je tiefer der Tod betrachtet und angeschaut und erkannt wird, desto schwerer und bedenklicher ist das Sterben. Im Leben sollte man sich mit dem Gedanken an den Tod beschäftigen ..., solange er noch ferne ist und uns noch nicht bedrängt; im Sterben hingegen, wenn er schon von selbst allzu stark ist, ist das gefährlich und unnütz ...

Zum Siebten: Die Sünde wächst und vergrößert sich ebenfalls dadurch, daß man sie zu viel anschaut und ihr zu tief nachdenkt; dazu trägt die Verzagtheit unseres Gewissens bei, das sich selbst vor Gott schämt und sich schreckliche Vorwürfe macht. Damit hat dann der Teufel ein Schwitzbad gefunden, wie er es gesucht hat. Da bedrängt er einen; da macht er die Sünden so viel und groß; da wird er einem alle die vor Augen führen, die gesündigt haben und wie viele mit weniger Sünden doch verdammt worden sind. So muß der Mensch abermals verzagen oder unwillig werden zum Sterben ... Das ist vor allem die Folge davon, daß der Mensch meint, er müsse jetzt die Sünde betrachten ... Aber zum Betrachten der Sünde ist da [sc. beim Sterben] kein Recht und keine Zeit; das soll man zu Lebzeiten tun.

Zum Achten: Die Hölle wird groß und wächst auch dadurch, daß man sie zu viel anschaut und zur Unzeit zu schwer bedenkt. Dazu trägt über die Maßen bei, daß man Gottes Urteil nicht weiß. So treibt der böse Geist die Seele dahin, daß sie sich mit überflüssigem, unnützem Vorwitz, ja mit dem allergefährlichsten Vorhaben belastet und erforschen soll, ob sie nach dem geheimen Ratschluß Gottes zu den Erwählten gehört oder nicht. Hier betätigt der Teufel sein letztes, größtes und arglistigstes Können und Vermögen. Denn damit führt er den Menschen, (wenn der sich nicht in Acht nimmt), über Gott hinaus, daß er Zeichen für den göttlichen Willen sucht und es nicht ertragen will, daß er nicht wissen soll, ob er zu den Erwählten gehört. Er macht ihm Gott verdächtig, so daß er sich beinah nach einem anderen Gott sehnt...

Zum Neunten: Nun muß man in dieser Angelegenheit allen Fleiß darauf verwenden, daß man von diesen drei Bildern keines in sein Haus einlade noch den

Teufel über die Tür male. Sie werden schon von selbst allzu stark eindringen und das Herz mit ihrem Anblick, Disputieren und Zeigen ganz und gar innehaben wollen. Wenn das geschieht, ist der Mensch verloren und Gott ganz vergessen; denn diese Bilder gehören gar nicht anders in diese Zeit [sc. des Sterbens] als um mit ihnen zu kämpfen und sie auszutreiben... Die Kunst ist ganz und gar, sie fallen zu lassen und nichts mit ihnen zu tun zu haben. Wie geht das aber? Es geht so: Du mußt den Tod im Leben, die Sünde in der Gnade, die Hölle im Himmel ansehen und darfst dich von diesem Ansehen oder Blick nicht wegtreiben lassen ... Wie soll man das tun?

Zum Zehnten: Du darfst den Tod nicht in sich selbst noch in dir oder deiner Natur ansehen oder betrachten, auch nicht in denen, die durch Gottes Zorn getötet worden sind und die der Tod überwunden hat. Sonst bist du verloren und wirst von ihnen überwunden. Sondern du mußt deine Augen, die Gedanken deines Herzens und alle deine Sinne gewaltsam von diesem Bild abwenden und den Tod stark und aufmerksam ansehen nur in denen, die in Gottes Gnade gestorben sind und den Tod überwunden haben, vornehmlich in Christus, danach in allen seinen Heiligen ... Denn Christus ist nichts als lauter Leben, seine Heiligen auch. Je tiefer und fester du dir dieses Bild einprägst und ansiehst, desto mehr fällt des Todes Bild dahin und verschwindet von selbst, ohne alles Gezerre und Streiten; und so hat dein Herz Frieden und kann mit Christus und in Christus ruhig sterben ...

Zum Elften: Ebenso darfst du die Sünde weder in den Sündern ansehen noch in deinem Gewissen, noch in denen, die endgültig in Sünden blieben und verdammt sind, sonst kommst du gewiß ins Hintertreffen und wirst überwunden, sondern du mußt deine Gedanken davon abkehren und die Sünde nicht anders als im Bild der Gnade ansehen und dieses Bild dir mit aller Kraft einprägen und vor Augen halten. Das Bild der Gnade ist nichts anderes als Christus am Kreuz, und alle seine lieben Heiligen. Wie ist das zu verstehen? Das ist Gnade und Barmherzigkeit, daß Christus am Kreuz deine Sünden von dir nimmt, sie für dich trägt und sie erwürgt... So ist Christus das Bild des Lebens und der Gnade und unser Trost gegen das Bild des Todes und der Sünde...

Zum Zwölften darfst du die Hölle und die Ewigkeit der Pein samt der [Frage nach deiner] Vorherbestimmung nicht in dir, nicht in sich selbst und nicht in denen, die verdammt sind, ansehen; du darfst dir auch keine Sorgen machen um so viele Menschen in der ganzen Welt, die nicht [zur Seligkeit] vorherbestimmt sind; denn siehst du dich nicht vor, so wird dich dies Bild geschwind umreißen und zu Boden stoßen. Darum mußt du hier Gewalt anwenden und die Augen fest zuhalten vor diesem Anblick; denn er ist gar nichts nütze, auch wenn du tausend Jahre lang damit umgingst, und auf einmal bringt er dich ins Verderben. Du mußt doch Gott darin Gott sein lassen, daß er mehr von dir weiß als du selbst. Darum sieh das himmlische Bild, Christus, an; er ist um deinetwillen in die Hölle gefahren und von Gott verlassen gewesen, als wäre er einer, der ewig verdammt ist, als er am Kreuz sprach: ,Eli eli lama asabthani.' ,O mein Gott, o mein Gott, warum hast du mich verlassen?'[173] Sieh, in diesem Bild ist deine Hölle überwunden und deine ungewisse Erwählung gewiß gemacht...

Zum Neunzehnten: Es soll sich aber niemand vermessen, diese Dinge aus seinen [eigenen] Kräften heraus zu unternehmen. Sondern jeder soll Gott demütig bitten, daß er solchen Glauben und solches Verständnis seiner heiligen Sakramente in uns schaffe und erhalte ... Überdies soll man das ganze Leben lang Gott und seine Heiligen um den rechten Glauben in der letzten Stunde bitten, wie so fein gesungen wird am Pfingsttag: ,Nun bitten wir den Heiligen Geist um den rechten Glauben allermeist, wenn wir heimfahren aus diesem Elend.' Und wenn die Stunde gekommen ist zu sterben, soll man Gott an dieses Gebet erinnern ... ohne allen Zweifel daran, daß es erhört sei; denn wenn er geboten hat zu bitten und zu vertrauen im Gebet, dazu die Gnade gegeben hat, tatsächlich zu bitten, wie kann man dann bezweifeln, er habe das alles getan, weil er es erhören und erfüllen will?

Zum Zwanzigsten: Nun sieh, was soll dir dein Gott mehr tun, damit du den Tod willig annimmst, nicht fürchtest und überwindest? Er zeigt und gibt dir in Christus das Bild des Lebens, der Gnade und der Seligkeit, damit du dich vor dem Bild des Todes, der Sünde und der Hölle nicht entsetzest. Er legt weiter deinen Tod, deine Sünde und die Hölle auf seinen liebsten Sohn, überwindet sie für dich und macht sie für dich unschädlich. Er läßt weiter deine Anfechtung des Todes, der Sünde, der Hölle, auch auf seinen Sohn kommen und lehrt dich, dich daran zu halten. So macht er die Anfechtung unschädlich und auch erträglich. Er gibt für all das ein zuverlässiges Wahrzeichen, damit du ja nicht daran zweifelst, nämlich die heiligen Sakramente ... Deshalb sollte man darauf achten, daß man seinem göttlichen Willen mit großer Freude von Herzen dafür danke, daß er an uns gegen Tod, Sünde und Hölle so wunderbar, reichlich und unermeßlich Gnade und Barmherzigkeit übt, und soll man sich nicht so sehr vor dem Tod fürchten, sondern nur seine Gnade preisen und lieben. Denn die Lieb und das Lob erleichtern das Sterben sehr, wie Gott durch Jesaja sagt: ,Ich will deinen Mund zäumen mit meinem Lob, damit du nicht untergehst' (Jes 48,9). Dazu helfe uns Gott. Amen." [Exkurs-Ende]

---

173 Zu diesem anstößig klingenden Schrei Jesu am Kreuz: „Mein Gott, mein Gott, warum hast du mich verlassen?" hat Rudolf Otto Wiemer folgendes Gedicht mit dem Titel: „Das Wort" verfaßt: „Keins seiner Worte / glaubte ich, hätte er nicht geschrien: Gott, warum / hast du mich verlassen. //Das ist mein Wort, das Wort /des untersten Menschen. // Und weil er selber / so weit unten war, ein / Mensch, der ,Warum' schreit und / schreit ,Verlassen', deshalb könnte man / auch die andern Worte, / die von weiter oben, / vielleicht // ihm glauben."

V Ist der Glaube an Gott mit dem Leiden in der Welt vereinbar?

B: Über Luthers Aussagen, die den stellvertretenden Sühnetod Jesu betreffen, müssen wir noch gründlich reden[174], aber als einen theologischen Beitrag zu einer positiveren Einstellung gegenüber Sterben und Tod kann ich Luthers Sermon durchaus würdigen. Mich würde aber nun endlich brennend interessieren, wie A die Rede von Gott als dem Schöpfer und den Glauben an einen unsichtbaren, allgegenwärtigen, allmächtigen, gütigen, allwissenden, ewigen Schöpfergott mit der Existenz der zahllosen Übel in dieser Welt in Einklang bringen will und kann. Wird nicht das Dasein Gottes, dessen Wesen angeblich Liebe ist, widerlegt durch das unsägliche Leiden in dieser Welt, das wir Tag für Tag in Form von Kriegen, Naturkatastrophen, Verbrechen, Pandemien usw. erleben?

A: Bevor ich auf die Einwände gegen den Glauben an Gott eingehe, die B genannt hat, muß ich zunächst feststellen, daß er in dieser Einstiegsfrage eine einseitig *negative* Weltsicht vertritt und daß dabei außerdem ganz Unterschiedliches miteinander *vermischt* wird. Was die Einseitigkeit betrifft, hoffe ich, daß B nicht bestreitet, daß es nicht nur die von ihm genannten *negativen* Erfahrungen in der Welt gibt, sondern auch beglückende Erfahrungen, wie Freude am Leben, Staunen über die Ordnung und Schönheit in der Natur, und daß man mit demselben Recht fragen kann und muß, wie diese *positiven* Seiten zu erklären sind.[175] Ich unterstelle, daß ich mit B darin einig bin, daß wir im Gespräch nur vorankommen, wenn wir beide (!) beides im Blick behalten.

B: Ich stimme dem grundsätzlich zu, soweit es sich um die Wahrnehmung und Beachtung beider Seiten samt den vielen Zwischentönen und Übergängen handelt. Im Blick auf die Forderung einer „Erklärung" bin ich allerdings eher skeptisch. Wenn man auf die Annahme der Existenz Gottes oder eines anderen höchsten Prinzips verzichtet, entfällt möglicherweise auch die Notwendigkeit, das eine wie das andere überhaupt zu *erklären* – jedenfalls anders zu erklären als aus den Resultaten evolutionärer Prozesse in Natur und Geschichte.

A: Was das von mir beanstandete Fehlen wichtiger Unterscheidungen betrifft, fällt mir besonders auf, daß B nicht unterscheidet zwischen den von *Menschen* verursachten Übeln, wie zum Beispiel Kriegen, Verbrechen, Gewalttaten und Ver-

---

174 Siehe unten S. 127–130.

175 Es war wiederum Boethius, der unter Berufung auf Epikur gesagt hat: „Gibt es einen Gott, woher das Übel? Gibt es keinen, woher das Gute?", in: De consolatione philosophiae (siehe oben Anm. 170), S. 21–23. Die Frage nach dem Woher des Bösen („unde malum?") zieht also die Frage nach dem Woher des Guten („unde bonum?") unweigerlich nach sich.

https://doi.org/10.1515/9783111578897-006

fehlungen, und den Übeln, die auf *Naturereignisse*, wie zum Beispiel Erd- oder Seebeben, Überschwemmungen, Epidemien oder Pandemien, zurückzuführen sind. Beide haben in unterschiedlicher Weise mit dem Glauben an Gott zu tun. Für die moralischen Übel tragen immer *Menschen* die Verantwortung – nicht Gott. Spätestens seit dem Philosophen, Theologen und Universalgelehrten Gottfried Wilhelm Leibniz[176], der auch als erster den Begriff „Theodizee", das heißt „Rechtfertigung Gottes bzw. des Glaubens an Gott angesichts der Übel in der Welt" geprägt hat, unterscheidet man zwischen *moralischen* und *physischen* Übeln. Und Leibniz hat auch schon erkannt, daß es außerdem eine dritte Art von Übeln gibt, die sich aus der Endlichkeit der Menschen ergeben, die er *metaphysische* Übel nennt. Bei seinem Versuch, die Theodizee von Leibniz zu widerlegen, hat Immanuel Kant[177] leider stillschweigend diese metaphysischen Übel übergangen, dafür hat er aber die fehlende Übereinstimmung zwischen Tun und Ergehen – im Guten wie im Bösen – als zusätzliches Übel zur Geltung gebracht, man könnte das als *mangelnde Gerechtigkeit* bezeichnen.

B: Aber wenn Gott der Schöpfer von *allem* ist, dann trägt er doch nicht nur Verantwortung für die metaphysischen und physischen Übel, sondern insofern auch für die moralischen Übel, als er die Menschen so erschaffen hat, daß sie solche Übel anrichten können, und auch nicht verhindert, daß sie das immer wieder tun.

A: Es dürfte für B in unserem Streitgespräch klargeworden sein, daß ich die Vorstellung von einem Handeln Gottes, das darin besteht, Menschen durch ein *äußeres Eingreifen* an ihrem bösen Tun zu hindern, nicht teile. Diese Vorstellung teilt auch die Bibel nicht, wie schon aus den ersten Kapiteln der Bibel hervorgeht, wo vom Sündenfall und vom Brudermord erzählt wird. Und sie entspricht auch nicht unserer Erfahrung. Aber es ist sinnvoll zu unterscheiden zwischen dem, was Gott als Schöpfer aktiv *wirkt*, weil er es *will*, und dem, was er um eines anderen, höheren Zieles willen *zuläßt*, obwohl er es *nicht will*. Und dieses höhere Ziel ist im Fall des moralischen Übels die menschliche Freiheit und Verantwortlichkeit, die die *Möglichkeit* einschließt, *Böses* zu tun. Ich kann mir nicht vorstellen, daß B eine Welt für besser hielte, in der es keine freien, ihr Handeln selbst bestimmenden und dafür verantwortlichen Wesen gäbe.

B: Das ist richtig. Deshalb kann ich die moralischen Übel auch wesentlich besser akzeptieren und mit einem guten Schöpfer zusammendenken als die physischen Übel, insbesondere die nicht selbst verschuldeten oder mitverschuldeten Leiden

---

176 G. W. Leibniz, Essais de Théodicée (1710), PhBM 71, Hamburg 1968, S. 95 und 287.
177 I. Kant, Über das Mißlingen aller philosophischen Versuche in der Theodizee (1791), in: ders., Werke in zehn Bänden, Hg. W. Weischedel, Bd. 9, Darmstadt ²1968, S. 103 – 124.

von Menschen. Da sehe ich nicht, was das „höhere Ziel" ist oder sein könnte, dem sie dienen und durch das sie gerechtfertigt werden könnten.

A: Die physischen Übel wie zum Beispiel Krankheiten, Leiden, schwere Behinderungen, Naturkatastrophen und Hungersnöte sind tatsächlich für sehr viele Menschen ein Grund für massive Zweifel am Gottesglauben. Sie fragen: Warum läßt Gott solche *physischen* Übel zu, die wir gar nicht oder nur zu einem geringen Teil auf menschliche Verantwortung und Freiheit zurückführen können, und warum läßt er die sogenannten *metaphysischen* Übel zu, die sich aus der Endlichkeit[178] der Geschöpfe ergeben? Diese physischen und metaphysischen Übel scheinen tatsächlich mit einem Gott, der Liebe ist, unvereinbar zu sein. Aber ich halte es für irreführend, wenn dabei meist nur hingewiesen wird auf die *besonderen* Katastrophen und das *furchtbare* Leiden etwa von Erdbebenopfern, von AIDS-, ALS- oder Krebskranken. Damit wird der Eindruck erweckt, als würde dieser Teil des Theodizeeproblems verschwinden oder sich doch verharmlosen, wenn nur diese schrecklichsten Formen von Leiden verschwänden.

B: Ich habe bei dieser Argumentation das ungute Gefühl, daß A nun gewissermaßen die Front wechselt, um zu zeigen, daß nach der Logik des Theodizeeproblems nicht erst die großen, sondern schon die kleinen und kleinsten Übel die Existenz eines gütigen Gottes in Frage stellen. Also spielt die Größe der Übel angeblich gar keine Rolle, und auf diese Weise können die großen Übel (zum Beispiel die mittelalterlichen Pestepidemien, das Seebeben von Lissabon vom 1. November 1755 und im Indischen Ozean von Weihnachten 2004 sowie das Erdbeben in der Türkei und in Syrien von 2023) relativiert und die kleinen Übel und damit alle Übel gerechtfertigt werden.

A: Das stimmt, aber das ist weder ein geschickter Schachzug noch eine unehrliche Taktik, sondern es ergibt sich aus der Sache, wenn man die Übel in der Welt möglichst umfassend wahrnimmt und ernsthaft durchdenkt. Mir ist das erstmals bewußt geworden durch den Schriftsteller, der das Theodizeeproblem in einem Schauspiel radikal durchdacht hat und dabei zu atheistischen Konsequenzen kam: Ich meine Georg Büchner, und zwar sein Revolutionsdrama „Dantons Tod".[179] An

---

178 „Endlichkeit" bedeutet in diesem Zusammenhang vor allem Begrenztheit der Lebenszeit, der physischen Präsenz, des Wissens und Könnens. M. Luther (LDStA ³1,23,1 f.) und Fr. Nietzsche (Also sprach Zarathustra, in: SW Bd. 4, Berlin/New York 1980, S. 110) waren der Überzeugung, daß der Mensch von Natur aus diese metaphysischen Übel nicht ertragen kann, weil er eigentlich vollkommen und damit selbst Gott sein möchte.

179 Siehe W. Härle, Leiden als Fels des Atheismus? Analysen und Reflexionen zum Philosophengespräch in „Dantons Tod" (1992), in: ders., Spurensuche nach Gott. Studien zur Fundamentaltheologie und Gotteslehre, Berlin/New York 2008, S. 367–388. Büchners Drama entstand 1835 und wurde seitdem vielfach veröffentlicht.

diesem *atheistischen* Gewährsmann kann man schon erkennen, daß das keine raffinierte *theologische* Theorie ist und daß man aus dem Ergebnis nicht automatisch *theologischen Gewinn* ziehen kann. Büchner argumentiert im dritten Akt seines Dramas, dem sogenannten Philosophengespräch, wie folgt: Er empfindet jeden Schmerz und jedes Leiden als „einen Riß in der Schöpfung", mit dem sich das menschliche *Gefühl* nicht abfinden kann. Wenn man dem entgegenhält, daß doch nur Gott vollkommen sei und jedes Geschöpf notwendigerweise unvollkommen, begrenzt und endlich und daß es darum Schmerz und Leiden empfinde, dann erwidert Büchner durch den Mund des Protagonisten Payne: „kann er [sc.: Gott] nur was Unvollkommnes schaffen, so läßt er es gescheiter[180] ganz bleiben". Das menschliche „Gefühl empört sich dagegen", angeblich einen vollkommenen Vater und Schöpfer zu haben, der aber sein Geschöpf nicht standesgemäß, sondern „unter seinem Stande in Schweineställen oder auf Galeeren" aufwachsen und erziehen läßt. Und darum ist für Büchner das Leiden „der Fels des Atheismus" – und zwar *jedes* Leiden.

B: Ich halte diese Position zwar für übertrieben, aber ich mache sie mir gerne zu eigen, zumal wenn sie auch von A so vehement vertreten wird.

A: Ich mache mir die Position Büchners nicht zu eigen, aber ich muß sagen: Er hat das Problem ziemlich konsequent durchdacht und vor allem „durchfühlt". Er bleibt nämlich nicht bei dem vordergründigen Gedanken stehen, daß nur die größten Leiden beseitigt werden müßten, um das Theodizeeproblem zum Verstummen zu bringen, sondern sagt, daß es letztlich *alle* Leiden sind. Das kann man sich auch logisch und psychologisch an folgendem Gedankenexperiment deutlich machen: Würden die schlimmsten Übel aus der Welt verschwinden, so würden die bis dahin zweitschlimmsten zu den schlimmsten usw., bis wirklich das leiseste Zucken des Schmerzes als Riß in der Schöpfung empfunden würde.

B: Ja, das ist plausibel; aber daraus folgt doch nur, daß tatsächlich jede Form von physischem und vielleicht auch von moralischem und metaphysischem Übel eine Widerlegung – oder jedenfalls eine massive Infragestellung – der Existenz eines allmächtigen, allgegenwärtigen Gottes darstellt, dessen Wesen Liebe ist.

A: Das halte ich aber für ganz unplausibel. Es kommt mir – mit Verlaub gesagt – ziemlich unreif, wenn nicht sogar kindisch vor. Denn das heißt doch:

Erstens: Leiden hat keinerlei positiven Sinn; deshalb ist die vollständige Abwesenheit von Leiden zu fordern und nach Möglichkeit zu realisieren.

---

180 Büchner schreibt „gescheuter". Das war und ist, wie man dem etymologischen Wörterbuch von Kluge (S. 251) entnehmen kann, die Rede- und Schreibweise in manchen deutschsprachigen Landschaften, zu denen auch Hessen als die Heimat von Büchner gehört(e). Daß auf diese Weise das Wort „gescheiter" auch an „Scheu" vor dem erinnert, was man besser meiden sollte, wird Büchner nicht gestört haben.

Zweitens: Wir haben als Geschöpfe eines vollkommenen Gottes Anspruch auf völlige Freiheit von allen Begrenzungen und vor allem von allem Leiden.

Drittens: Jedes Leiden ist deshalb eine Kränkung unseres Selbstwertgefühls, auf die wir mit der Bestreitung der Existenz eines Schöpfergottes reagieren dürfen oder sogar sollten.

Viertens: Die Erkenntnis, daß unsere Welt unvollkommen ist, ist als solche schon eine Widerlegung des Gottesglaubens.

Damit ergibt sich aber schon rein theoretisch: Entweder sind Welt und Mensch vollkommen, dann sind sie selbst göttlich und können keine Gottheit über sich oder neben sich haben und anerkennen, oder Welt und Mensch sind unvollkommen, dann können sie nicht von Gott geschaffen sein, können also keine Gottheit über sich haben. Das heißt aber doch: So oder so – da die Welt nicht vollkommen ist, kann es keinen Gott geben. Ist das nicht eine abwegige Argumentation?

B: Ich finde, jetzt schüttet A das Kind mit dem Bade aus. Die christliche Religion und andere Religionen kennen doch einen vollkommenen Urzustand und/oder Endzustand der Welt, das „Paradies", bei dem es angeblich nicht schwer ist, ihn als Werk oder Schöpfung Gottes zu denken. Ich denke, wenn wir in einer Art Paradies leben würden, wäre der Glaube an Gott sehr plausibel, vielleicht sogar zwingend. Aber wir leben nicht in einem Paradies. Und gerade wenn Religionen behaupten, daß so etwas als Ur- und Endzustand möglich ist, ist die Frage noch gewichtiger: Warum es das jetzt nicht mehr oder noch nicht gibt? *Kann* Gott mit dem Bösen und Übel nicht fertig werden oder *will* er es nicht? Das erste ist kaum mit Gottes Allmacht, das zweite kaum mit Gottes Liebe zu vereinbaren![181]

A: Ich empfinde das als einen scharfsinnigen Einwand und als eine berechtigte Frage – jedenfalls bezogen auf einen paradiesischen Ursprung. Dabei unterstelle ich, daß wir beide nicht der Meinung sind, damit werde ein historischer oder prähistorischer *Zustand* beschrieben, den es irgendwann einmal irgendwo auf Erden gab. Sondern gemeint ist mit dem „Paradies" die Welt und der Mensch, wie sie dem schöpferischen Plan und Willen Gottes, also der göttlichen *Bestimmung* der Welt entsprechen. Die Bibel beschreibt übrigens auch keine paradiesische Urzeit zwischen Schöpfung und Fall, sondern schließt an die Schöpfungserzählung, die mit dem Satz endet: „Und sie waren beide nackt, der Mensch und seine Frau, und schämten sich nicht [sc. voreinander]" (1. Mose 2,25), unmittelbar die Erzählung vom Sündenfall an. Was aber für unsere Fragestellung noch entscheidender ist, ist die These, daß das Paradies nach biblischer Vorstellung keine *vollkommene* Welt im

---

181 Diese Argumentation findet sich schon bei Epikur (Von der Überwindung der Furcht, hg. von O. Gigon, Zürich 1949, S. 80). Er bestreitet damit allerdings nicht die *Existenz* Gottes, sondern „nur" den Glauben daran, daß Gott ein positives Interesse an der Welt hat.

Sinne Büchners und schon gar kein Schlaraffenland ist. Im Garten Eden müssen die Menschen – wie wir sahen – für ihren Lebensunterhalt arbeiten, und am Lebensende steht für alle Lebewesen das Sterben und der Tod.

B: Aber der erste Schöpfungsbericht in 1. Mose 1,1-2,4a betont doch, die Schöpfung sei „gut" und sogar „sehr gut". Wird das damit nicht erheblich zurückgenommen? Wäre eine Welt ohne physische Übel und dadurch hervorgerufenes Leid nicht eine bessere Welt?

A: Dazu möchte ich Zweierlei sagen: Erstens sagt 1. Mose 1,31 die von Gott geschaffene Welt sei „sehr gut", sagt aber nicht, die Welt sei die beste aller möglichen Welten. Das hat erst Leibniz in seinen „Essais de Théodicée"[182] behauptet und begründet, wobei er allerdings die Existenz eines allwissenden, gütigen und allmächtigen Gottes *als Glaubensüberzeugung voraussetzt* und aus ihr die These von unserer Welt als der besten aller möglichen Welten ableitet. Zweitens lautet die These von Leibniz *nicht*, diese unsere Welt sei die *beste* Welt im Sinne einer vollkommenen Welt, die frei von allen Übeln ist, sondern „nur", sie sei die beste aller *möglichen* Welten.

B: Was soll diese Unterscheidung bedeuten? Ist sie nicht ein Trick, um die Übel in der angeblich besten Welt zu rechtfertigen?

A: Ich habe bisher nie den Eindruck gehabt, daß Leibniz mit Tricks arbeitet. Mit seiner Formulierung von der besten aller *möglichen* Welten geht er vielmehr erstens davon aus, daß es eine unendliche Vielfalt *möglicher Welten* gibt, daß aber zweitens *keine* mögliche Welt ein *beliebiges* Gedankenprodukt ist, sondern ein Gesamtzusammenhang, in dem die Gesetze der Logik gelten und beachtet werden müssen.

B: Dann ist also für Leibniz die Logik die ausschlaggebende, letzte Größe, der sich auch Gott unterordnen und ihr gehorchen muß?

A: Nein, das vertritt er bewußt nicht. Er hat aber auf die Frage nach dem Verhältnis zwischen Gott und den Gesetzen der Logik eine auch theologisch überzeugende Antwort gefunden und gegeben: Die Gesetze der Logik sind die ewigen Wahrheiten, die in jeder möglichen Welt gelten. Und diese ewigen Wahrheiten stehen weder über noch unter Gott, sondern sie sind die *Gedanken Gottes* selbst und gelten darum notwendig.

B: Das klingt zugegebenermaßen nicht schlecht. Aber wie verhält sich das zu der christlichen Hoffnung auf einen neuen Himmel und eine neue Erde, in denen Tod, Leid und Schmerz nicht mehr sein werden (Offb 21,1 und 4)? Wenn das für eine

---

182 Siehe oben Anm. 176. Diese Formel taucht in Leibniz' Theodizee erstmals auf S. 101 f. auf und wird am Ende seines Werkes in dem Traum des Theodorus auf S. 410 wiederholt.

mögliche Welt jenseits des Todes logisch widerspruchsfrei gedacht werden kann, dann müßte es doch auch schon für diese unsere Welt gelten können.

A: Dieses Gegenargument muß ich akzeptieren. Ich glaube allerdings, daß das erneut zeigt, wie problematisch es ist, wenn wir uns das ewige Leben als eine unendliche Verlängerung des irdischen Lebens unter paradiesischen Verhältnissen vorstellen.

B: Dem stimme ich grundsätzlich zu. Aber die Tatsache, daß wir da so ins Grübeln und Fragen kommen, ist doch wohl ein deutliches Indiz dafür, daß der Glaube an einen Schöpfer oder Welturspung, der Liebe ist, eine unsichere Angelegenheit ist, die man nicht beweisen kann.

A: Das behaupte ich auch nicht, wie ich schon mehrfach gesagt habe. Der Glaube an Gottes Liebe als schöpferischer Ursprung der Welt ist keine Aussage des *Wissens*, sondern ein Bekenntnis des *Vertrauens*, das jedoch nicht grundlos ist.

B: Und was für Gründe könnten dafür sprechen, abgesehen davon, daß die Welt und das Leben auch schöne Seiten hat?

A: Der Eindruck von der Unvereinbarkeit des Glaubens an Gott als Schöpfer der Welt mit deren tatsächlichem Zustand, in dem das Leiden überall anzutreffen ist, ergibt sich, wenn man nur auf den *Gegensatz* oder auf die *Spannung* zwischen Leiden und Liebe achtet. Diese Spannung besteht auch für mich, insbesondere im Blick auf schwere Schicksale von einzelnen (wie zum Beispiel Hiob oder Helen Keller) oder im Blick auf die versuchte Vernichtung ganzer Völker (wie zum Beispiel der Armenier, der Jesiden oder der Juden bzw. Israels). Ich habe keine Erklärung dafür, warum es solches Leiden in der Welt gibt, die Gottes Schöpfung ist.[183] Aber dabei darf man nicht übersehen, daß es auch einen Zusammenhang, sogar eine Zusammengehörigkeit von Leiden und Liebe gibt, von dem bzw. der bisher überhaupt noch nicht die Rede war.

B: Das weckt in mir größte Vorbehalte und schlimmste Vermutungen. Ich befürchte, nun wird uns das Leiden als göttliche Erziehungsmaßnahme angeboten, die dem Besten des Menschen diene und deswegen etwas Positives sei. Ich kann nur sagen: Das halte ich für eine kritikwürdige Form von Schwarzer Pädagogik. Zwar ist es richtig, daß wir Menschen einander gelegentlich in guter und bester Absicht wehtun müssen – insbesondere im Rahmen von medizinischen Behandlungen und anderen therapeutischen Maßnahmen. Aber das ist doch immer nur der Fall, weil wir als endliche Wesen nicht anders können. Die Umstände erzwingen das. Aber

---

183 Ich will aber nicht verschweigen, daß es in der Literatur immer wieder beeindruckende Versuche gibt zu zeigen, daß eine Welt, die mittels genetischer, medikamentöser und/oder pädagogischer Maßnahmen frei(er) wäre von Leiden keine menschlichere, sondern eine *inhumanere* Welt wäre. Der Klassiker dazu ist „Schöne neue Welt" von Aldous Huxley (engl. 1932; dt. 1953). Neuerdings vertritt der Roman „Blautöne" von Anne Cathrine Bomann (dän.: 2021, dt. 2022) diese Überzeugung.

das kann doch nicht für Gott gelten, jedenfalls nicht für einen allmächtigen und gütigen Gott.

A: Ich gebe zu, daß meine Argumentation mißbrauchbar ist. Das heißt, es ist meines Erachtens nicht zulässig, quasi aus der Sicht Gottes irgendwelches Leiden als göttliche Erziehungsmaßnahme zum Besten der Menschen zu interpretieren.[184] Wohl aber halte ich es für zulässig, sich insbesondere im Rückblick auf schwere Zeiten zu fragen, ob solche Leidenserfahrungen nicht für die eigene Reifung, Sensibilisierung und Entwicklung wichtig, vielleicht sogar *unverzichtbar* waren. Die meisten Menschen würden wahrscheinlich dem zustimmen, daß ihr Leben ohne Leiden ein oberflächlicheres Leben gewesen oder geblieben wäre. Und insofern ist es nachvollziehbar, daß Menschen für erfahrene Leiden nachträglich dankbar sein können. Das ist aber keineswegs die Rechtfertigung aller Leiden. Es gibt ja auch Leiden, durch das Menschen verbittern, verhärten, seelisch zerbrechen oder zynisch werden. Das muß man auch sehen. Ich will nicht behaupten, Leiden sei Ausdruck göttlicher erziehender Liebe, sondern ich möchte auf einen ganz anderen Zusammenhang von Liebe und Leiden hinweisen, der sichtbar wird, wenn wir fragen, *woran* wir eigentlich leiden können. Die erste Antwort, die uns einfällt, lautet vermutlich: an Schmerzen.[185] Aber im Gesamten unseres Leidens machen die körperlichen Schmerzen in der Regel – von chronisch Kranken einmal abgesehen – nur einen geringen Teil aus. Wir leiden aber häufig daran,

- daß wir jemanden oder etwas *verlieren*, zum Beispiel unsere Ehegatten, Lebenspartner, Kinder, Enkel, Freunde oder eine Aufgabe, ein Amt, einen Beruf, unsere Gesundheit oder unser Leben, an denen wir hingen;
- daß wir ein Ziel *nicht erreichen*, zum Beispiel ein Examen, eine dauerhafte Liebesbeziehung, einen Erfolg im Beruf oder im Sport, das wir erhofft, ersehnt oder angestrebt haben;
- daß uns etwas *mißlingt*, zum Beispiel ein Gespräch, eine Aussöhnung, eine Bewerbung, eine berufliche Laufbahn, dessen Gelingen uns sehr am Herzen lag;
- daß wir schuldhaft oder schicksalhaft die Zuneigung oder Achtung anderer Menschen *einbüßen*, die wir sehr schätzen.

---

184 Diesen Weg hat C. S. Lewis beschritten – allerdings zuerst für sich selbst und erst dann auch für andere.

185 Das gilt, obwohl Anästhesie und Palliativmedizin inzwischen so große Fortschritte gemacht haben, daß führende Vertreter dieser Berufsgruppen die Aussage machen, daß wir heutzutage bei richtiger, und das heißt vor allem: bei nicht zu *niedriger* Dosierung der Schmerzmittel fast jeden Schmerz bzw. jedes Leiden kurieren können. Die im Wort „fast" liegende Einschränkung bezieht sich nach deren Auskunft auf Fälle, in denen physisches Leiden von *psychischem* bzw. *sozialem* Leiden überlagert wird. Das halte ich für bedenkenswert.

In all diesen Fällen können wir auch – ganz ungekünstelt – sagen: Wir leiden am Verlust oder Mißlingen dessen, was wir *lieben* oder *geliebt haben*. Wen dies beim ersten Lesen nicht überzeugt, der möge sich nur einmal umgekehrt fragen, warum wir manchmal an etwas *nicht* leiden, zum Beispiel an einem Todesfall, an dem andere schwer leiden. Die Antwort wird in der Regel heißen: weil wir die verstorbene Person gar nicht kannten oder sie nicht geliebt haben. Ich halte es von daher nicht für abwegig, geradezu eine *Verknüpfung zwischen Liebe und Leiden* zu behaupten. Die Liebe kann uns in Leiden bringen wie kaum etwas anderes. Und ich kann mir *nicht* vorstellen, daß B, um Leiden zu vermeiden, in seinem Leben eher auf Liebe verzichten würde.

B: Selbstverständlich nicht. Ich bin doch nicht blöd.

A: Diese Korrelation zwischen Liebe und Leiden gilt auch insofern, als Liebe zum Ausdruck kommen kann in der Bereitschaft, Leiden um eines anderen willen auf sich zu nehmen nach dem biblischen Motto: „Niemand hat größere Liebe, als daß er sein Leben gibt für seine Freunde" (Joh 15,13)[186].

B: Das halte ich nun wieder für außerordentlich gefährlich, weil leicht mißbrauchbar. Dieser Bibelvers ist doch in der Geschichte nicht selten verwendet worden, um den unfreiwilligen „Heldentod" fürs Vaterland unangemessen zu heroisieren oder zu verharmlosen. Und mit dem Verweis auf diesen Zusammenhang von Liebe und Leiden wird insbesondere von Frauen und Müttern im Namen der Liebe oft eine Leidens- und Opferbereitschaft gefordert, die – wenn sie praktiziert wird – den Charakter der Selbstverleugnung haben kann. Das mag ja für *die* ganz angenehm sein, die davon profitieren; aber wie viele Menschen sind auf diese Weise schon zu Opfern *gemacht* worden? Ich empfinde das als eine sehr problematische Wirkungsgeschichte des von A vertretenen und offenbar gutgeheißenen Zusammenhanges von Leiden und Liebe.

A: So, wie B diesen Zusammenhang darstellt, empfinde ich das auch als problematisch, nämlich wenn man diesen Zusammenhang als *Forderung oder Erwartung* an andere richtet – wie im Fall der Widerspruchslösung bei der Organspende. Aber das hat mit Liebe nichts zu tun. Das mag man Opferbereitschaft oder Selbstverleugnung nennen, aber beides würde ich zumindest als ambivalente Haltungen bewerten. Liebe kann man nicht einfordern oder verlangen, sondern nur in Freiheit schenken und dankbar annehmen. Und ich denke, es müßte B einleuchten, daß

---

186 Das ist die einzige, aber auch hinreichende Legitimation und Begründung für eine Nahtodspende (nicht Nachtodspende) lebenswichtiger Organe, die deshalb *nicht* durch eine Widerspruchslösung zu einem gesellschaftlichen Anspruch auf die Organe von Sterbenden gemacht werden darf, dem man sich nur durch einen Widerspruch entziehen kann, sondern die eine frei gewährte *Spende* bleiben muß. Denn der sogenannte „Hirntote" ist nicht klinisch tot, sondern befindet sich im Zustand eines irreversiblen Komas.

zwischen beidem ein großer Unterschied besteht. Mir geht es lediglich um die zwei Gedanken: erstens, daß wir abgesehen von physischem Schmerz wohl *nur* an dem leiden können, was wir *lieben*, und zweitens, daß Liebe zum Ausdruck kommen *kann* in der Bereitschaft, für jemanden zu leiden, ja sogar zu sterben.

B: Ich möchte jetzt noch einmal auf das Theodizeeproblem zurückblicken und sagen, wie ich die Antworten von A empfinde. Ich einzelnen finde ich vieles plausibel und nachvollziehbar; aber ich habe immer das Gefühl, daß diese Versuche, das Übel irgendwie zu rechtfertigen, sozusagen wegzuerklären, nur punktuell einleuchtend und befriedigend sind. Es bleibt ein großer Rest, eine *Rebellion* gegen Gott wie in Fjodor Dostojewskis Brüdern Karamasow [187] im Gespräch zwischen Iwan und Aljoscha angesichts des Leidens der Kinder oder eine *Empörung* über Gott wie bei Büchner wegen jeder Form von Schmerz. Und gegen diese Empörung kommen alle philosophischen und theologischen Erklärungen und Rechtfertigungen einfach nicht an. Sie bleiben an der Oberfläche und reichen nicht in die Tiefe, in der sich das Gefühl empört, wenn wir verhungerte oder zu Tode gequälte Kinder, wenn wir Erdbebenopfer, Opfer von Folter, Menschen, die an Lungenkrebs sterben, zu Tode gequälte Tiere oder sterbende Landschaften sehen.

A: Hier stimme ich B zu. Die rationalen Auseinandersetzungen über das Theodizeeproblem bleiben an der Oberfläche, jedenfalls solange sie die Ebene des Gefühls nicht mit einbeziehen und umfassen. Die theologische und philosophische Beschäftigung kann aber falsche, unzureichende oder irreführende Antworten abweisen, punktuell überzeugende Antwortmöglichkeiten zeigen und das Problem auf die richtige Ebene zu bringen versuchen.[188] Vielleicht erklärt es sich von daher, daß die Bibel und auch das ganze christliche Bekenntnis keinen Versuch einer rationalen Bewältigung des Theodizeeproblems enthält, obwohl das Problem reichlich auftaucht, zum Beispiel bei Hiob, in den Klagepsalmen, im Umfeld des Kreuzestodes Jesu und bei Paulus, Augustin, Thomas von Aquin und Martin Luther. Es ist bemerkenswert, daß Immanuel Kant in seiner kleinen Schrift „Über das Mißlingen aller philosophischen Versuche in der Theodizee"[189] zu dem Ergebnis kam, für unser Denken sei es ausgeschlossen, zu einer „doktrinalen", also lehrmäßigen, Theodizee zu kommen. Möglich sei alleine eine *authentische* Theodizee, wie sie im alttestamentlichen Buch Hiob gegeben werde. Kants Antwort führt aber meines Erachtens in eine Sackgasse, wenn er diese authentische Theodizee in der *moralischen Haltung* Hiobs sieht, das heißt in seiner „Aufrichtigkeit", seiner „Redlichkeit"

---

187 F. Dostojewski, Die Brüder Karamasow (1879/80), München 2020, S. 353–368 (V. Buch, Abschnitt 4 mit der Überschrift „Rebellion").
188 Das versucht erfolgreich auch Luthers Umgang mit dem Theodizeeproblem in Form seiner Drei-Lichter-Lehre in „De servo arbitrio" (LDStA ³1,653,36–655,28).
189 Siehe oben Anm. 177.

und seinem „guten Lebenswandel", durch die er sich dem unbedingten göttlichen Ratschluß unterordnet.

B: Aber ich finde diese Haltung Hiobs beeindruckend, die in den berühmten Sätzen zum Ausdruck kommt: „Der Herr hat's gegeben, der Herr hat's genommen. Der Name des Herrn sei gelobt!" (Hi 1,21) und: „Haben wir Gutes empfangen von Gott und sollten das Böse nicht auch annehmen?" (Hi 2,10). Und für diese moralische Einstellung wird Hiob ja auch belohnt, indem er alles, was ihm weggenommen wurde, laut Hi 42,10–17 doppelt zurückerhält.

A: B weist damit – zu Recht – auf die sogenannte *Rahmenerzählung* des Hiobbuches hin, in der das Denken der älteren Weisheitstradition Israels zu Worte kommt, das davon ausgeht, daß es einen von Gott garantierten Zusammenhang zwischen Tun und Ergehen gibt, demzufolge der Mensch, der Gutes tut, von Gott belohnt wird, und der, der Böses tut, von Gott bestraft wird.

B: Und damit wird in dieser authentischen Theodizee die von Kant vermißte Gerechtigkeit hergestellt – freilich in einer Weise, die einigermaßen märchenhaft klingt.

A: Die revolutionäre Bedeutung des Hiobbuches besteht aber darin, daß ein späterer Autor in diese märchenhaft klingende Rahmenerzählung eine Kette von Streitgesprächen zwischen Hiob und seinen Freunden und eine Begegnung zwischen Gott und Hiob (von Hi 3,1–42,9) eingefügt hat, in denen Hiob gegen sein Schicksal und gegen Gott aufbegehrt und Schritt für Schritt an seinem eigenen Leben zeigt, daß es in der Welt *keinen von Gott garantierten gerechten Zusammenhang zwischen Tun und Ergehen gibt*. Damit wird im Hiobbuch das Dogma der älteren Weisheit von dem gerechten Tun-Ergehen-Zusammenhang zerbrochen, und dafür gibt *Gott selbst dem Hiob auch noch Recht*, indem er zu einem der Freunde Hiobs sagt: „Mein Zorn ist entbrannt über dich und über deine beiden Freunde; denn ihr habt nicht recht von mir geredet wie mein Knecht Hiob" (Hi 42,7). Nach diesem biblischen Verständnis wird das Theodizeeproblem dort authentisch artikuliert, wo es in Gestalt der Klage einschließlich der Anklage ehrlich vor Gott gebracht wird zum Beispiel von Hiob (Hi 3,3 und 11), in den Klagepsalmen (Ps 13,2 f. und 22,2 f.) bis hin zum Gekreuzigten (Mk 15,34) und von Paulus (2. Kor 12,7–9), bis Gott den Klagenden eine neue Sicht auf die Wirklichkeit zuteilwerden läßt. Das ist deswegen der authentische Umgang mit dem Theodizeeproblem, weil darin das zum Ausdruck kommt, worauf es ankommt, nämlich:

– das Übel nicht zu verdrängen, sondern ihm in der Klage Ausdruck zu verleihen,
– sich mit dem Übel nicht resignierend abzufinden, sondern die Hoffnung auf seine endgültige Aufhebung festzuhalten und
– es im Gebet vor Gott als den Adressaten zu bringen, der alleine den Schlüssel für die Lösung des Theodizeeproblems, nämlich die ewige Überwindung von Leid und Schmerz, in Händen hält.

B: Das klingt nicht schlecht, aber das hat doch zugleich etwas Absurdes. Seit wieviel tausend Jahren klagen Menschen ihrem Gott oder ihren Göttern das Übel? Was hat sich damit – zum Besseren – geändert? Nichts! Ist es nicht Blindheit oder Torheit, unbeirrt zu dieser Klagemauer zu laufen? Wäre es nicht viel besser, diese Energien zu nutzen, um das Übel soweit abzustellen, wie wir es abstellen können, und im Übrigen das Übel in der Welt so gelassen wie möglich hinzunehmen als etwas, das offensichtlich unabänderlich ist?

A: Ich denke, das ist die respektable Lösung oder Haltung, zu der ein Mensch kommen kann, wenn der Zugang zum Glauben an Gott für ihn verschüttet oder ihm abhandengekommen ist. Aber diese stoische Haltung muß sich viele Hoffnungen, Fragen und Klagen verbieten, die doch unabweisbar zum Menschsein gehören. Einen gemeinsamen Ansatzpunkt sehe ich jedoch in der Forderung von B, Übel, soweit es uns möglich und ethisch verantwortbar ist, abzustellen, zu vermeiden oder wenigstens zu vermindern. Damit bin ich einverstanden! Aber warum eigentlich? Wie kommt B zu dieser Devise?

B: Weil ich weiß, wie schmerzlich Leiden ist, und weil ich unterstelle, daß andere das auch als so schmerzvoll empfinden. Was ich nicht mir angetan haben möchte, will ich auch keiner anderen Kreatur zumuten! Das reicht mir als Begründung völlig aus.

A: Aber kommt in dieser Begründung und Haltung nicht auch zum Ausdruck,
– daß wir uns nicht mit dem Übel abfinden und arrangieren dürfen, insbesondere im Blick auf die Menschen, die darunter zerbrechen;
– daß wir die Hoffnung auf seine endgültige Überwindung nicht preisgeben sollten;
– daß wir diese letzte Hoffnung aber nicht auf den Menschen, sondern auf die göttliche Macht richten müssen, von der wir glauben oder hoffen, daß sie diese Welt zur Vollendung im ewigen Leben bestimmt hat?

B: Ich kann den ersten Schritt ganz mitgehen, den zweiten halb, das heißt: ich hoffe auf schrittweise Verminderung, aber nicht auf endgültige Überwindung des Leidens. Den dritten Schritt kann ich jedoch nur noch zu einem Drittel mitgehen. Daß wir die völlige Überwindung des Übels nicht von Menschen erwarten dürfen, leuchtet mir ein, daß wir sie stattdessen auf eine göttliche Macht richten und von ihr Vollendung im ewigen Leben erhoffen dürften, das ist mir nicht nachvollziehbar. Das halte ich für eine Illusion, also für eine reine Wunschvorstellung. Wir müssen uns wohl damit abfinden, daß es das Übel gibt und immer geben wird.

A: Diese Antwort überrascht mich nicht. Aber ich frage mich, ob B nicht mit dem jeweils ersten Schritt, den er mitgeht, egal ob es sich um einen ganzen oder halben oder drittel Schritt handelt, implizit einerseits eine Überzeugung von der

Bestimmung des Menschen[190] voraussetzt, nämlich als Bestimmung zur Mitmenschlichkeit, Mitgeschöpflichkeit und zum Erbarmen über alle leidenden Geschöpfe, die sich nicht aus der Veranlagung oder psychischen Verfassung des Menschen als solcher erklären läßt, und daß B andererseits ein Vertrauen in eine reale Kraft oder Macht oder Wirklichkeit voraussetzt, die in seinem eigenen Engagement und in seiner Hoffnung auf Leidensminderung zum Ausdruck kommt. Lebt nicht die Empathie, das Mitgefühl, das Engagement davon, daß ein Mensch in seinem Fühlen, Wollen und Denken von einer Macht oder Wirklichkeit berührt und bewegt wird, die ihn in Richtung des Erbarmens „zieht" und die man als „Liebe" bezeichnen kann? Und erlaubt dies nicht eine Hoffnung auf eine Kraft, die über das im eigenen Leben Realisierte weit hinausreicht?[191]

B: Für mich bleibt die Frage unbeantwortet, warum ein allmächtiger, gütiger Gott zur Realisierung seiner Herrschaft „wie im Himmel so auf Erden" den Umweg über die Erschaffung einer irdischen Welt mit all ihren Übeln wählt, statt gleich in irgendeiner Form das ewige Leben zu realisieren, in dem all diese Übel nicht vorkommen. Das ist zwar eine spekulative Frage, aber ich will ihr mit diesem Hinweis nicht ausweichen. Sie erinnert mich an die Aussage Büchners: „kann er [sc. Gott] nur was Unvollkommnes schaffen, so läßt er es gescheiter ganz bleiben".[192]

A: Aber wir waren uns doch oben einig, daß diese These eine ganze Reihe höchst unplausibler Annahmen bzw. Prämissen einschließt bzw. voraussetzt, Dem möchte ich jetzt einen weiteren Gedanken hinzufügen, zu dem mich Dostojewski[193] angeregt hat. Er fragt: Warum ist Christus nicht vom Kreuz herabgestiegen, wie die ihn verspottenden Hohenpriester und Schriftgelehrten es laut Mk 15,32 gefordert haben, um an ihn zu glauben? Und Dostojewski antwortet: „Du bist nicht herabgestiegen, weil du abermals[194] den Menschen nicht durch ein Wunder knechten

---

190 Diese Formel verdanken Theologie und Philosophie dem Aufklärungstheologen Johann Joachim Spalding, der 1748 eine kleine, aber gehaltvolle Schrift mit diesem Titel veröffentlichte, die bis zum Jahr 1794 elf, teilweise erweiterte Auflagen erlebte und großen Einfluß auf die philosophische und theologische Anthropologie vom 18. bis zum Beginn des 21. Jahrhundert ausübte. Siehe dazu Caroline Tippmann, Die Bestimmung des Menschen bei Johann Joachim Spalding, Leipzig 2011.
191 Holm Tetens, Gott denken. Ein Versuch über rationale Theologie, Reclam (UB 19295), Stuttgart ²2015, S. 87–90, spricht im Blick auf diese Hoffnung zu Recht von „tröstlicher Metaphysik" im Gegensatz zu der „trostlosen Metaphysik" des Naturalismus.
192 Siehe oben bei Anm. 179.
193 Wieder in dem Roman „Die Brüder Karamasow" (siehe oben Anm. 187), diesmal aber in der bekannten, vom Autor selbst als „absurde Geschichte" bezeichneten Erzählung mit dem Titel „Der Großinquisitor" (Buch V, Abschnitt 5), S. 382. Die bei Reclam 1963 veröffentlichten Separatausgabe „Der Großinquisitor" (UB 6256) trägt den Untertitel: „Eine Phantasie"
194 Dieses „abermals" bezieht sich auf die Versuchungen Jesu durch den Teufel laut Mt 4,1–11.

wolltest, weil du einen freien Glauben wünschtest, keinen Wunderglauben. Du wünschtest freiwillige Liebe ...".

B: Ich verstehe nicht, was das mit meiner Frage nach der Erschaffung einer Welt frei von Übeln zu tun hat. Das ist doch bei Dostojewski ein ganz anderes Argument.

A: Im Kern geht es beide Male um die Frage, ob etwas Gutes, das – durch Gott – *erzwungen* wird, besser ist als ein *freier* Glaube und eine *freiwillige* Liebe, die von Menschen auch *verweigert* werden können. Die Vorstellung von einer Welt, die von Gott so erschaffen wäre, daß in ihr kein Leiden vorkommen kann, die B ins Spiel gebracht hat, käme doch einem erzwungenen Glauben zumindest nahe, wenn nicht gleich. Das heißt aber doch: Der Weg zum Glauben *ist* zwar nicht das Ziel, aber er *gehört* zum Ziel. Und jede Ersetzung dieses Weges durch ein sicheres Verfahren (zum Beispiel durch Medikamente oder irgendwelche Manipulationen), durch das der Glaube vorbei an der freien Zustimmung des Menschen entstünde, wäre kein Gewinn, sondern ein Verlust.

B: Gilt das dann nicht auch für das ewige Leben, das Christen sich doch als ein Leben vorstellen, das frei ist von Leiden und Schmerz?

A: Das ewige Leben ist in der Tat ein so radikal *verwandeltes* Leben[195], daß in ihm Leiden und Tod keinen Platz mehr haben. Das ist Bestandteil der christlichen Hoffnung über den Tod hinaus. Aber das ist insofern keine *erzwungene* Hoffnung und kein *erzwungener* Glaube, als die schöpferische, verwandelnde und vollendende Liebe Gottes zwar zuverlässig und treu ist, aber auch das „Nein" seiner Geschöpfe „mit großer Geduld" (Röm 9,22[196]) erträgt, damit er sich „aller erbarme" (Röm 11,32).

---

195 Die These von der radikalen Verwandlung im Durchgang durch den Tod vertritt Paulus in 1. Kor 15,35–57.

196 Dazu sagt Art. XI der Konkordienformel (UG S. 906): „Da sagt denn der Apostel auch deutlich, Gott habe die Gefäße des Zorns mit großer Geduld ertragen, und sagt nicht, er habe sie zu Gefäßen des Zorns gemacht. Denn wenn es sein Wille gewesen wäre, hätte er keine große Geduld dazu gebraucht."

VI Welchen Sinn haben Gebete?

B: Wenn ich das richtig verstehe, dann heißt das: Nach der Auffassung von A ist Gott die sich ereignende Macht der Liebe. Aufgrund alles bisher Gesagten müßte man im Sinne von A wohl noch genauer sagen: Gott ist diejenige Macht der Liebe, durch die Menschen erst zur Liebe befähigt werden. Das klingt nicht schlecht. Es klingt jedenfalls menschenfreundlich, positiv und ein wenig zeitgemäß, aber ich bezweifle sehr, daß die Mehrzahl der Christen so von Gott denken oder reden, weil diesem Gott etwas ganz Elementares fehlt: Es hat keinen Sinn, zu ihm zu beten und von ihm Hilfe zu erwarten, weil er nicht handelnd in unsere Lebensverhältnisse eingreifen und sie zum Besseren verändern kann oder will. Denn es macht für mich keinen Sinn, zu einer Macht zu beten und sie um etwas zu bitten, denn Ereignisse, Kräfte oder Mächte können weder hören noch handeln. Wenn aber Schleiermacher recht hat, daß fromm sein und beten „eigentlich eins und dasselbige" ist[197], dann ist mit dem Ende des Betens auch das Ende der Frömmigkeit, also des gelebten Glaubens gekommen, oder sehe ich das falsch?

A: Ich möchte zunächst sagen, daß ich mich im ersten Teil dieses Beitrages von B richtig verstanden und genau wiedergegeben fühle, weil ich „Gott" tatsächlich als die Macht der uns zur Liebe befähigenden, schöpferischen Liebe verstehe. Wobei ich hinzufügen möchte: Das ist *mein Bild bzw. mein Verständnis* von der Wirklichkeit Gottes. Ich kann und will nicht behaupten: So ist Gott, und wer Gott anders sieht, sieht ihn falsch. Aber mit dieser Einschränkung akzeptiere ich gerne die Beschreibung, die B gegeben hat. Und ich verstehe auch die Frage nach der Möglichkeit des Gebets, die er angeschlossen hat.[198] Es scheint so, daß man zu einem Gott, der die Macht der Liebe ist, nicht beten kann, weil Liebe – wie B sagt – nicht hört, redet oder handelt. Aber wenn man Schleiermachers Gleichsetzung von Frommsein und Beten im Kontext seiner zitierten Predigt liest, erschließt sich möglicherweise ein Gebetsverständnis, das nicht auf einen Dialog, also auf ein Zwiegespräch zwischen Mensch und Gott fixiert ist. Schleiermacher sagt im unmittelbaren Anschluß in die von B erwähnte Gleichsetzung von Frommsein und Beten, was er unter Beten versteht: „Alle Gedanken von einiger Wichtigkeit, die in uns entstehen, mit dem Gedanken an Gott in Verbindung bringen, bei allen Betrachtungen über die Welt sie immer als das Werk seiner Weisheit ansehen, alle unsere Entschlüsse vor Gott überlegen, damit wir sie in seinem Namen ausführen können, und selbst im

---

197 So F. Schleiermacher in seiner Predigt über „Die Kraft des Gebetes, in so fern es auf äußere Begebenheiten gerichtet ist", in: ders., Kleine Schriften und Predigten, Bd. I, Berlin 1970, S. 167.
198 Siehe dazu schon meinen Aufsatz: „Den Mantel weit ausbreiten. Theologische Überlegungen zum Gebet" (1991), in: W. Härle, Spurensuche nach Gott, Berlin/New York 2008, S. 286–305.

https://doi.org/10.1515/9783111578897-007

fröhlichen Genuß des Lebens seines allsehenden Auges eingedenk sein, das ist das Beten ohne Unterlaß, wozu wir aufgefordert werden, und eben das macht das Wesen der wahren Frömmigkeit aus." Das könnte doch auch für B einen Zugang zum Gebet eröffnen. Oder täusche ich mich da? Die Plausibilität seiner Kritik ergibt sich doch nur, wenn man die Vorstellung von einem Zwiegespräch oder Dialog *unverändert* auf das Gebet und auf die Beziehung zwischen Mensch und Gott überträgt. Aber daß das Gebet kein wörtlich verstandener Dialog ist, gibt schon die Bibel an mehreren Stellen zu erkennen. So heißt es in der Bergpredigt, und zwar dort, wo Jesus ganz grundsätzlich über das Beten spricht und seine Jünger das Vaterunser lehrt: „Und wenn ihr betet, sollt ihr nicht viel plappern wie die Heiden; denn sie meinen, sie werden erhört, wenn sie viele Worte machen. Darum sollt ihr ihnen nicht gleichen. Denn euer Vater weiß, was ihr bedürft, bevor ihr ihn bittet" (Mt 6,7f.). Welchen Sinn hat das Bittgebet, wenn Gott ohnehin weiß, was wir bedürfen? In Röm 8,26 sagt Paulus: „Wir wissen nicht, was wir beten sollen, wie sich's gebührt, sondern der Geist selbst tritt für uns ein mit unaussprechlichem Seufzen". Damit ist aber doch der Geist Gottes gemeint. Redet also im Gebet der Geist Gottes zu Gott? Wie soll man das als ein Zwiegespräch zwischen uns und Gott im wörtlichen Sinn verstehen?

B: A hat nun bewußt die wenigen biblischen Stellen ausgewählt, durch die man das dialogische Gebetsverständnis problematisieren kann. Aber das ist doch die absolute Minderheit gegenüber den massiven alttestamentlichen und neutestamentlichen Aussagen über das Bitt- und Fürbittgebet als Möglichkeit, auf Gott einzuwirken und ihn zum Eingreifen zu veranlassen. So zum Beispiel in Abrahams Verhandlung mit Gott zwecks Verschonung von Sodom,[199] Hiskias Heilung auf sein Gebet hin,[200] das Gleichnis vom bittenden Sohn,[201] das Gleichnis von der bittenden Witwe[202] und die Verheißung, daß „alle Gebete im Namen Jesu" erhört werden[203]. Das sind doch die Aussagen, an denen sich das Gebetsverständnis von Christen orientiert. Aber weil solche Gebete häufig nicht erhört werden und sich damit zeigt, daß sie ins Leere gehen, darum weicht A anhand einiger weniger biblischer Texte auf ein „modernistisches", sich jeder Überprüfung entziehendes Gebetsverständnis aus, von dem ich nicht sehe, was daran „Gebet" genannt zu werden verdient.

A: Ich möchte darauf viererlei bezogen auf die Aussagen von B erwidern:

---

199 1. Mose 18,22b-32.
200 2. Kön 20,1–7.
201 Mt 7,7–11 und Lk 11,9–13.
202 Lk 18,1–8.
203 Joh 14,13f. und 16,23f.

Erstens ist das kein „modernistisches" Gebetsverständnis, sondern es findet sich seiner Substanz nach spätestens in Luthers Kleinem Katechismus in der Auslegung der ersten vier Bitten des Vaterunsers. Luther schreibt dort:

„Geheiligt werde dein Name. Was ist das?[204] Gottes Name ist zwar an sich selbst heilig; aber wir bitten in diesem Gebet, daß er auch bei uns heilig werde...

Dein Reich komme. Was ist das? Gottes Reich kommt wohl ohne unser Gebet von sich selbst; aber wir bitten in diesem Gebet, daß es auch zu uns komme...

Dein Wille geschehe, wie im Himmel, so auf Erden. Was ist das? Gottes guter, gnädiger Wille geschieht wohl ohne unser Gebet; aber wir bitten in diesem Gebet, daß er auch bei uns geschehe...

Unser tägliches Brot gib uns heute. Was ist das? Gott gibt das tägliche Brot, auch wohl ohne unsere Bitte, allen bösen[205] Menschen; aber wir bitten in diesem Gebet, daß er's uns erkennen lasse und wir mit Danksagung empfangen unser tägliches Brot".[206]

Man beachte dabei einerseits das durchgehende, geradezu provozierend klingende *„ohne* unser Gebet" bzw. *„ohne* unsere Bitte", das heißt: das Gebet verursacht nicht Gottes Wirken; andererseits das durchgehende *„auch* bei *uns", „auch* zu *uns"* bzw. einfach *„uns",* das heißt: Durch das Gebet geschieht etwas *in* uns. Im Gebet werden uns Gottes Gaben zuteil und bewußt.

In seinem „Großen Katechismus" hat Luther dieses Gebetsverständnis zusammengefaßt und in ein schönes Bild gebracht, wenn er schreibt: „Darum will Gott auch haben, daß du ihm diese Not und diese Anliegen klagst und zur Sprache bringst – nicht weil er es nicht längst wüßte, sondern damit du dein Herz anfeuerst, desto stärker und mehr zu begehren, und damit du gleichsam den Mantel nur weit genug ausbreitest und öffnest, um viel zu empfangen".[207] Das Bild von dem weit ausgebreiteten Mantel ist eine besonders schöne Veranschaulichung des hier vorgetragenen Gebetsverständnisses.

Zweitens: Wenn man ernsthaft von Gott spricht, kann man doch nicht der Meinung sein, wir müßten Gott erst durch unser Gebet darüber informieren, wessen wir bedürfen, oder Gott erst veranlassen, Gutes zu tun. Das Gebet ist der Ort, an dem wir aussprechen, was uns im Innersten bewegt, und an dem wir unsere Hände, Köpfe und Herzen öffnen, um von Gott her Klarheit, Zuversicht und Mut zu empfangen.

---

204 Wir würden heute sagen: „Was bedeutet das?" oder „Was besagt das?".

205 Damit ist weder gemeint, daß Gott das tägliche Brot *nur* den bösen Menschen gibt noch daß alle Menschen nur böse sind, sondern daß Gott auch den Bösen trotz ihrer Bosheit das tägliche Brot gibt.

206 UG S. 472–474.

207 UG S. 594.

Drittens: Es ist zwar im wörtlichen Sinn richtig, daß Liebe nicht hört, redet oder handelt. Das tun nur Personen oder andere Lebewesen. Aber die Liebe ist geradezu der *Inbegriff* der Fähigkeit zu hören, hilfreich zu reden und zu handeln. Insofern kann man doch sagen, die Liebe wirkt, und sie kann auf uns wirken, wenn wir uns ihr im Gebet aussetzen und öffnen, sodaß sie „auch zu uns" kommt.

Viertens: Ja, es gibt im Johannesevangelium – aus dem Mund Jesu – diese Verheißungen, daß die Gebete der Jünger „im Namen Jesu" von Gott bzw. vom erhöhten Christus erhört werden. Das klingt beim ersten Hören vermutlich so, als sollte beim Beten die *Formel* „im Namen Jesu" verwendet werden, um mit Sicherheit zu erreichen, daß das Gebet erhört wird. Aber solch eine formelhafte oder gar magische Verwendung des Jesusnamens ist dem Neuen Testament fremd. Vielmehr steht der Jesusname hier wie sonst für die *Person* Jesu als Offenbarer Gottes.[208] Daraus darf man schließen, daß die Art, wie Jesus selbst zu Gott gebetet hat, das zu erkennen gibt, was es heißt, im Namen Jesu zu beten. Zwar berichten die Evangelien an mehreren Stellen, welch große Bedeutung das Gebet für Jesus gehabt hat,[209] aber den *Inhalt* von Jesu Beten erfahren wir nur an wenigen Stellen. Darunter ragen heraus das Vaterunser, das Gebet Jesu in Gethsemane[210], die Psalmworte und anderen Gebetsworte, die Jesus am Kreuz spricht bzw. schreit[211] sowie das „Hohepriesterliche Gebet" Jesu aus Joh. 17. Besonders markant ist das Gebet Jesu in Gethsemane unmittelbar vor seiner Gefangennahme, und zwar in der von Markus überlieferten Fassung: „Abba, Vater, alles ist dir möglich; nimm diesen Kelch von mir, doch nicht, was ich will, sondern was du willst." Schon die Gebetsanrede „Abba", also „Papa" oder „Väterchen", ist charakteristisch für das Gottesverständnis und die Gottesbeziehung Jesu. Sodann folgen das Bekenntnis zur Allmacht Gottes und die menschlich so verständliche und ergreifende Bitte um Verschonung von dem drohenden Todesschicksal am Kreuz. In einem letzten Schritt wird diese Bitte durch Jesus dem Willen Gottes untergeordnet. Das sind die beeindruckenden Elemente eines Gebets, in dem Jesus als Offenbarer Gottes spricht, also eines Gebets „im Namen Jesu".

B: Mich würde interessieren, wie A es versteht und verstanden wissen will, wenn er in seinem zweiten Punkt sagt, daß wir „von Gott her Klarheit, Zuversicht und Mut empfangen". Ist das nicht doch wieder die Vorstellung von einem Dialog

---

208 Siehe Lars Hartman, Art. „onoma", in: Exegetisches Wörterbuch zum Neuen Testament, Stuttgart/Berlin/Köln ²1992, Sp. 1271–1273.

209 Mk 1,35; 6,46; Mt 14,23; Lk 6,12; 9,18 und 28 f.; 11,1.

210 Mk 14,36; Mt 26,39; und Lk 22,42.

211 Mk 15,34 und Mt 27,46: „Mein Gott, mein Gott, warum hast du mich verlassen (Ps 22,2); Lk 23,34: „Vater, vergib ihnen; denn sie wissen nicht, was sie tun" und Lk 23,46: „Vater, ich befehle meinen Geist in deine Hände" (Ps 31,6).

bzw. Zwiegespräch, in dem Gott redet und der Mensch zuhört? Wie soll man sich das vorstellen, und in welcher Sprache oder in welchen anderen Zeichen läßt Gott da den Menschen Klarheit, Mut und Zuversicht zuteilwerden?

A: Ich kann das nur für mich persönlich beantworten, weiß aber, daß andere Menschen das von sich anders beschreiben und ganz unbefangen und offenbar ehrlich davon berichten, daß Gott der Vater oder Jesus Christus oder der Heilige Geist oder der dreieinige Gott zu ihnen sprechen. Ich respektiere das, kenne das aber nicht aus eigener Erfahrung. Was ich aber in entscheidenden Situationen meines Lebens wiederholt erlebt habe, ist die Erfahrung, daß mir im ernsthaften Gebet, in dem ich mich ganz auf die Beziehung zu Gott konzentriere, Aussagen *einfallen*[212], die ich früher einmal gehört oder gelesen habe oder die mir spontan als Antworten auf meine Fragen und Probleme *bewußt werden*. Diese Antworten haben in der Regel für mich eine große Überzeugungs- und Motivationswirkung. Ich könnte mit Psalm 138,3 sagen: Sie geben meiner Seele „große Kraft".

B: Und welchen Sinn soll dann eine Fürbitte oder zum Beispiel das Gebet um Regen nach langer Dürre haben? Die Gebetstheorie von A empfinde ich als eine Psychologisierung, die man auch durch Meditation ersetzen kann. Darum haben echte Bitten an Gott für einen selbst oder für andere keinen Sinn. Und erst an solchen Bitten und ihrer (Nicht-)Erhörung könnte man doch überprüfen, ob Beten einen Sinn hat und ob es überhaupt einen Gott „gibt", der solche Gebete hört und erhört.

A: Ich halte Gebete um Regen oder Gesundung usw. sowie Fürbitten durchaus für sinnvoll. Aber nicht, weil sie auf Gott oder auf das Wetter einwirken, um Gott zu informieren und zu motivieren oder um das Wetter zu beeinflussen – nicht einmal wie der Flügelschlag eines Schmetterlings. Ich finde, man hört geradezu, wie unpassend schon diese Ausdrücke sind; sondern um durch das Gebet *Anschluß zu gewinnen an die schöpferische Macht der Liebe*, und zwar für sich selbst und für andere, für Menschen, Tiere und Pflanzen. Und das, was dadurch *in uns* geschieht, sind doch reale Auswirkungen des Gebets.

B: Was soll ich mir darunter vorstellen, daß jemand – in einem Gebet oder durch ein Gebet – Anschluß gewinnt an die schöpferische Macht der Liebe für sich selbst und für andere?

A: Das darf man sich so vorstellen, daß ein Mensch im Gebet sein eigenes Leben und das Leben anderer bedenkt unter den Leitfragen: Inwiefern sind diese Lebenssituationen Anlaß zum Dank oder zur Bitte, zum Lob oder zur Klage im Horizont dessen, was uns über die von Gott gegebene heilsame Bestimmung aller

---

212 Das Wort „ein-fallen" empfinde ich als ein schönes, treffendes Bildwort für diesen Vorgang.

Geschöpfe durch die Propheten und Apostel und vor allem durch Jesus Christus gesagt ist.

B: Aber dazu muß man doch nicht Gott anreden wie ein menschliches Gegenüber.

A: Nein, das *muß* man nicht, und das tun zum Beispiel auch die Psalmen, die man oft das „Gebetbuch der Bibel" nennt, nicht immer. In den Psalmen kann zu Gott gebetet werden, indem
- *von* Gott in der dritten Person geredet wird (so in Ps 1,6);
- in der ersten Person ein Bekenntnis *zu* Gott gesprochen wird (so in Ps 77,2);
- die *eigene Seele* zum Lob Gottes aufgefordert wird (so in Ps 103,1);
- andere Menschen zum Beten aufgefordert werden (so Ps 106,1) oder
- Gott in der zweiten Person *angeredet* wird (so Ps 26,1).

Und in manchen Psalmen (zum Beispiel in Ps 23) kommen mehrere dieser Redeformen unverbunden und unvermittelt *nebeneinander* vor. Eröffnet das nicht auch für B Möglichkeiten des Betens?

B: Ich bleibe da lieber beim Meditieren oder bei Gesprächen mit anderen Menschen; denn es käme mir merkwürdig oder sogar unehrlich vor, einen Gott im Gebet anzureden, von dessen Existenz ich nicht überzeugt bin.

A: Ich habe einmal unter der Überschrift „Gebet im Werden" folgenden Vorschlag gemacht[213]: Wer sich nicht dazu in der Lage sieht, zu Gott zu beten, könnte aber in mündlicher oder schriftlicher Form aussprechen oder notieren, wofür er gerne Gott danken oder bitten *würde* und was er gerne vor Gott klagen oder loben *würde, wenn* er an Gott glauben und zu ihm beten könnte. Wäre das für B eine denkbare Möglichkeit?

B: Denkbar schon, aber das ist mir doch mit zu vielen Konjunktiven verbunden. Ich bemühe mich lieber, die Position von A zu verstehen und frage deshalb: Steckt in dem „Sich-öffnen-für andere" das, was man üblicherweise „Fürbitte" nennt?

A: Ja, und das kommt zum Beispiel auch in dem oben (S. 99) zitierten schönen Bild Luthers aus seinem Großen Katechismus zum Ausdruck, wo er sagt, Beten heiße, „den Mantel weit ausbreiten, um viel zu empfangen".

B: Aber setzt das nicht voraus, daß man sich auch stellvertretend für andere öffnen und empfangen kann?

A: Ja, ich glaube, daß es das gibt – vor allem, wenn andere dazu selbst nicht in der Lage sind. Ein anrührender Beleg dafür ist die in Mk 2,1–12 überlieferte Erzählung von der Heilung eines Gelähmten, der von vieren auf einem Bett über das

---

213 W. Härle, „‚… und hätten ihn gern gefunden‘. Gott auf der Spur", Leipzig 2017, S. 193. Das wäre dann – verglichen mit der lehrreichen „Vorschule des Betens" von Romano Guardini (Mainz/Paderborn ⁸1986) – eine noch elementarere Vorschule des Betens.

Dach zu Jesus gebracht wird, und von denen es dann heißt: „Da nun Jesus ihren [!] Glauben sah, sprach er zu dem Gelähmten: Mein Sohn, deine Sünden sind dir vergeben", und heilte ihn.

Ich habe deshalb in meinem Katechismus[214] als Antwort auf die Frage nach dem Sinn des Betens folgende Punkte genannt: „Im Gebet öffnen wir uns für Gott,
– indem wir uns innerlich sammeln und still werden;
– vor Gott das aussprechen, was uns zutiefst bewegt;
– von Gott erbitten, was wir von ihm für uns und andere erhoffen;[215]
– von Gott dankbar empfangen, was er uns geben will."

Dem möchte ich im Blick auf die Fürbitte aber hinzufügen, daß ich es für wichtig halte, die Menschen, für die wir beten, das auch wissen zu lassen, zum Beispiel durch die Worte: „Ich bete für dich" oder „Wir denken regelmäßig an euch". Ich habe darauf bisher nie die Antwort bekommen: „Das kannst du gerne bleiben lassen" oder „Das bedeutet mir nichts" – selbst nicht von Menschen, die sich als Atheisten oder Agnostiker bezeichnen. Ja, nicht selten passiert es meiner Frau und mir, daß wir von Menschen angesprochen oder angeschrieben und von ihnen um Fürbitte gebeten werden.

B: Und was kann diese Fürbitte und diese Mitteilung an andere Menschen bewirken?

A: Das ist sehr unterschiedlich. Häufige Reaktionen lauten: „Danke, das tut mir gut" oder: „Das macht mir Mut" oder: „Das gibt mir das Gefühl der Geborgenheit" oder: „Jetzt weiß ich, daß ich nicht allein bin" Und wenn diese Aussagen nicht nur höflich und freundlich gemeint sind, sondern ehrlich, dann sind das doch wichtige und erfreuliche Erfahrungen.

B: Können dazu auch Krankenheilungen und andere „Wunder" gehören?

A: Ja, und zwar nicht selten. Mediziner sprechen dann meist von „Spontanheilungen", und das heißt ja nur, daß solche Heilungen geschehen, ohne daß wir wissen oder erklären können, wodurch sie zustande gekommen sind. Aber die Menschen, die das erleben, sagen dann oft: „Das war eine Gebetserhörung" oder: „Das ist ein Wunder" oder eher verhalten: „Das ist fast so etwas wie ein kleines Wunder". Und das sind dann mehr oder weniger deutliche Zeichen des Glaubens als Vertrauen auf Gott. Ich erlaube mir auch, die sehr häufig zu hörende Formel: „Gott sei Dank!" nicht einfach als gedankenlos geäußerte Redensart abzutun, sondern zumindest gelegentlich als echten Ausdruck des Dankes gegen Gott ernst zu neh-

---

214 W. Härle in Verbindung mit K. Engelhardt, G. Gerner-Wolfhard und Th. Schalla, Worauf es ankommt. Ein Katechismus (für Jugendliche und Erwachsene), Leipzig (2018) ³2019, S. 65.
215 Dieses Erbitten kann – wie zum Beispiel bei Jakob am Fluß Jabbok (1. Mose 32,23–32) oder bei Jesus im Garten Gethsemane (Mk 14,32–36) den Charakter eines Ringens und Kampfes auf Leben und Tod annehmen.

men. Dagegen bin ich erschrocken, als eine kirchenleitende Persönlichkeit in einer Talkshow von der Krebserkrankung seiner Ehefrau berichtete und den Bericht abschloß mit dem Satz: „Als die Ärzte irgendwann sagten, daß für meine Frau keine Heilungschancen mehr bestehen, haben wir *natürlich* aufgehört, für sie zu beten." So etwas nennt das Neue Testament – wenn ich es richtig verstehe – an mehreren Stellen „Kleinglauben".[216]

B: Wenn ich das richtig sehe, sind wir damit wieder bei der These, daß der Glaube als ein Sich-Öffnen und Empfangen des Geistes Gottes einen entscheidenden Einfluß auf das „Kommen Gottes" in die Welt oder in das menschliche Leben oder auf die Gotteserfahrung von Menschen hat.[217] Ich hatte dazu ja schon meine grundlegenden Bedenken angemeldet, als wir über diesen Aspekt der Verkündigung Jesu sprachen. Ich will dazu noch einmal meine Einwände formulieren: Wenn A aus der Verkündigung und dem Wirken Jesu herausliest, daß es der Glaube eines Menschen ist, der ihn heilt oder rettet, dann kann man offenbar jede noch so absurde religiöse Überzeugung dadurch bewahrheiten, daß man an sie glaubt und sie sich dadurch als wirksam erweist. In diesem Sinn kann man offenbar auch jede politische Ideologie dadurch als wirksam erweisen, daß man sie glaubt. Und was wirksam ist, ist offenbar wirklich. Dabei wird dann übersehen, daß es nur deshalb wirksam ist und folglich „wirklich" wird, weil jemand daran glaubt. Ist das nicht Scharlatanerie?

A: Ich bin mir jetzt nicht sicher, wogegen B eigentlich polemisiert und was er „Scharlatanerie" nennt: die Tatsache, daß Menschen *behaupten*, der Glaube schaffe bzw. verändere die Wirklichkeit, während sich in Wirklichkeit gar nichts geändert oder ereignet hat, oder daß es *tatsächlich* so ist, daß der Glaube Wirklichkeit schaffen oder verändern kann.

B: Durch diese Rückfrage von A wird mir bewußt, daß sich meine Skepsis oder meine Ablehnung wohl doch nicht gegen die Behauptung, sondern gegen die Tatsache richtet, daß das geschieht oder so geschehen kann. Ich meine, es handelt sich um eine Wirklichkeit, die erst durch Religion oder Glauben herbeigeführt oder verändert wird. Insofern kann ich auch sagen: Meine Ablehnung richtet sich gegen eine religiöse oder speziell christliche *Manipulation* der Wirklichkeit. Ich bestreite nicht, daß sie möglich ist. Aber ich bestreite, daß sie etwas Positives darstellt.

A: Ich halte die Vermutung von B, es handle sich um religiöse bzw. christliche Manipulation, für eine Unterstellung. Richtig ist zwar, daß das eine Betrachtungsweise ist, die unserem alltäglichen Denken fremd ist oder widerspricht, aber es könnte doch auch sein, daß unser alltägliches Denken uns da in die Irre führt. Zwar

---

216 Mt 6,20; 8,26; 14,31; 16,8; 17,20 und Lk 12,28.
217 Siehe oben S. 17 f.

gehen wir normalerweise zu Recht davon aus, daß etwas sich so oder so verhält, und wir erkennen das oder wir erkennen das nicht. Aber unser Erkennen scheint keinen Einfluß auf die Ereignisse oder Verhältnisse oder Tatsachen zu haben. Aber bei genauerer Betrachtung erweist sich die Annahme einer Einbahnstraße von den Tatsachen zu unserem Erkennen als eine Illusion. Es gilt nicht nur der Satz: „Eine Aussage ist wahr, weil es sich so verhält, wie sie sagt", sondern es gilt – zumindest gelegentlich – *auch* der scheinbar entgegengesetzte Satz: „Eine Aussage wird erst und nur deshalb wahr, weil sie gemacht und geglaubt wird." Zunächst ist freilich festzustellen, daß wir es in der Alltagskommunikation normalerweise mit Sachverhalten zu tun haben, die relativ stabil wirken. Deswegen gehen wir in der Regel zu Recht davon aus, daß uns etwas mitgeteilt wird, das an sich wahr oder falsch ist und das wir durch unser Fürwahrhalten anerkennen oder es als unwahr ablehnen. Das ist ein mehr oder weniger stark ausgeprägter Aspekt an *jedem* Erkenntnisvorgang, nämlich sein sogenannter *rezeptiver* Aspekt. Es gibt aber auch, und zwar vermutlich ebenfalls an *allen* Erkenntnisvorgängen einen mehr oder weniger stark ausgeprägten *produktiven* Aspekt, der darin besteht, daß der Erkenntnisvorgang die Erkenntnis mitbeeinflußt und damit über deren Wahrsein mitentscheidet.

Für den Fall, daß das nicht beim ersten Lesen einleuchtet, füge ich hier einen Exkurs ein und nenne einige Beispiele für den produktiven Erkenntnisaspekt.

Exkurs 2: Beispiele für den produktiven Erkenntnisaspekt

Erstens. Die Self-fulfilling prophecy[218] und die Self-destroying prophecy:[219]

Den Begriff „Self-fulfilling prophecy" prägte Robert K. Merton 1948 in einem gleichnamigen Aufsatz.[220] Sein Paradebeispiel war das Ausstreuen von wahrheitswidrigen Gerüchten über die bevorstehende Zahlungsunfähigkeit einer Bank, die, wenn sie geglaubt werden und entsprechendes Verhalten auslösen, wie zum Beispiel Massenabhebungen und die Auflösung von Bankkonten, das bewirken, was sie

---

218 Siehe dazu Angelika Wiedmaier, Art. „self-fulfilling prophecy", in: Enzyklopädie Philosophie und Wissenschaftstheorie Bd. 3, 1995, S. 765 f. und W. Härle, Self-fulfilling prophecy. Eine brauchbare Kategorie auch für Theologie? in: ThLZ 148/2023, Sp. 147–160.

219 Sie wurde unter dem Namen „suicidal prophecy" bereits 1866 von John Venn („The Logic of Chance", London ⁴1962, S. 226) entdeckt. In diesem Fall zerstört die Ankündigung sich selbst dadurch, daß sie gemacht wird und Glauben findet.

220 R. K. Merton, The self-fulfilling prophecy, in: The Antioch Review 8/1948, S. 193–210. Eine deutsche Übersetzung dieses Aufsatzes erschien in dem von E. Topitsch herausgegebenen Sammelband: Logik der Sozialwissenschaften, 1965, S. 144–161 unter der Überschrift: „Die Eigendynamik gesellschaftlicher Voraussagen".

vorhersagen, was aber ohne die Ankündigung nicht eingetreten wäre. Entsprechend gibt es auch die sogenannte self-destroying prophecy[221], wie wir sie auch aus der Bildungs- oder Berufsplanung kennen, etwa in Form der Aussage: „Es werden in Zukunft dringend Englischlehrkräfte benötigt". Wird diese Ankündigung von vielen Schulabgängern für ihre Studienwahl ernstgenommen, kann leicht eine Situation entstehen, in der es ein Überangebot an Englischlehrkräften gibt. Die Ankündigung hat sich folglich dadurch, daß sie gemacht und geglaubt wurde, selbst widerlegt bzw. zerstört.

Zweitens. Der Placebo-Effekt in der Medizin:

Das bisher Gesagte ist noch nicht weiter aufregend. Es zeigt nur, daß es Aussagen gibt, deren Wahrheit davon abhängig ist, ob sie geglaubt und befolgt werden. Schon etwas beunruhigender sieht es aus, wenn man sich die ebenfalls zur self-fulfilling prophecy gehörenden Ergebnisse der Placebo-Forschung ansieht. Ich zitiere aus dem genannten Artikel von A. Wiedmaier[222]: „Die Wirksamkeit eines (Schein-)Medikaments entspricht exakt der Erwartung des Patienten bzw. des Arztes. Beachtenswert ist hier die Verkehrung der Kausalbeziehung: der Patient glaubt nicht an das Medikament, weil es wirkt, sondern es wirkt, weil er an die Wirkung glaubt". Nach A. K. Shapiro[223] waren fast alle medizinischen Verordnungen bis vor kurzem („until recently") Placebos, sodaß die Geschichte der Medizin weitgehend als Geschichte des Placebo-Effekts bezeichnet werden könne. „Andererseits verliert ein echtes Medikament (Verum) seine Wirksamkeit, wenn es dem Patienten als Placebo vorgestellt wird, er also keine Heilung erwartet".[224] Das sind alles keine Mirakel, sondern es beweist nur, wie groß der produktive Anteil an der Wirkung und damit an der Bewahrheitung selbst bei pharmazeutischen oder chemischen Substanzen und sogar bei Placebo-Operationen sein kann.

Drittens. Der Pygmalion-Effekt in der schulischen Bildung:

Der Pygmalion-Effekt ist aus den Erziehungswissenschaften bekannt: Werden durchschnittlich begabte Schüler ihren neuen Lehrkräften als besonders begabte und darum förderungswürdige Schüler vorgestellt, so zeigen (jedenfalls in vielen Versuchen) diese Schüler nach einiger Zeit tatsächlich einen höheren Intelligenzquotienten, weil offenbar die Einstellung der Lehrkräfte einen positiven Einfluß auf sie ausübt. Auch das läßt sich vermutlich durch eine vermehrte positive Zuwendung

---

221 Ihr klassisches Beispiel war und ist das Buch des Propheten Jona, in dem Gott der Stadt Ninive sein Strafgericht ankündigt, das aber ausbleibt, weil die Stadt sich aufgrund der Predigt Jonas bekehrt.

222 A. Wiedmaier, siehe oben Anm. 218, S. 766.

223 A. K. Shapiro, A Contribution to a History of the Placebo Effect, in: Behavioral Science 5/1960, S. 109–135.

224 So A. Wiedmaier, siehe oben Anm. 218, S. 766.

und eine erhöhte Zeitinvestition der Lehrkräfte leicht erklären. Aber es zeigt, daß der Satz: „Dieser Schüler ist überdurchschnittlich begabt und deshalb förderungs-würdig" dadurch wahr werden kann, daß er ausgesprochen wird, eine Lehrkraft ihn glaubt und sich entsprechend verhält.

B: Aus agnostischer und religionskritischer Sicht finde ich das alles hocherfreulich. Ich finde es aber problematisch, solche humanwissenschaftlichen Forschungsergebnisse als Stützen oder Belege für religiöse bzw. theologische Aussagen heranzuziehen. Bekanntlich wird mit solchen Ergebnissen ja auch zum Beispiel die Positiv-Denken-Bewegung unterstützt oder sogar begründet. Begeben sich Theologie und Kirche damit nicht in eine merkwürdige und äußerst problematische Nachbarschaft? Es geht doch im christlichen Glauben angeblich um die Wirklichkeit Gottes und nicht nur um psychische Mechanismen und Abläufe.

A: Ich muß wieder differenzieren. Tatsächlich verstehe ich den Glauben nicht als ein autosuggestives Programm à la „positiv denken", sondern der Glaube will im Gegenteil dazu anleiten, auch das Negative in der Welt und im eigenen Leben anzusehen und anzuerkennen. Insofern ist er davon weit entfernt. Aber ich kann – wie schon gesagt – nicht zustimmen, wenn Gott als eine außerweltliche Wirklichkeit gedacht wird, die gelegentlich in die Welt und ihre Kausalzusammenhänge eingreift oder hineinwirkt. Gott ist als in der Welt allgegenwärtig wirklich und wirksam zu denken, und darum geschieht auch dieses Wirken nicht abseits oder jenseits von physischen, psychischen, pädagogischen oder sozialen Prozessen, sondern *in ihnen*. Von daher halte ich es für legitim, auf diese Zusammenhänge hinzuweisen.

Ich nenne aber als *viertes* nun auch noch *ein rein theologisches Beispiel:*

Im Zentrum der paulinisch-reformatorischen Rechtfertigungslehre steht die Aussage, daß Gott dem Menschen, der ein Sünder ist, also ohne Beziehung zu Gott lebt, die Gerechtigkeit gratis und unverdient zuteilwerden läßt. Bei Augustin und Thomas von Aquin wird dieses Zuteilwerden nach dem Muster eines therapeutischen Prozesses als Infusion der Gnade verstanden und bezeichnet. Diese wird dem Menschen durch die Sakramente eingegossen und wirkt als eingegossene Gnade („gratia infusa") den Glauben, der in der Liebe tätig ist. Paulus und die Reformatoren verstehen dagegen das Rechtfertigungsgeschehen als *personalen, kommunikativen* Prozeß, in welchem dem sündigen Menschen zugesprochen wird: „Du bist in der Beziehung zu Gott durch den Glauben, also durch das Vertrauen auf Gott gerecht"[225]. Diese Zusage kann Glauben wecken und finden, der seinerseits einen

---

225 Siehe dazu die Zentralstelle in Röm 3,28: „So halten wir nun dafür, daß der Mensch gerecht wird ohne des Gesetzes Werke, allein durch den Glauben." Dabei ist der Glaube nicht die *Voraussetzung* für die Rechtfertigung, sondern die *Weise*, wie dem Menschen die Rechtfertigung zuteilwird.

grundsätzlichen und einen prozeßhaften Wandel auslöst, durch den das *wahr wird*, was dem Menschen zugesagt wurde. Luther hat das wiederholt durch die Formel zum Ausdruck gebracht: „Wie du glaubst, so hast Du."[226] bzw. „Der Glaube ist ein Schöpfer der Gottheit, nicht in der Person [sc. Gottes], wohl aber in uns".[227] Dabei besteht die entscheidende Einsicht darin, daß der Glaube als Vertrauen auf Gott die Erfüllung des Gebots der Gottesliebe ist. Die Rechtfertigungsbotschaft bewirkt also, wenn sie Glauben weckt, das, was sie – kontrafaktisch – dem Sünder zuspricht, und so wird es durch den Glauben wahr. Weil der Glaube aber kein verfügbarer Besitz ist und häufig durch andere Stimmen in Frage gestellt und so angefochten wird, darum ist das Christsein nie ein „Gewordensein", sondern immer ein „Werden". So schreibt Luther in seiner Schrift: „Grund und Ursache aller Artikel D. M. Luthers, so durch römische Bulle unrechtlich verdammt sind" aus dem Jahr 1521: „Das christliche Leben ist nicht eine Frömmigkeit, sondern ein Frommwerden, nicht ein Gesundsein, sondern ein Gesundwerden, nicht ein Wesen, sondern ein Werden, nicht eine Ruhe, sondern eine Übung. Wir sind's noch nicht, wir werden's aber. Es ist noch nicht getan und geschehen, es ist aber im Gang und Schwang. Es ist nicht das Ende, sondern der Weg. Es glüht und glänzt noch nicht alles, es reinigt sich aber alles."[228]

B: Ist es ein Zufall, daß A für diese Auffassung nur *Luther*texte zitieren kann, die sich ihrerseits vor allem auf *Paulus* berufen und daß er deshalb zu Recht von der „paulinisch-reformatorischen Rechtfertigungslehre" spricht, aber keine Belege aus der Verkündigung Jesu bzw. aus den Evangelien beibringen kann?

A: Das ist zwar den Begriffen nach und in der systematischen Darstellung ein Schritt über die Botschaft Jesu von der kommenden Gottesherrschaft hinaus, es stimmt aber in der Sache mit ihr ganz überein. In der Verkündigung und im Wirken Jesu kommt Gott den Menschen in Jesus Christus nahe – um Vertrauen werbend – als liebender Vater, als guter Hirte, als leuchtendes Licht, als Schatz im Acker, als kostbare Perle, als fruchtbringendes Weizenkorn, als rebentragender Weinstock usw., und wo der Glaube daran entsteht und aller Anfechtung zum Trotz bestehen bleibt, da wird Gott *für diesen Menschen* zur lebenstragenden *Wirklichkeit*. So ist Gott in Jesus Christus, und zwar in dessen Person, in seiner Verkündigung und in seinem Geschick durch den Heiligen Geist verborgen, aber wirksam gegenwärtig.

B: Einwand: Das alles ist zwar beeindruckend und systematisch vermutlich widerspruchsfrei, jedenfalls als Interpretation und Anspruch, jedoch nicht als *Tatsache*. So kann aber doch grundsätzlich jeder beliebige Glaube erzeugt und gerechtfertigt werden! Und für alle Phänomene von self-fulfilling prophecy, wie sie

---

226 WA 2,719,8 und WA 17/ 1,412, 19 f.
227 „Fides est creatrix Divinitatis, non in persona, sed in nobis" (WA 40/1,360,5 f.)
228 Siehe WA 7,336,31–36 (Orthographie behutsam modernisiert).

hier genannt wurden, gilt doch, daß sie auf *Täuschung und Irreführung oder Irrtum* aufbauen, selbst wenn sie tatsächlich wirken. Deswegen bleiben hier meine grundsätzlichen Bedenken bestehen.

A: Im Blick auf die Placebos hat B recht, und vermutlich auch beim Pygmalioneffekt. Aber das gilt *nicht generell* für die self-fulfilling prophecy. Entscheidend ist für sie nur, daß sich etwas ereignet, *weil* es angekündigt und geglaubt wird. Entscheidend ist nicht, daß die Ankündigung unwahr ist.

B: Aber entscheidend ist doch, daß diejenigen, die die Ankündigung hören oder lesen, subjektiv der Meinung sind, das sei bereits wahr, während es in Wirklichkeit erst durch Ankündigung und Glauben wahr *wird.* Das ist also doch insofern eine Täuschung.

A: Das stimmt. Aber genau das ist *der* wesentliche Unterschied zwischen self-fulfilling prophecy und der christlichen Verkündigung – sei es als Botschaft von der anbrechenden Gottesherrschaft, sei es als Rechtfertigungsverkündigung. Denn hier wird ja den Hörern gerade *nicht* verheimlicht, daß es der durch die Ankündigung geweckte *Glaube* ist, durch den die Botschaft wahr *wird.* Wenn man so will, kann man sagen: Die christliche Verkündigung ist eine self-fulfilling prophecy, die sich *offen als solche zu erkennen gibt.* Das zeigt, daß die Wirkung der self-fulfilling prophecy nicht in jedem Fall von einer Täuschung oder vom Nichtwissen der Adressaten abhängt, sondern daß sie auch in dieser ehrlichen Form wirksam werden kann.

B: Wenn das so wäre, dann würde die christliche Botschaft ja geradezu über ein Zaubermittel verfügen. Man braucht also nur irgendetwas anzukündigen, und wenn die Menschen es glauben, dann wird es auch Wirklichkeit. Diese These ist so absurd, daß ich mich wundere, wie A einen solchen Unsinn vertreten kann.

A: Diesen Unsinn habe ich auch nicht vertreten und tue das nicht, obwohl ich vermute, daß B bei weitem unterschätzt, was durch das Vertrauen von Menschen möglich ist bzw. möglich wird.

B: Ich weiß, ich weiß: Der Glaube kann angeblich Berge versetzen (Mk 11,23), Bäume ins Meer verpflanzen (Lk 17,6) und „alle Dinge sind möglich dem, der da glaubt" (Mk 9,23). Ich würde das gerne einmal mit A zusammen experimentell testen.

A: Ich vermute, daß B weiß, daß man das experimentell nicht testen kann, aber man kann damit Erfahrungen machen. Dabei möchte ich zwei Einschränkungen machen, die möglicherweise zu einer gewissen Annäherung zwischen mir und B führen könnten:

Erstens: An etwas zu glauben, gehört zu den „Dingen" oder Einstellungen, die man nicht durch Entschluß, also willentlich herbeiführen kann. Glaube basiert auf einer Gewißheit oder jedenfalls auf einem Zutrauen, das sich in der Begegnung mit einer Person oder Botschaft einstellen muß oder unzugänglich bleibt. Insofern hängt es auch an der Botschaft selbst, ob sie Glauben schafft bzw. weckt oder ob sie dies nicht tut.

Zweitens: Den Satz aus Mk 9,23 („alle Dinge sind möglich dem, der da glaubt") kann ich mir nur in dem Sinn zu eigen machen, daß der Bereich dessen, was dem Glauben und damit Gott möglich ist, nicht von vornherein und von außerhalb abgegrenzt oder eingeschränkt werden kann. Aber das heißt keineswegs, daß alles, was überhaupt *denkbar* ist, dadurch wirklich werden könnte, daß ein Mensch daran glaubt. Wir können durch Glauben nur das zur Wirklichkeit erwecken, was durch die schöpferische Macht der Liebe als Möglichkeit in die Welt hineingelegt ist.

B: Und woher weiß man, was in die Welt hineingelegt ist und was nicht?

A: Das wissen wir nicht – jedenfalls nicht, solange wir in der Begrenztheit von Raum und Zeit existieren. Was wir jetzt haben, sind nur Aussagen über die von Gott gegebene Bestimmung der Welt und des Menschen. Wissenschaftstheoretisch wird man sagen: Das sind Hypothesen oder *abduktive* Schlußfolgerungen[229]. In der Sprache der Religion bzw. des Glaubens haben solche Aussagen den Charakter von Offenbarungen, das heißt von Einsichten in das Wesen von Mensch und Welt, die Menschen zuteilwerden. Das kann so geschehen, daß sich eine Erkenntnis einem Menschen ungesucht erschließt, das kann aber auch als Antwort auf geduldiges Fragen und Suchen geschehen. Ein mich sehr beeindruckendes Beispiel dafür fand ich im Schlußteil Leo Tolstojs großem Roman „Anna Karenina".[230] Als Lewin diese befreiende Antwort auf seine Sinnfrage zuteilwird, sagt er: „Ja, was ich weiß, das weiß ich nicht durch den Verstand, sondern es wurde mir gegeben, geoffenbart, und ich weiß es mit dem Herzen, durch den Glauben an das Wichtigste, was die Kirche

---

229 Abduktive Schlußfolgerungen, die vermutlich schon Aristoteles kannte, die aber vor allem durch den US-amerikanischen Philosophen Charles Sanders Peirce bekannt geworden sind, unterscheiden sich von deduktiven Schlußfolgerungen, die von einer allgemeingültigen Regel auf einen Einzelfall schließen, sowie von induktiven Schlußfolgerungen, die von gleichartigen Einzelfällen auf eine allgemeingültige Regel schließen, dadurch, daß sie Einzelfälle durch eine (bislang unbekannte) allgemeingültige Regel zu verstehen oder zu erklären versuchen. Sie haben den Vorteil, daß sie unser Wissen *inhaltlich erweitern* können, aber den Nachteil, daß sie das immer nur auf unsichere, nämlich auf *hypothetische* Weise tun. Abduktionen treten in unserem Leben vielfältig auf, zum Beispiel in Form von medizinischen Diagnosen, Beratungsergebnissen und neuen Forschungsresultaten.

230 Hg. als Taschenbuch Gisela Drohla in Berlin 2010. Der zitierte Text stammt aus dem achten Teil des Romans, Abschnitt 11 bis 13 (S. 1168–1180) und handelt davon, wie Lewin, ein russischer Grundbesitzer, der verzweifelt nach dem Sinn seines Lebens sucht, durch ein kurzes Gespräch mit dem Bauern Fedor zur Klarheit kommt und zu seinem verlorenen Glauben an Gott zurückfindet. Fedor hatte ihm gesagt, man müsse nur „für Gott, für die Seele leben", dann werde man das Gute finden, das dem Leben fraglosen Sinn gibt, der darin besteht, der Wahrheit zu dienen und nicht dem eigenen Vorteil. Das wird für Lewin zum obersten Glaubenssatz der christlichen bzw. kirchlichen Lehre.

bekennt...: den Glauben an Gott, an das Gute als einzige Bestimmung des Menschen."[231]

B: Wenn A sich auf Offenbarungen beruft, verläßt er den Boden eines sinnvollen Disputs; denn dann verfügt er angeblich über ein von Gott gegebenes Geheimwissen, das normalen Sterblichen wie mir nicht zugänglich ist, weil wir nie irgendwelche Offenbarungen hatten.

A: *Solche* Offenbarungen im Sinn eines Geheimwissens hatte und habe ich auch nicht. Womit ich nicht bezweifeln will, daß es Menschen gibt, die außergewöhnliche visionäre oder auditionäre Erkenntnisfähigkeiten besitzen. Zum Beispiel ist Hildegard von Bingen zweifellos dazu zu zählen, aber auch zahllose andere religiöse oder nichtreligiöse Menschen. Was ich mit „Offenbarung" meine, ist heute nach einem breiten Konsens[232] eine Sichtweise auf die Wirklichkeit im Ganzen – natürlich einschließlich des eigenen Daseins –, die sich einem Menschen erschlossen hat und für ihn gültigen, überzeugenden und verpflichtenden Charakter bekommen hat. Auf die Frage nach der Legitimation solcher Einsichten antwortet Jesus laut Joh 7,17 folgendermaßen: „Wenn jemand dessen [sc. Gottes] Willen tun will, wird er innewerden, ob diese Lehre von Gott ist oder ob ich aus mir selber rede." Demnach folgt die Erkenntnis der Wahrheit des christlichen Wirklichkeitsverständnisses nicht in der Theorie, sondern erst in der Praxis des Lebensvollzugs. Von welchem Verständnis der Wirklichkeit wir selbst ausgehen, merken wir manchmal erst in der Begegnung mit anderen Menschen, deren Verständnis der Wirklichkeit zum Beispiel aufgrund von absurden Verschwörungstheorien uns ganz fremd ist, daran, daß wir von einer radikal anderen Sichtweise auf die Wirklichkeit im Ganzen ausgehen. Und wir merken dann unter Umständen auch, wie schwer es ist, einem anderen diese Sichtweise zu vermitteln und zwischen solchen Wirklichkeitsverständnissen eine Kommunikation herzustellen.

B: Ich muß sagen, daß ich mir darunter bislang wenig Konkretes vorstellen kann. Was meint A mit einer solchen Sichtweise oder Offenbarung, durch welche die Wirklichkeit im Ganzen erschlossen ist?

A: Ich bin der Überzeugung, daß wir als menschliche Personen in der Welt nicht verantwortungsvoll leben können, wenn wir dabei nicht – bewußt oder unbewußt – irgendwelche grundlegende Annahmen über *Ursprung, Sinn und Ziel* des menschlichen Lebens voraussetzen. Diese Annahmen haben den Charakter eines Wirklichkeitsverständnisses, das sich aber, wie wir bereits sahen,[233] nicht ohne Zuhilfenahme von Glaubensüberzeugungen begründen läßt.

---

231 A.a.O., S. 1179 f.
232 Siehe dazu die klare und anschauliche Abhandlung zum Thema „Offenbarung" von Eilert Herms, auf die ich bereits anfangs in Anm. 7 hingewiesen habe.
233 Siehe oben bei Anm. 127 f.

B: Wenn A sagt, daß diese Annahmen und Glaubensüberzeugungen unter Umständen *unbewußt* vorausgesetzt werden, wie kann man sie sich dann bewußt machen?

A: Durch Nachdenken in einer Haltung, für die der bereits zitierte US-amerikanische Philosoph Charles Sanders Peirce den englischen Begriff „musement" verwendet hat, den sein deutscher Herausgeber und Übersetzer, Hermann Deuser, ungewöhnlich, aber passend mit „Versonnenheit" übersetzt hat.[234]

B: Ich möchte mir das konkret vorstellen können, kann es aber noch nicht. Gibt es dafür keine anschauliche Hilfe?

A: Ja, ich bin vor einiger Zeit auf einen Bildband gestoßen, der den Titel trägt: „Das magische Auge II"[235]. Er enthält eine größere Anzahl von farbigen, sogenannten 3D-Bildern, deren Oberfläche ohne Schwierigkeiten mit einem Blick zu erfassen ist. In den meisten dieser Bilder ist aber ein weiteres Bild verborgen vorhanden, das man nicht durch intensives Suchen, sondern nur in der Haltung konzentrierter *Ent*spannung wahrnehmen kann, indem man sich zunächst dem Bild so weit annähert, daß man es mit der Nasenspitze berührt. Dann entfernt man sich unter Beibehaltung des entspannten Blicks etwa 30 Zentimeter von dem Bild, und – wenn man Glück hat – sieht man das Bild im Bild bzw. das Bild unter dem Bild oder über dem Bild. Dabei ist es eine gewisse Hilfe, wenn einem vorher gesagt oder gezeigt wurde, wie dieses zweite Bild aussieht und an welcher Stelle es in dem Oberflächenbild zu sehen ist. Damit B und die Leser dieses Buches selbst diese Erfahrung machen können, habe ich hier ein solches Bild eingefügt, das freilich selbst nur ein *Bild* bzw. eine *Metapher* für den gemeinten Erschließungsvorgang ist.

Dieses Bild zeigt zwei Pyramiden samt Palmblättern und einem Tiger. In dem Bild ist ein geflügelter Löwe zu entdecken, allerdings nicht wie in einem Suchbild, sondern auf einer anderen Ebene.

B: A sagt, daß man Glück haben muß, um dieses Tiefenbild bzw. Höhenbild zu entdecken. Und was ist, wenn man kein Glück hat?

A: Das geht anfangs wohl den meisten Menschen so. Ich habe auch lange Zeit nichts anderes gesehen als das Oberflächenbild. Wenn einem die Sache nicht sonderlich wichtig ist, wird man es nach mehreren Versuchen aufgeben – vielleicht in der Meinung, daß da eben nichts zu sehen ist oder dass es sich um eine Einbildung derer handelt, die behaupten, auch das *andere* Bild zu sehen.

B: Diese Vermutung entsteht bei mir allmählich auch.

---

234 Siehe Ch. S. Peirce, Religionsphilosophische Schriften, Hg. H. Deuser, Hamburg 1995, S. 333.
235 Tom Baccei, Das magische Auge II. Dreidimensionale Illusionsbilder, München 1994, S. 11. Die Selbstbezeichnung als „Illusionsbilder" empfinde ich als ganz mißverständlich.

Abbildung 1: Tiger mit Pyramiden und einem geflügelten Löwen, in: Tom Baccei: Das magische Auge II. Dreidimensionale Illusionsbilder, München 1994, S. 11.

A: Aber wenn mehrere Menschen übereinstimmend sagen, daß sie ein solches anderes Bild sehen und auch angeben können, was sie sehen oder wo dieses Bild liegt, spricht das doch gegen die Vermutung von einer bloßen Illusion. Und dann hat es doch Sinn, darauf zu hoffen, daß einem dieses Widerfahrnis zuteilwird, das man selbst nicht *machen*, aber das man erhoffen und empfangen kann.

    B: Will A damit etwa sagen, daß religiöse Menschen oder Glaubende mehr sehen oder tiefer sehen als Nicht-Glaubende?

    A: Ja, aus der Perspektive derer, die mehr sehen, als zunächst vor den Augen ist, kann man das so sagen. Allerdings mit dem Zusatz, daß die anderen aus ihrer Wahrnehmungsperspektive sagen werden, daß von den angeblich Sehenden etwas in die Bilder hineingelesen oder hineingeheimnißt wird, das gar nicht da ist. Die Gewißheit des eigenen Sehens ist dabei letztlich unhintergehbar bzw. unverzichtbar. Aber es gibt auch ein Sehen-Wollen, das hilfreich ist für das Wahrnehmen dessen, worauf sich unser Interesse richtet, oder es gibt eine ungeduldige bzw. desinteressierte Abwendung, die einen Zugang erschwert oder unmöglich macht.

    B: Und was soll das für die Themen „Gott" und „Offenbarung", „Gebet" und „Glauben" besagen?

A: Es besagt, daß Menschen, die aufgrund von religiöser Überlieferung und religiöser Erziehung oder durch eigene religiöse Erfahrung solche Zeichen oder Spuren Gottes in ihrem Leben und in der Welt entdeckt haben, die Wirklichkeit Gottes als eine Realität in ihrem Leben wahrnehmen. Sie werden solche Zeichen und Spuren dann auch dort entdecken, wo andere unter Umständen nichts Besonderes wahrnehmen. Und diese Entdeckung kann in ihnen die Vermutung hervorrufen oder sogar die Gewißheit stärken, daß diese Erkenntnis und das in ihr Erkannte grundsätzlich für alle Menschen bestimmt ist. Das heißt: Alle könnten es sehen, und das wäre eine Bereicherung für sie.

B: Nun kann A natürlich immer behaupten, wenn ich Gott oder die Spuren Gottes in der Welt nicht wahrnehme, dann liege das eben daran, daß ich in meinen Wahrnehmungsmöglichkeiten etwas eingeschränkt – um nicht zu sagen beschränkt bzw. etwas behindert – sei.

A: Ich würde das vielleicht sagen, wenn nicht zu meinem großen Bedauern die Adjektive „beschränkt" und „behindert" den Charakter von abfälligen, verletzenden Urteilen angenommen hätten oder gar bewußt als Beleidigungen gebraucht würden. Das steht niemandem zu. Aber ich meine: B sieht etwas nicht, was ich und auch andere Menschen zumindest gelegentlich sehen. Insofern sind meine Wahrnehmungen reicher, aber das ist nicht mein Verdienst.

B: Das könnte aber auch daher kommen, daß A etwas sieht, was so gar nicht da ist, das heißt, daß A Opfer seiner Wünsche und Phantasien wird. Das würde dann gut zu der Charakterisierung der 3D-Bilder als „Illusionsbilder" passen. Insofern sieht A zwar formal betrachtet mehr, aber dieses Mehr ist vielleicht kein Zugewinn an Realitätswahrnehmung, sondern eine Täuschung und Ablenkung. So, wie wenn jemand – aufgrund mangelnder Durchblutung im Innenohrbereich – Geräusche oder Stimmen hört, die gar nicht da sind, oder andere Halluzinationen hat. Das ist doch ebensowenig ein Erkenntnisgewinn wie zum Beispiel das Sehen einer Fata Morgana.

A: Ob ich zu viel wahrnehme oder ob B zu wenig wahrnimmt, können wir tatsächlich nicht neutral, objektiv und abstrakt entscheiden, aber ich möchte anbieten, B im Blick auf das 3D-Bild sozusagen eine Sehhilfe zu geben, das heißt: ihm zu beschreiben, was ich aus der Perspektive des christlichen Glaubens an der Welt und am Menschen wahrnehme – in der Hoffnung, daß B es dann auch sieht. Oder: daß B mir zeigen kann, inwiefern er meint, daß ich etwas „wahrnehme", also in die Welt und den Menschen hineinlese, was gar nicht da ist.

B: Darauf lasse ich mich gerne ein, und mich würde sehr interessieren, was A dann an der Welt und am Menschen wahrnimmt, wenn er zum Beispiel von Kirche und Sakramenten, von Sünde und von Versöhnung durch den Kreuzestod Jesu, von der Jungfrauengeburt, Gottessohnschaft und Auferstehung Jesu spricht. [Exkurs Ende]

VII Ist christlicher Glaube heute überhaupt noch ehrlich möglich?

A: Einverstanden. Ich weiß nicht, wie weit wir damit kommen, aber einen Versuch möchte ich gerne machen. Ich übernehme auch gerne die von B vorgeschlagenen Themen.

B: Das „noch" in der Überschrift dieses Kapitels weist unübersehbar darauf hin, daß die christlichen Kirchen sich gegenwärtig in einer sehr schwierigen Situation befinden, die den Eindruck erwecken kann, als gehe es mit dem Christentum und dem christlichen Glauben rapide und unumkehrbar bergab, sodaß möglicherweise deren Ende in absehbarer Zeit bevorsteht. Ist das nicht ein deutliches Zeichen dafür, daß das Christentum mit seiner Botschaft seine Anziehungs- und Überzeugungskraft verloren hat?

A: Ja, die Austrittszahlen der letzten Jahre sprechen in dieser Hinsicht eine deutliche Sprache, wenn sie auch sehr unterschiedliche Ursachen und Gründe haben und keineswegs alle christlichen Kirchen betreffen. Seit 1968 gibt es bei uns ein verbreitetes Mißtrauen gegenüber gesellschaftlichen Institutionen und Organisationen, von dem nicht nur politische Parteien und Gewerkschaften, sondern auch die Kirchen betroffen sind. Hinzu kommt eine kontinuierlich negative demographische Entwicklung in Deutschland und Westeuropa. Ein weiterer Grund für die Austritte waren in den letzten Jahren die zahlreichen Fälle von sexuellem Mißbrauch an Kindern und Jugendlichen und der ganz unbefriedigende kirchliche Umgang damit. Schließlich nehme ich an vielen Stellen, insbesondere in der Evangelischen Kirche, einen Substanzverlust bei der kirchlichen Verkündigung wahr, der weder durch kirchlichen Aktionismus noch durch politisches Engagement der Pfarrerschaft oder der Gemeinden wettgemacht werden kann. Wenn man im Sonntagsgottesdienst nichts zu hören und zu erleben bekommt, was man nicht auch die Woche über anderswo hören, lesen oder erleben kann, verlieren Menschen oft das Interesse am Gottesdienstbesuch. Aber das alles gilt *nicht* weltweit, sondern vor allem für *Westeuropa*. In anderen Weltgegenden, insbesondere in großen Teilen Afrikas, Süd- und Nordamerikas sowie Ostasiens gibt es starke religiöse und speziell christliche Wachstumstendenzen, die den US-amerikanischen – aus Österreich stammenden – Religionssoziologen Peter Berger schon im Jahr 1999 dazu veranlaßt haben, eine weltweite *Ent*säkularisierung festzustellen und statistisch zu belegen.[236] Dabei spielt *eine* christliche Bewegung eine herausragende Rolle, die am 1. Januar 1900 durch pneumatische Erfahrungen in der Bethel Bible School in To-

---

236 Siehe P. Berger, Desecularization of the World, Washington D.C./Grand Rapids, Mich. 1999.

https://doi.org/10.1515/9783111578897-008

peka begann und in dem schwarzen Prediger William Joseph Seymour in Los Angeles ihre prägende Führungspersönlichkeit bekam die *Pfingstbewegung* unter Einschluss der *charismatischen Bewegung*, die in den sechziger Jahren des 20. Jahrhunderts entstand. Heute zählt man zu dieser Gesamtbewegung weltweit etwa 523 Millionen Anhänger.[237]

B: Das sagt mir offen gestanden nichts. Was muß man sich unter einer oder dieser Pfingstbewegung und charismatischen Bewegung vorstellen?

A: Der griechische Begriff „charisma" bedeutet „Gnadengabe" bzw. „Geistesgabe" und nimmt das Erbe der Pfingstkirchen auf, für die es entscheidend war, *das Wirken des Heiligen Geistes* ins Zentrum der Aufmerksamkeit und der gottesdienstlichen Feiern zu rücken. Zu diesen Wirkungen des Heiligen Geistes werden neben der Geisttaufe und der Heiligung insbesondere ekstatische Phänomene wie das „Reden in Zungen" („Glossolalie"), das heißt ein Reden in unverständlichen, lallenden Lauten, Worten und anderen Ausdrücken, sodann Krankenheilungen, Exorzismen, ekstatische Gesänge und Tänze gezählt, die auf europäische Christen oft gewöhnungsbedürftig und fremdartig wirken, von denen aber auch eine große Faszination ausgehen kann. Davon ist übrigens schon im Neuen Testament die Rede, und zwar nicht nur im Zusammenhang mit der Ausgießung des Heiligen Geistes an Pfingsten (Apg 2,1–13), sondern auch bei Paulus und in der von ihm gegründeten Gemeinde in Korinth (siehe 1. Kor 14). Paulus kannte das Zungenreden aus eigener Erfahrung, aber er schätzte es wegen seiner Unverständlichkeit geringer ein als die verständliche Predigt. Sein Fazit lautete: „ich will in der Gemeinde lieber fünf Worte reden mit meinem Verstand, damit ich auch andere unterweise, als zehntausend Worte in Zungen" (1. Kor 14,19).

B: Wieso hört man davon bei uns so wenig?

A: Das hat sicher mit einer Ablehnung des Irrationalen und mit einer Zurückhaltung gegenüber dem Emotionalen zu tun, die auch schon bei Paulus zum Ausdruck kommt. Hinzu kommt aber, daß die Pfingstbewegung vor allem in Ländern blüht, wo es in einem hohen Maß Armut und damit eine breite soziale Unterschicht gibt, für deren Leben die intensiven Erfahrungen des Heiligen Geistes etwas ganz Besonderes, Einmaliges und Erhebendes darstellen. Aber die Tatsache, daß das charismatische Element in Westeuropa vergleichsweise geringe Resonanz findet, weist vermutlich auch auf theologische Defizite in unserem geographischen Bereich

---

237 Da die Pfingstbewegung einschließlich der charismatischen Bewegung organisatorisch einen eher lockeren Zusammenhang bildet, ist es schwer, genaue Anhänger- oder Mitgliederzahlen zu erheben. Aber selbst wenn man nur von der Zahl von 523 Millionen ausgeht (so im Art. „Pfingstbewegung/Pfingstkirchen II." von Roger G. Robins, in: [4]RGG, Bd. 6/2003, Sp. 1237, ist das ein so gewaltiges Wachstum innerhalb eines guten Jahrhunderts, wie es das nie zuvor in der Geschichte der Religionen gegeben hat.

hin. Unter solchen theologischen Defiziten leidet meines Erachtens auch das kirchliche Leben in unserem Land.

B: Wie kommt A zu dieser Diagnose?

A: Durch eigene jahrzehntelange negative und positive Gottesdiensterfahrungen, durch Gespräche mit anderen Menschen und durch einschlägige Untersuchungen. So habe ich zusammen mit drei Mitarbeitern vor 20 Jahren ein großes Untersuchungsprojekt in der Evangelischen Kirche in Deutschland (EKD) durchgeführt, das sich zum Ziel gesetzt hatte, herauszufinden, wo es auch in der EKD Gemeinden gibt[238], die zahlenmäßig nicht stagnieren oder schrumpfen, sondern über mehrere Jahre hin *wachsen*, und zwar bei den Mitgliederzahlen und/oder bei den Zahlen der Gottesdienstbesucher. Das uns überraschende Ergebnis war, daß das bei ca. 100 Gemeinden der Fall war. Davon waren 32 Gemeinden bereit, mit uns durch einen ausführlichen Fragebogen sowie einen anschließenden Wochenendbesuch eines Mitglieds unseres Teams in der Gemeinde der Frage nachzugehen, wodurch das jeweilige Wachstum ausgelöst wurde und wie es sich entwickelt hat.[239]

B: Und was ist dabei herausgekommen?

A: Wachstumsauslöser waren häufig Neuwahlen des Kirchenvorstandes oder Neubesetzungen der Pfarrstelle, in einigen Fällen waren es aber auch die Pläne der jeweiligen Kirchenleitung, die betreffende Gemeinde angesichts ihrer geringen Überlebenschancen mit einer anderen Gemeinde zu vereinigen. Das theologisch aussagekräftigste Ergebnis der Untersuchung war, daß bei allen wachsenden Gemeinden der Wachstumsprozess um den *sonntäglichen Gottesdienst* zentriert war – obwohl manche Gemeinden das erst im Lauf der Zeit entdeckten, weil sie anfangs gemeint hatten, die Gemeindearbeit ganz auf Aktionsgruppen und Gemeindeversammlungen ausrichten und aufbauen zu können.

B: Das ist wirklich ein überraschendes Ergebnis, weil Gottesdienste und Predigten in der evangelischen Theologie und Kirche heutzutage häufig keinen guten Ruf mehr genießen.

A: Das stimmt, hat aber selbst oft den Charakter einer self-fulfilling prophecy.[240] Was wir jedoch den Fragebögen entnehmen und bei unseren Gemeindebesuchen miterleben konnten, war, daß die Gottesdienste in den wachsenden Gemeinden durchgehend sorgfältig und geradezu liebevoll vorbereitet und gestaltet wurden. Auffällig war zudem, daß in mehreren Gemeinden allsonntäglich *Abendmahl* ge-

---

238 Nach Auskunft der EKD gibt es in ihr zurzeit insgesamt knapp 1.300 Gemeinden.

239 Die Ergebnisse dieses Projekts haben wir (Wilfried Härle, Jörg Augenstein, Sibylle Rolf und Anja Siebert) in einem Band mit dem Titel: „Wachsen gegen den Trend. Analysen von Gemeinden, mit denen es aufwärts geht", in Leipzig 2008 veröffentlicht. Das Buch erreichte bis zum Jahr 2012 vier Auflagen.

240 Siehe oben S. 105–114.

feiert wurde – wie in der römisch-katholischen Kirche und in den orthodoxen Kirchen.

B: Das zeigt vermutlich, daß es sich bei den wachsenden Gemeinden vor allem um solche handelt, in denen ein konservativer Typus christlicher Frömmigkeit gelebt wird!?

A: Ich bin im Blick auf solche Stereotypen zurückhaltend, aber man kann sicher sagen, daß es einem Großteil dieser Gemeinden eher darauf ankommt, Überliefertes zu bewahren und zu erhalten, als Neues einzuführen oder damit zu experimentieren. Und da man diese Einstellung als „konservativ" bezeichnen kann, muß man ehrlicherweise hinzufügen, daß das offenbar auch heute noch Menschen eher anspricht und anzieht als abstößt.

B: Aber die große Rolle, die dabei das Abendmahl spielt, empfinden viele Menschen doch insofern als abstoßend oder sogar ekelerregend, als sie dabei den Eindruck gewinnen müssen oder können, daß ihnen beim Abendmahl Jesu Leib und Blut zu essen und zu trinken gegeben wird. So heißt es doch auch in der evangelischen Abendmahlsliturgie: „Der Herr Jesus, in der Nacht, da er verraten ward und mit seinen Jüngern zu Tische saß, nahm er das Brot, dankte und brach's und sprach: Das ist mein Leib für euch gegeben; das tut zu meinem Gedächtnis. Desgleichen nach dem Mahl nahm er auch den Kelch und sprach: Trinket alle daraus; das ist mein Blut des neuen Bundes, das für euch und für viele vergossen wird zur Vergebung der Sünden. Das tut zu meinem Gedächtnis."[241]

A: Ich habe den Eindruck, daß B diese Einsetzungsworte nicht evangelisch versteht, sondern im Sinn der römisch-katholischen Lehre von der Transsubstantiation, wie sie seit dem IV. Laterankonzil im Jahr 1215 gilt. Sie besagt, daß in der Eucharistiefeier bei den Worten des geweihten Priesters durch göttliche Kraft die *Substanz* von Brot und Wein in die Substanz von Leib und Blut Christi gewandelt wird, wobei die äußerlichen Merkmale, die sogenannten Akzidentien, von Brot und Wein *erhalten* bleiben.[242] Diese Transsubstantiationslehre hat Martin Luther als unbiblisch, überflüssig und irreführend abgelehnt, obwohl er an der realen leib-

---

241 Das ist die älteste neutestamentliche Fassung der Einsetzungsworte zum Abendmahl, wie Paulus sie – als „vom Herrn empfangen" der Gemeinde in Korinth weitergegeben hat (1. Kor 11,23–26) in der Form, wie sie sich im Gesangbuch für die Evangelische Landeskirche in Württemberg auf S. 1248 und 1254 f. findet. In den Worten der „Konkordie reformatorischer Kirchen in Europa" (Leuenberger Konkordie von 1973) wird das gemeinsame evangelische Verständnis des Abendmahls mit folgenden Worten ausgedrückt: „Im Abendmahl schenkt sich der auferstandene Jesus Christus in seinem für alle dahingegebenen Leib und Blut durch sein verheißendes Wort mit Brot und Wein. So gibt er sich selbst vorbehaltlos allen, die Brot und Wein empfangen; der Glaube empfängt das Mahl zum Heil, der Unglaube zum Gericht." Zitiert nach: W. Härle (Hg.), Grundtexte der neueren evangelischen Theologie, Leipzig ²2012, S. 323.
242 Siehe dazu DH 802.

haften Gegenwart (Realpräsenz) des erhöhten Christus im Abendmahl immer – auch gegen Widerspruch – festgehalten hat.

B: Aber ist das dann nicht ein Selbstwiderspruch bei Luther?

A: Keineswegs. Das hat der Philosoph Erwin Metzke im Jahr 1948 in einem großartigen Aufsatz gezeigt, der den Titel: „Sakrament und Metaphysik. Eine Lutherstudie über das Verhältnis des christlichen Denkens zum Leiblich-Materiellen"[243] trägt. Luther geht von der allgemein-christlichen Überzeugung aus, daß der auferstandene und zu Gott erhöhte Christus[244] an der Allgegenwart Gottes Anteil hat. Diese ist die ausschließlich göttliche Weise der Gegenwart, die darin besteht, daß „etwas zugleich ganz und gar an allen Orten ist und alle Orte füllt und doch von keinem Ort abgemessen und begriffen", das heißt umfaßt und begrenzt wird.[245]

B: Das erinnert mich an das Bekenntnis von A zum Panentheismus.[246]

A: Das ist völlig richtig, und mit dieser Vorstellung grenzt Luther sich einerseits von Ulrich Zwingli ab, der den Himmel und damit auch den erhöhten Christus *oberhalb* der Erde lokalisierte und deshalb Christi leibhafte Gegenwart im Abendmahl bestritt; damit grenzt Luther sich aber andererseits auch von der katholischen *Transsubstantiationslehre* ab, die davon ausgeht, daß Brot und Wein erst bei dem vom Priester vollzogenen liturgischen Ritus in Leib und Blut Christi *verwandelt* werden.

B: Aber dann könnte man ja Luther zufolge mit *allem*, was es gibt, das Abendmahl feiern, wenn Christus in allem gegenwärtig, also anwesend ist.

A: Diese Konsequenz zieht Luther erfreulicherweise und zu Recht *nicht*. Denn die Sakramente entstehen erst durch das *Verheißungswort* Christi, das sich mit einem sichtbaren Element verbindet. Luther drückt das in seiner Schrift „Daß diese Worte Christi ‚Das ist mein Leib' noch feststehen wider die Schwärmgeister" aus dem Jahr 1527 durch folgende Unterscheidung aus: „Es ist ein anderes, wenn Gott da ist und wenn er *dir* da ist. Dann aber ist Gott dem Menschen da, wenn er sein Wort dazutut und bindet sich daran und spricht: Hier sollst du mich finden".[247]

B: Gilt das nur im Blick auf das Abendmahl?

---

243 Diese Lutherstudie ist veröffentlicht in dem von Karlfried Gründer herausgegebenen Aufsatzband E. Metzkes, mit dem Titel: Coincidentia oppositorum. Gesammelte Studien zur Philosophiegeschichte, Witten 1961, S. 158–204. Eine gekürzte Fassung dieses großartigen Textes habe ich veröffentlicht in W. Härle (Hg.), Grundtexte der neueren evangelischen Theologie, Leipzig ²2012, S. 209–218.

244 Siehe dazu schon den sehr frühen Christushymnus aus Phil 2,6–11, der unten auf S. 151 ganz zitiert wird.

245 So Luther in der Schrift „Vom Abendmahl Christi. Bekenntnis" von 1526, in: WA 26,329,9–11.

246 Siehe oben S. 27–29.

247 So in WA 23,150,13–16.

A: Nein, es gilt ebenso für die Wortverkündigung und – vor allem – für die Taufe.

B: Wieso „vor allem"?

A: Weil die Taufe das Sakrament ist, mit dem das christliche Leben *beginnt*, und zwar als unbedingte und unverbrüchliche Heilszusage des dreieinigen Gottes, die begleitet wird von dem Akt des Besprengtwerdens mit Wasser oder des Untergetauchtwerdens in Wasser, das von der aus Mt 28,19 abgeleiteten trinitarischen Taufformel begleitet wird: „Ich taufe dich auf den Namen des Vaters und des Sohnes und des Heiligen Geistes".

B: Kann das Taufsakrament nach katholischer Auffassung ebenfalls nur von einem Priester gültig gespendet werden wie das Abendmahl bzw. die Eucharistie?

A: Nein. Nach allgemein-christlicher Auffassung kann jeder Mensch, ob Priester, Pfarrer oder Laie, ob Mann oder Frau, ja sogar, ob Christ oder Nicht-Christ die Taufe mit Wasser und mit der trinitarischen Taufformel *vollgültig* spenden, wenn er das ernsthaft (und nicht nur spielerisch) tut. Luther hat dies immer an der katholischen Tauflehre und -praxis gelobt, daraus aber die weitergehende Konsequenz gezogen, daß das auch für das Abendmahl und die Beichte gelten müsse; denn welches Sakrament könnte größer sein als die Taufe, durch die ein Mensch Christ wird?

B: Warum legen fast alle christlichen Kirchen so großen Wert darauf, daß die Taufe nur *einmal* im Leben empfangen werden kann?

A: Wenn es richtig ist, daß die Taufe mit der unbedingten und unverbrüchlichen Heilszusage des dreieinigen Gottes verbunden ist, dann gibt es von menschlicher Seite keine einschränkende Bedingung für die Gültigkeit der Taufe – weder seitens des Spenders noch seitens des Empfängers der Taufe. Sie muß nur *einmal* begehrt und empfangen werden. Jede Wiederholung würde aber notwendigerweise den Eindruck erwecken, die vorangegangene Taufe sei zum Beispiel wegen mangelnden Glaubens des Täuflings oder wegen mangelnder Glaubwürdigkeit des Täufers nicht vollgültig gewesen.

B: Aber heißt es denn nicht im Neuen Testament: „Wer da glaubt und getauft wird, der wird selig werden; wer aber nicht glaubt, der wird verdammt werden" (Mk 16,16)?

A: Ja, so steht es in dem nachträglich an das Markusevangelium angefügten Schluß, aber das stellt nicht die unverbrüchliche *Gültigkeit* der göttlichen *Heilszusage* in der Taufe in Frage, wohl aber das *Wirksamwerden* dieser Zusage im Leben des getauften Menschen.

B: Ist das nicht eine höchst künstliche Unterscheidung zwischen Gültigkeit und Wirksamkeit? Ich kann mir darunter nichts Vernünftiges vorstellen.

A: Dann möchte ich dafür ein anschauliches Beispiel nennen: Wenn für ein Kind bei seiner Geburt eine große Geldsumme unwiderruflich auf einem Konto angelegt wird, dann bleibt diese Geldanlage für dieses Kind dauerhaft *gültig*, aber sie wird für das Kind nur unter drei Bedingungen *wirksam:* 1.) Das Kind muß das irgendwann *erfahren.* 2.) Das Kind muß das *glauben.* 3.) Das Kind muß das Guthaben für sich in Anspruch nehmen.

B: Das leuchtet mir ein und paßt offenbar sehr gut zur Taufe und zu dem, was sie für einen Menschen – vermittelt durch Eltern und Paten – bedeuten kann.

A: Ja, und an diesem Bild wird auch deutlich, was für Luther in seiner Auseinandersetzung mit den Täufern sehr wichtig war und von ihm auf die Formel gebracht wurde: „Denn mein Glaube macht nicht die Taufe, sondern er empfängt die Taufe".[248] Deshalb schrieb Luther in der Situation der Anfechtung und des Zweifels mit Kreide auf seinen Tisch: „Ich bin getauft" („baptizatus sum").

B: Und was ist – ohne Bild – das „Guthaben", das nach evangelischem Verständnis dem Täufling mit der Taufe gegeben wird?

A: Es ist – wie schon bei Johannes dem Täufer – die Vergebung aller Sünden durch Gott. Dafür steht die Zeichenhandlung des Abgewaschenwerdens mit Wasser. Und es ist – wie schon der Täufer wußte[249], über seine Taufe hinaus – die Taufe mit dem Heiligen Geist, durch den Menschen zu Kindern Gottes werden. Das wird von Paulus in Röm 6,1–11 als ein Sterben des alten Menschen und ein Auferstehen des neuen Menschen schon mitten in diesem Leben beschrieben.

B: Aber wäre es nicht sinnvoller, diese christliche Taufe nur an Menschen zu vollziehen, die sie für sich selbst begehren, sie bewußt miterleben und die schon gläubig sind? So war es doch wohl auch ursprünglich im Neuen Testament.

A: So kann es auch nicht anders sein, wenn Menschen *erstmals* im Erwachsenenalter der christlichen Botschaft begegnen und sich dann taufen lassen, wie zum Beispiel der Kämmerer aus Äthiopien, von dem Apg 8,26–40 anschaulich erzählt. Aber wenn Menschen durch die Taufe Christen geworden sind, ist es naheliegend, daß sie auch ihre Kinder von klein auf mit dieser Botschaft in Berührung kommen lassen wollen, wie zum Beispiel die Eltern, die ihre – vermutlich kleinen – Kinder zu Jesus brachten, damit er sie segne (Mk 10,13–16). Ob die Erzählungen, in denen gesagt wird, daß Menschen sich „mit ihrem Haus" (Apg 16,15; 1. Kor 1,16) taufen ließen oder daß jemand „alle die Seinen sogleich taufen" ließ (Apg 16,33) dabei auch Kleinkinder mitmeinen, ist exegetisch umstritten. Aber *inhaltlich* hat die Taufe von Säuglingen und Kleinkindern den unersetzlichen Vorteil, daß dadurch die Unabhängigkeit der Heilszusage Gottes von menschlichen Bedingungen oder Vorleistungen so fraglos und überzeugend zum Ausdruck kommt, wie durch keine andere Form der Taufe. Zu der Frage, ob dabei der *Glaube* der Kinder vorausgesetzt werden könne oder müsse, hat Luther ebenfalls in seinem Großen Katechismus eine

---

248 So in Luthers Großem Katechismus (UG S. 619).
249 Siehe Mk 1,8; Lk 3,16 und Joh 1,33.

überzeugende Antwort gegeben: „das Kind tragen wir herbei in der Meinung und Hoffnung, daß es glaube, und bitten, daß ihm Gott den Glauben geben möge, aber darauf taufen wir es nicht, sondern allein darauf, daß Gott es befohlen hat." (UG S. 620).

B: Heißt das, daß ein nicht getaufter Mensch gar nicht gläubig werden oder von Gott gerettet werden kann?

A: Nein, das heißt es nicht.[250] Die Notwendigkeit der Taufe, einschließlich der Kindertaufe, von der das Augsburgische Bekenntnis spricht (UG S. 51), ist keine Notwendigkeit des Mediums („necessitas medii"), sondern eine Notwendigkeit des Gebots („necessitas praecepti"). Das heißt: die Taufe ist nicht der einzig mögliche *Weg* zum Heil, aber dieses von Christus angebotene und gebotene Sakrament soll von den Menschen nicht *mißachtet* werden. Denn im Sakrament wird uns das göttliche Heil in Gestalt der Sündenvergebung und der Gotteskindschaft *leibhaft und persönlich* zugesprochen. Dadurch wird Menschen Heil und Rettung von Gott her zugesagt und zuteil. Diese einmalige Zeichenhandlung bedarf freilich der täglichen *Aneignung* durch Buße, das heißt durch Neuausrichtung des Denkens (metanoia). Luther nennt das „in die Taufe kriechen und täglich wieder hervorkommen".[251]

B: Ob das so stimmt, hängt offenbar von zwei Voraussetzungen ab, die erst noch überprüft werden müssen: 1.) Wird dem Menschen durch den Glauben an Jesus Christus etwas zuteil, was den Charakter einer wirklichen Hilfe oder Rettung hat? 2.) Wird dem Menschen dadurch etwas zuteil, was er sich nicht auch selbst beschaffen oder erarbeiten oder erringen könnte? Ich könnte noch 3.) die Frage anschließen, ob er diese Hilfe nicht möglicherweise von anderen Instanzen bekommen könnte. Ich verzichte aber hier auf diese Frage, weil sie wenig bringt; denn dann wäre eben die andere Instanz so etwas wie der Christus oder Heiland. Wenn ich mich auf die beiden ersten Fragen beschränke, dann ist mir aber wichtig, sie auf die „soteriologischen", also das menschliche Heilwerden betreffenden, Hauptaussagen zu richten, die schon im Neuen Testament und durch die ganze Kirchen- und Theologiegeschichte als *spezifisch christlich* bezeichnet und verkündigt wurden: nämlich, daß Jesus Christus um unserer Sünden willen am Kreuz gestorben sei und von Gott auferweckt worden sei und so die Versöhnung oder Erlösung vollbracht habe. Vor allem das „Wort vom Kreuz" (1. Kor 1,18) steht doch im Zentrum christlicher Frömmigkeit in biblischen Texten, in Gesangbuchliedern, in kirchlichen Bildern und auf Altären. Ich würde es deshalb nicht akzeptieren, wenn A sich auf Jesu Gleichniserzählungen, Weisheitsreden, Streitgespräche, Krankenheilungen und

---

250 Siehe dazu Luther in einer Predigt über Mk 16,16 (in: WA 10/3,142,18 – 30) mit der humorvollen bzw. ironischen Schlußpointe, daß die Taufe, auf die kein Glaube folge, einem versiegelten Brief ohne Inhalt gliche. Das erinnert an die „Weiße Bibel" der Freimaurer: ein heiliges Buch ohne Inhalt.
251 So steht es in Luthers Großem Katechismus (UG S. 623).

Tischgemeinschaften zurückziehen sollte. Das alles ist aus meiner Sicht „geschenkt", weil es nicht das spezifisch Christliche ist. Gegen dieses spezifisch Christliche habe ich aber allerschwerste Bedenken. Dafür stehen aus meiner Sicht das Kreuz als Sühnetod, die Auferstehung, die Gottessohnschaft und die Jungfrauengeburt Jesu.

A: Ich kann es verstehen und akzeptieren, wenn B gegen eine Verengung der Lehre vom Heil auf die Verkündigung und das Wirken Jesu polemisiert und das nicht als spezifisch christlich akzeptieren will. Dem stimme ich sogar ausdrücklich zu. Aber ich stimme nicht zu, wenn B nun umgekehrt die Soteriologie auf Kreuz und Auferweckung verengt, ohne den Bezug zur Verkündigung und zum Wirken des geschichtlichen Jesus im Blick zu behalten. Die christliche Botschaft besagt doch nicht, daß *irgendein* Mensch vor ungefähr 2000 Jahren gelebt hat, am Kreuz gestorben ist und auferstanden ist,[252] sondern das wird von *dem* Menschen gesagt, der durch seine Worte und Taten das Evangelium von der anbrechenden Gottesherrschaft als Macht der Liebe auf Erden verkündigt hat. Deshalb kann man auch Kreuz, Auferweckung, Erhöhung und christologische Hoheitstitel nicht ohne ihren Bezug zum geschichtlichen Jesus richtig verstehen.

B: Einverstanden. Aber ich nehme mir die Freiheit, meine Kritik vor allem auf den Teil des christlichen Glaubens zu richten, der mit Kreuz, Auferstehung, Himmelfahrt, Jungfrauengeburt, Gottessohnschaft Jesu Christi zu tun hat. Das ist – jedenfalls für mich – der „harte Kern". Und das eigentliche Ärgernis daran ist aus meiner Sicht, die Vorstellung von einer Versöhnung Gottes durch den Opfertod seines Sohnes. Dagegen habe ich folgende massive Einwände: Ich bin schon nicht davon überzeugt, daß ich oder andere Menschen einen solchen Tod *verdient* hätten, den Christus dann angeblich für uns sterben mußte. Sodann finde ich das dabei vorausgesetzte Gottesverständnis als abstoßend und mit der Vorstellung von „Gott als Macht der Liebe" ganz unvereinbar. Ferner halte ich die Vorstellung für absurd, daß durch den Tod eines „Unschuldigen" irgendein Problem gelöst werden könnte, zum Beispiel das Problem von Schuld und Sühne oder Strafe. Das ist keine Lösung oder Erlösung, sondern nur eine Vergrößerung der Übel in der Welt. Und schließlich finde ich es nicht nur abwegig, sondern mit der Verantwortlichkeit und Würde von uns Menschen unvereinbar, wenn die christliche Botschaft sagt, unsere Sünden würden dadurch beseitigt, daß wir an den von einem anderen, nämlich von Jesus Christus stellvertretend erlittenen Opfertod *glauben*.

---

252 Daß zwei andere Menschen zusammen mit Jesus gekreuzigt wurden, berichten alle vier Evangelien übereinstimmend. In Mt 27,52 f. wird überdies berichtet, daß im Augenblick des Sterbens Jesu „viele Leiber der entschlafenen Heiligen" auferstanden, nach Jerusalem kamen und vielen erschienen. Aber ich habe nie gehört oder gelesen, daß diese anderen jemals zum Gegenstand des Glaubens oder religiöser Verehrung geworden wären.

A: Es ist unverkennbar, wie massiv B diese christliche Zentrallehren kritisiert. Ich kann und will ihm in diesem Fall auch nicht an allen Punkten widersprechen, sondern muß ihm an einigen Punkten Recht geben. Allerdings betrifft das teilweise Anschauungen, die so gar nicht der Bibel entstammen, sondern sich erst im Laufe der Kirchen- und Theologiegeschichte oder in der christlichen Volksfrömmigkeit herausgebildet haben. Aber *mit* diesen Einschränkungen will ich trotzdem sagen: Mir bedeutet der Kreuzestod Jesu Christi Entscheidendes für meinen christlichen Glauben. Deshalb kann ich mich auch dabei „behaften" lassen, wenn B sagt, es handle sich dabei um eine oder sogar *die* Zentrallehre des Christentums. Bevor ich auf die Kritik von B im Einzelnen eingehe, wüsste ich aber gerne, ob B überhaupt keinen Zugang zur Passionsfrömmigkeit hat, ob ihn nicht zum Beispiel künstlerische Gestaltungen des Passionsgeschehens persönlich ansprechen. Ich denke etwa an die Passionen Johann Sebastian Bachs oder das Passionsoratorium Golgotha von Frank Martin oder an Darstellungen der bildenden Kunst wie Matthias Grünewalds Isenheimer Altar, Harmenszoon van Rijn Rembrandts „Drei Kreuze" oder Paul Klees „Verspottung". Fühlt B sich davon gar nicht angesprochen?

B: Ich bin doch kein Banause. Natürlich höre und sehe ich mir diese künstlerischen Darstellungen an, und sie beeindrucken mich auch, aber eben wegen ihrer künstlerischen Qualität der Darstellung, nicht primär wegen des Dargestellten – außer insofern, als ich mir daran klar mache, wozu Menschen fähig sind, wozu unter bestimmten Umständen vielleicht auch ich selbst fähig wäre. Aber das sind für mich keine religiösen Erfahrungen oder Heilserfahrungen. Ich möchte das einmal vergleichen: Man kann doch auch von Richard Wagners Musik bzw. seinen Opern beeindruckt sein, ohne deswegen ein Anhänger der alten Germanenreligion oder der germanischen Mythologie zu sein oder zu werden und ohne mit Wagners antisemitischen Tendenzen zu sympathisieren.

A: Diese Unterscheidung lasse ich gern gelten, aber Zusammenhänge gibt es da meines Erachtens schon. Doch wenn ich es richtig mitbekommen habe, hat B seine Kritik in vier Hauptpunkten zusammengefasst: 1.) Für uns bzw. unsere Sünde und Schuld mußte niemand sterben. 2.) Ein Gott, der zur Versöhnung Blut oder ein Todesopfer braucht, ist kein Gott der Liebe. 3.) Der Tod eines Unschuldigen ist keine Quelle des Heils, sondern zusätzliches Unheil. 4.) Der Glaube an den stellvertretenden Tod eines anderen ist keine Lösung oder gar Erlösung von unserer Schuld.

B: Ja, das waren die von mir genannten Punkte, wobei der vierte jetzt sehr verkürzt wiedergegeben wurde. Mir kam es auf eine verantwortliche, der Würde des Menschen angemessene Verarbeitung der eigenen Schuld an. Beim Hören der kurzen Zusammenfassung von A ist mir übrigens bewußt geworden, daß der erste Punkt wohl eher in die Sündenlehre gehört und eine Voraussetzung betrifft, von der wahrscheinlich später[253] noch die Rede sein wird. Ich hätte nichts dagegen, wenn dieser Punkt verschoben wird. Die Punkte 2–4 sind für mich die zentralen Kritikpunkte, die meinetwegen aber auch miteinander statt nacheinander verhandelt werden können.

A: Einverstanden. Dann sollten wir mit Punkt 2 beginnen, also mit der Kritik an der Vorstellung, daß Gott das Blut bzw. den Opfertod Jesu am Kreuz braucht – sei es als Sühne oder als stellvertretende Strafe –, um versöhnt zu werden. Zur Vorbereitung auf die Auseinandersetzung über diesen – wie für die folgenden Kritikpunkte – möchte ich erneut einen Exkurs einfügen, diesmal aus Paul Tillichs Systematischer Theologie die Prinzipien für eine künftige Versöhnungslehre.

Exkurs 3: Paul Tillichs Prinzipien für eine künftige Versöhnungslehre[254]

A: Ich zitiere aus diesem mich weithin überzeugenden Abschnitt als Antwort auf den ersten Einwand von B die folgenden Passagen:

„Das erste und all-entscheidende Prinzip [sc. einer künftigen Versöhnungslehre] lautet: Versöhnung ist ein Werk Gottes und Gottes allein. Damit ist zugleich ausgesagt, daß Gott ... in diesem Handeln nicht von Christus abhängig ist, sondern daß der Christus ... das versöhnende Handeln Gottes den Menschen vermittelt.

Das zweite Prinzip der Lehre von der Versöhnung lautet: Es besteht kein Widerspruch zwischen Gottes versöhnender Liebe und Gottes vergeltender Gerechtigkeit. Die Gerechtigkeit Gottes ist kein spezieller Akt der Bestrafung, die nach der Schuld der Sünder berechnet wird. Gottes Gerechtigkeit ist vielmehr der Akt, durch den er den selbstzerstörerischen Folgen existentieller Entfremdung ihren Lauf läßt ... Ausübung der Gerechtigkeit ist das Wirken der Liebe, der echten Liebe, die dem widerstreitet und das zerbricht, was gegen die Liebe steht ...

Das dritte Prinzip der Lehre von der Versöhnung lautet: Die göttliche Vergebung und das Erlassen der Bestrafung bedeuten nicht, daß Gott die Realität und Tiefe der Entfremdung übersieht. Man findet den Gedanken, daß Gott die Sünde einfach übersieht, im theologischen Liberalismus und Humanismus ... Aber Gott steht für die Weltordnung, die durch die Losreißung von Gott verletzt ist. Seine Vergebung liegt nicht auf der subjektiven Ebene menschlichen Vergebens.

Das vierte Prinzip der Lehre von der Versöhnung lautet: Gottes versöhnendes Handeln muß verstanden werden als seine Teilnahme an der existentiellen Ent-

---

253 Siehe unten S. 130–133.
254 P. Tillich, Systematische Theologie Bd. II, (Stuttgart 1958) Berlin ⁸1984, S. 186–189.

fremdung und ihren selbstzerstörerischen Folgen. Er kann diese Folgen nicht einfach aufheben, denn sie gehören zu seiner Gerechtigkeit, aber er kann sie auf sich nehmen und ihnen dadurch einen anderen Sinn geben. An dieser Stelle sind wir im Herzen der Lehre von der Versöhnung und von Gottes Beziehung zu Mensch und Welt ...

Das fünfte Prinzip der Lehre von der Versöhnung lautet: Im Kreuz des Christus wird die göttliche Teilnahme an der existentiellen Entfremdung manifest. Noch einmal muß betont werden, daß es die entscheidende Entstellung der Lehre von der Versöhnung ist, wenn man statt von ‚manifest werden‘ von ‚möglich werden‘ spricht. Andererseits bedeutet ‚manifest werden‘ nicht bloß ‚bekannt werden‘. Manifestationen sind *wirksame* Äußerungen, nicht nur Mitteilungen. Es ereignet sich etwas in einer Manifestation, etwas, das Wirkungen und Folgen hat. Das Kreuz des Christus ist eine Manifestation in diesem Sinne ...

Das sechste Prinzip der Lehre von der Versöhnung lautet: Durch die Teilnahme am Neuen Sein, das das Sein Jesu als des Christus ist, hat der Mensch teil am versöhnenden Handeln Gottes. Er partizipiert am Leiden Gottes, der die Folgen der existentiellen Entfremdung auf sich selbst nimmt oder, konkreter ausgedrückt, er partizipiert am Leiden des Christus. Daraus folgt eine Bewertung des Begriffs ‚stellvertretendes Leiden‘. Es ist ein sehr irreführender Ausdruck und sollte besser in der Theologie vermieden werden. Gott nimmt am Leiden der existentiellen Entfremdung teil, aber sein Leiden ist kein Ersatz für das Leiden des Geschöpfes.“

Ich stimme Tillich vor allem in der Hervorhebung des *ersten* und des *vierten* Prinzips zu, von denen er sagt, sie seien das „all-entscheidende Prinzip“ und wir seien da „im Herzen der Lehre von der Versöhnung“. Das erste Prinzip schließt den ganz und gar *unbiblischen* Gedanken aus, daß Gott der Versöhnung *bedürfte* und durch den Tod Jesu Christi versöhnt *werde*. Paulus hat das christliche Verständnis der Versöhnung in 2. Kor 5,19 f. mit den Worten ausgedrückt: „Gott war in Christus und versöhnte die Welt mit ihm selber und rechnete ihnen ihre Sünde nicht zu ..., so bitten wir nun an Christi statt: Laßt euch versöhnen mit Gott!“. Das heißt: Nicht Gott wird durch Christus versöhnt, sondern *wir Menschen* werden durch Christus mit Gott versöhnt. Dafür ist das Kreuz Christi die zentrale „Manifestation“, die darin besteht, daß Christus in seiner Anfechtung, seiner Angst und seinem Sterben an dem Bösen und seinen Folgen Anteil nimmt. Dieses Böse bezeichnet Tillich mit einem von Hegel geprägten Begriff als existentielle „Entfremdung“, die darin besteht, daß der Mensch die Beziehung zu seinem Ursprung und zu seiner Bestimmung verloren hat, weil diese ihm fremd geworden sind und er von sich aus keinen Zugang dazu findet. Aber indem der Mensch sich im Vertrauen auf Christus in dessen Erleiden der Entfremdung hineinnehmen läßt, wird ihm Versöhnung und Erlösung zuteil. Das geschieht durch *Vergebung*, das heißt durch Nichtanrechnung der Sünde, die dem an Christus Glaubenden zugesprochen und zuteilwird. Zugleich befähigt ihn diese Erfahrung, seinerseits denen zu vergeben, die an ihm schuldig geworden sind.[255] [Exkurs-Ende]

B: Ich muß sagen, daß mir vieles von dem, was Tillich zur Versöhnungslehre schreibt zu abstrakt klingt, vor allem sein Begriff „Entfremdung", den ich von Karl Marx her in einer anderen, nämlich sozio-ökonomischen Bedeutung kennengelernt habe. Aber wenn – wie bei Tillich – der Gedanke entfällt, daß Gott durch den Tod Jesu *versöhnt werden muß*, dann erledigen sich einige meiner gravierenden Einwände. Allerdings muß man zugestehen, daß in der Theologiegeschichte, zum Beispiel bei Anselm von Canterbury, und in manchen Kirchenliedern die von mir kritisierten Vorstellengen doch auftauchen. So steht zum Beispiel der Satz: „Gottes Sohn ist Mensch geborn, hat versöhnt des Vaters Zorn" (EG 29, Kehrvers) zwar nicht im Neuen Testament, aber in dem spätmittelalterlichen Weihnachtsquempas und hat sich von da aus in den Köpfen und Herzen vieler Menschen festgesetzt. Ferner hat mich die Aussage Tillichs angesprochen, daß Gottes Gerechtigkeit nicht in einem speziellen Akt der Bestrafung besteht, die nach der Schuld der Sünder berechnet wird, sondern der Akt ist, durch den Gott den selbstzerstörerischen Folgen existentieller Entfremdung ihren Lauf läßt[256]. Auch mit dem, was Tillich kritisch über die Rede vom stellvertretenden Leiden Christi sagt, kann ich etwas anfangen. Aber im Blick auf das christliche Reden von „Schuld" und „Sünde", vor allem von „Erbsünde" habe ich immer noch meine Schwierigkeiten.

A: Ich will zunächst das unterstreichen, was B über Tillichs erstes Prinzip gesagt hat. Wenn man verstanden hat, daß nicht Gott versöhnt werden muß, sondern daß *wir Menschen* Versöhnung mit Gott brauchen, und das heißt, daß Gottes Liebe auch zum sündigen Menschen nicht die *Auswirkung* des Kreuzestodes Jesu sondern dessen *Voraussetzung und Beweggrund* ist, dann entfallen tatsächlich viele Bedenken und Einwände gegen die christliche Versöhnungslehre. Und das geht nicht nur aus der oben zitierten paulinischen Aussage aus 2. Kor 5,19 f. hervor, sondern zum Beispiel auch aus der johanneischen Aussage aus 1. Joh 4,9 f.: „Darin ist erschienen die Liebe Gottes unter uns, daß Gott seinen eingeborenen Sohn gesandt hat in die Welt, damit wir durch ihn leben sollten. Darin besteht die Liebe: nicht, daß wir Gott geliebt haben, sondern daß er uns geliebt hat und gesandt seinen Sohn zur Versöhnung für unsere Sünden." Das Entscheidende und religionsgeschichtlich

---

255 Für dieses zweifache Geschehen und seinen notwendigen inneren Zusammenhang steht sowohl das bereits erwähnte Gleichnis vom „Schalksknecht" aus Mt 18,21 – 36. als auch die fünfte Bitte im Vaterunser: „Und vergib uns unsere Schuld, wie auch wir vergeben unsern Schuldigern" (UG S. 474).

256 Wer Schwierigkeiten hat, sich darunter etwas Konkretes vorzustellen, dem sei das im Jahr 2007 von dem Drehbuchautor und Regisseur Paul Thomas Anderson geschaffene Filmdrama „There Will Be Blood" zur Betrachtung empfohlen.

vermutlich Einmalige an diesen Aussagen besteht darin, daß sie *nicht* die Umkehr des Sünders zu Gott als *Voraussetzung und Bedingung* für Gottes Liebe und Vergebung benennen, sondern die bedingungslose Zuwendung Gottes zu dem sündigen Menschen als das Geschehen, durch das Gott den Menschen zu dessen Umkehr zu Gott *einlädt*. So schreibt Paulus in Röm 5,8: „Gott aber erweist seine Liebe zu uns darin, daß Christus für uns gestorben ist, als wir noch Sünder waren." Dieselbe Struktur weist die Verkündigung Jesu von der jetzt anbrechenden Gottesherrschaft auf – exemplarisch in den Seligpreisungen (Mt 5,3–12), in den Gleichnissen vom Verlorenen (Lk 15) und in den Erzählungen von Jesu Sündenvergebung und seinen heilenden Machttaten (Mk 2,1–12; Lk 5,17–26 und 7,36–50).

B: Aber wie passen dazu die biblischen Aussagen über Jesu Tod als Lösegeld (Mk 10,45 und 1. Tim 2,6), als Opferlamm (Joh 1,29), als Sühne (Röm 3,25) und als Mittler zwischen Gott und den Menschen (1. Tim 2,5)? Und wie sind die Autoren der neutestamentlichen Schriften auf diese unterschiedlichen Deutungen gekommen?

A: An dieser Stelle möchte ich zunächst ausdrücklich darauf hinweisen, daß auch *alle* Deutungen des Kreuzestodes Jesu den Charakter von *Bildern oder Metaphern* haben. Und sie entstammen ganz unterschiedlichen Bildbereichen, die sich nicht widerspruchslos miteinander verbinden, geschweige denn gleichsetzen lassen. Die meisten von ihnen sind dem Alten Testament entnommen, dabei aber auch verändert worden, und zwar vor allem dadurch, daß sie nun nicht mehr von Tieropfern oder Sachleistungen sprechen, sondern von dem Selbstopfer eines *Menschen,* das „ein für alle Mal"[257] und nicht immer wieder neu dargebracht wurde bzw. gebracht werden mußte. Das Neue Testament sagt *nie,* daß Gott versöhnt werden müsse und Jesus das durch seinen Tod getan habe.

B: Aber dann verstehe ich den Sinn der Rede von „Versöhnung" gar nicht mehr. Versöhnt werden muß doch derjenige, der verletzt, gekränkt oder enttäuscht worden ist. Und das ist doch nicht der Mensch, sondern Gott.

A: Zu der Erkenntnis, warum wir Menschen versöhnt werden müssen, könnte folgender Gesichtspunkt helfen: Wenn ich einen anderen Menschen verletzt, gekränkt oder enttäuscht habe, dann fällt es mir oft sehr schwer, auf ihn zuzugehen und ihn um Verzeihung zu bitten und so möglicherweise zur Versöhnung zwischen uns beizutragen. Meine eigene Schuld wirkt oft wie eine Blockade, die mir den Weg zum anderen versperrt. Aber wenn dann dieser andere Mensch, dem ich Unrecht getan habe, auf mich zukommt, nicht um mir Vorwürfe zu machen oder um es mir heimzuzahlen, sondern um mir die Hand zur Versöhnung zu reichen, dann ist das doch eine beeindruckende Befreiungserfahrung.

---

257 Das zu betonen ist besonders ein Anliegen des Hebräerbriefs (Hebr 9,26 f.; 10,2; aber auch 1. Petr 3,18).

B: Gut, das kann ich so akzeptieren. Was mir aber immer noch nicht einleuchtet, ist einerseits das Reden von Sühne; denn das ist ja wohl doch so etwas wie eine Wiedergutmachung; und das ist andererseits die Aussage: Dazu – zu unserer Versöhnung oder zur Sühne der Sünden der Welt – habe Jesus am Kreuz sterben müssen.

A: Man sollte bei der Rede vom „müssen"[258] differenzieren, zwischen *einem geforderten*, sogenannten deontischen Müssen und einem *bestehenden*, sogenannten ontischen Müssen.[259] Würde es sich um ein gefordertes Müssen handeln, wäre Gott als der Fordernde zu denken. Aber der Gott, dessen Wesen Liebe ist, *fordert und will nicht*, daß Jesus gekreuzigt wird. Es kann sich bei ihm nur um das bestehende Müssen handeln, das Gott als Konsequenz der Liebe zuläßt.[260] Und hierbei stoßen wir auf das Paradox des göttlichen Wissens in Bezug auf die Sendung Jesu, der Gott als Liebe in dieser Welt verkündigt und vorlebt: Diese Botschaft stößt nicht etwa – wie man erwarten sollte – generell auf begeisterte Zustimmung, sondern teilweise auch auf erbitterten Widerspruch und Widerstand, insbesondere bei denen, die in dieser Welt religiöse oder politische Macht und Gewalt innehaben. Auf sie wirkt diese Botschaft der Liebe bedrohlich. Darum „muß" das Leben Jesu auf Erden mit dem gewaltsamen Tod enden nach dem Motto in einem Gleichnis Jesu: „Wir wollen nicht, daß dieser über uns herrsche" (Lk 19,14). Aber, und das ist das Entscheidende, dieses Wissen, das in den Leidensankündigungen Jesu Ausdruck findet, veranlaßt zwar Petrus zu dem warnenden Ausruf: „Das widerfahre dir nur nicht!" (Mt 16,22). Aber Jesus ordnet das als eine *satanische* Versuchung (Mt 16,23) ein, die ihn von seinem von Gott gegebenen Auftrag abbringen will, und geht unbeirrt seinen Weg nach Jerusalem – vorausahnend, daß ihm dort der gewaltsame Tod droht.

B: Hat Jesus also das Leiden und den Märtyrertod *gesucht*?

A: Nein, das kann man im Blick auf sein Gebet in Gethsemane[261] wirklich nicht sagen. Er hat das Leiden und Sterben an sich bzw. auf sich genommen. Damit sind aber die Fragen von B, nach Sühne und Sterben noch nicht beantwortet. Die Rede von der Sühne (griech. „hilasterion") gehört nur für unser deutsches Sprachempfinden nahe mit Versöhnung (griech. „katallage") zusammen. Tatsächlich ent-

---

258 Die gibt es in der Bibel in den synoptischen Evangelien (Mk 8,31; Mt 16,21 Lk 17,25; 24,7 und 26) und in Apg 17,3 und 26,23 tatsächlich; unter Umständen kann man auch noch 1. Kor 15,3f. hinzuzählen.

259 Das deontische Müssen handelt von dem, was unbedingt *sein soll*, das ontische Müssen handelt von dem, was notwendigerweise *ist*.

260 Diese Unterscheidung habe ich bereits oben auf S. 84 im Zusammenhang mit dem Theodizeeproblem eingeführt.

261 Siehe oben S. 100.

stammen beide Begriffe ganz unterschiedlichen Bildbereichen. Zum Beispiel gehört „Stellvertretung" zu Schuld und Strafe; „Versöhnung" gehört zur Überwindung von Streit, Entzweiung oder Störung einer Beziehung; „Lösegeld" und „Loskauf" gehören zur Befreiung aus Sklaverei oder Gefangenschaft; „Sühne" gehört zur Behebung kultischer Unreinheit oder zur Wiederherstellung der verletzten Weltordnung. Diese Metapher „Sühne" kommt bezogen auf Jesu Tod insgesamt viermal im Neuen Testament vor: in Röm 3,25; 1. Joh 2,2 und 4,10 sowie in Hebr 2,17. Wird die Sünde der Menschen verstanden als eine Verletzung der Weltordnung (ägypt.: Ma'at[262]), wozu auch Tillich tendiert, dann stellt sich die Frage, wie diese Verletzung wieder gut gemacht werden kann. „Vergebung" ist darauf aus alttestamentlicher Sicht keine ausreichende Antwort, sondern vom Alten Testament und von den anderen orientalischen Religionen her legt sich der Gedanke nahe, daß nur der Tod des Schuldigen oder die ersatzweise Opferung eines Tieres diese Sühne leisten kann.

B: Das ist aber doch offensichtlich ein archaisches Denken, das mit dem christlichen Glauben nicht ohne Weiteres vereinbar ist.

A: Ich bin mir zwar nicht sicher, wie lebendig und wie tragfähig diese Vorstellung von einer verletzbaren Weltordnung, die aber nicht mißachtet oder verletzt werden darf, vor allem in ökologischer Hinsicht ist. Als problematisch empfinde ich diesen Begriff erstens, weil die Vorstellung von einer Ma'at entweder dazu tendiert, eine Instanz *über* Gott zu errichten, die auch Gott nicht verändern kann, oder es müßte gezeigt werden können, daß sie als eine Setzung Gottes als der Macht der Liebe verstanden werden kann und muß. Zweitens hat die Behauptung einer solchen unverbrüchlichen Weltordnung eine Tendenz dazu, auch im gesellschaftlichen und zwischenmenschlichen Bereich für Sühneforderungen einzutreten, die gnadenlos sein können. Trotzdem enthält dieser Gedanke meines Erachtens etwas Wichtiges, weil er auf den Zusammenhang von allem mit allem verweist und zugleich zur Geltung bringt, daß wir nichts wirklich rückgängig machen können. *Insoweit* kann ich den Sühnegedanken hier aufnehmen. Wenn allerdings der Sühnegedanke dem Gedanken von Vergebung *entgegengesetzt* wird, dann stellt sich die Frage, wie getanes Unrecht oder auch erlittene Verletzungen *verarbeitet* und *überwunden* werden können.

B: Sind das nicht wieder sehr abstrakte und theoretische Überlegungen?

A: Nein, das sehe ich ganz anders. Ich möchte dafür zwei unterschiedliche Beispiele nennen: Erstens wird im Neuen Testament erkennbar, daß die Jünger Jesu nach dem Kreuzestod Jesu zutiefst enttäuscht waren, weil ihre Erwartungen im Blick auf die Erlösung Israels durch die anbrechende Gottesherrschaft mit dem

---

262 Siehe dazu Jan Assmann, Ma'at, München ²2006.

Sterben Jesu gescheitert und hinfällig geworden zu sein schienen.[263] Aber dann erkennen sie in dem alttestamentlichen Bild vom *leidenden Gottesknecht* in Jes 53,1–12, besonders in den Versen 4 und 5, das Geschick Jesu und eine Beschreibung dessen wieder, was mit Jesu Tod geschehen war. Dort heißt es: „Fürwahr, er trug unsre Krankheit und lud auf sich unsre Schmerzen. Wir aber hielten ihn für den, der geplagt und von Gott geschlagen und gemartert wäre. Aber er ist um unsrer Missetat willen verwundet und um unsrer Sünde willen zerschlagen. Die Strafe liegt auf ihm, auf daß wir Frieden hätten, und durch seine Wunden sind wir geheilt." Diese Einsicht, daß der leidende und sterbende Jesus nicht von *Gott* gestraft wird, sondern *unsere* Sündenfolgen mitträgt, damit wir Frieden hätten, wird für die Jünger damals und bis heute zu einer befreienden, das Leben neu orientierenden Erkenntnis.[264] Das zweite konkrete Beispiel stammt aus meiner eigenen Erfahrung: Als ich vor mehr als dreißig Jahren die Aufgabe übernommen hatte, eine „Dogmatik" zu verfassen, habe ich zum Zweck einer „geerdeten" Vorbereitung darauf unseren Gemeindepfarrer gefragt, ob ich einen kompletten Jahrgang Konfirmandenunterricht übernehmen dürfe. Den hat er mir gerne überlassen, zumal die Jugendlichen zum Teil aus sehr schwierigen Verhältnissen kamen. Zum Konfirmandenunterricht gehörte auch eine mehrtägige Konfirmandenfreizeit, die der Heranführung der Jugendlichen an Beichte und Abendmahl dienen sollte. In einer religionspädagogischen Zeitschrift stieß ich auf eine Anregung, die mir einleuchtete und die ich realisierte. Nach dem einführenden Gespräch über den Sinn der Beichte verteilte ich leere Zettel an die Jugendlichen und gab ihnen Zeit, um darauf das zu notieren, was sie belastete und was sie gerne loswürden. Ich versprach ihnen, daß niemand ihre „Beichtzettel" lesen würde, sondern daß sie selbst sie nachher in einer großen Metallschale verbrennen könnten. Diese Anregung wurde von allen Konfirmanden angenommen. Einige von ihnen, die besonders viel auf dem „Kerbholz" hatten, holten mehrfach Zettel nach und beschrieben sie in großer Ernsthaftigkeit, Ausführlichkeit und Intensität. Danach verbrannten alle ihre Zettel in dem vorbereiteten Feuer. Wie befreiend und entlastend die Konfirmanden das empfanden, ging auch daraus hervor, daß einige fragten, ob und in welcher Form man das wiederholen könne und dürfe. Mich erinnerte diese Erfahrung an zwei biblische Aussagen, die eine aus Micha 7,19: „Wo ist solch ein Gott, wie du bist, der die Sünde vergibt und erläßt die Schuld... Er wird sich unser wieder erbarmen, unsere Schuld unter die Füße treten und alle unsere Sünden in die Tiefen des

---

263 Dafür steht exemplarisch der Satz aus der Emmauserzählung: „Wir aber hofften, er sei es, der Israel erlösen werde" (Lk 24,21). Diese Hoffnung prägt auch die Erwartung der Jünger, zusammen mit Jesus zu *herrschen* (Mk 10,35–44).

264 Siehe dazu Apg 8,26–39.

Meeres werfen", und aus Kol 2,14: „Er [sc. Christus] hat den Schuldbrief getilgt, der mit seinen Forderungen gegen uns war und hat ihn aufgehoben und an das Kreuz geheftet." Aber vielleicht kommt durch den Akt des Verbrennens der Vorgang der Vergebung, also der Nichtanrechnung, noch deutlicher zum Ausdruck als durch die Metaphern „ins Meer werfen"[265] oder „ans Kreuz heften".

B: Konnten denn die Jugendlichen etwas anfangen mit „Schuld" und „Sünde"?

A: Mit „Schuld" sehr viel mehr als mit „Sünde", weil sie bei „Schuld" an etwas dachten, das sie falsch gemacht hatten und für das sie verantwortlich waren oder was sie noch zu leisten oder in Form von Schulden zu bezahlen hatten. „Sünde" wurde dagegen eher als ein lächerlicher oder pikanter Begriff empfunden, wenn zum Beispiel im Karneval gesungen wird: „Wir sind alle kleine Sünderlein, s'war immer so. Der Herrgott wird uns schon verzeihn, s'war immer, immer so" oder wenn von Verkehrssündern und Kaloriensünden die Rede ist oder davon, daß eine Frau oder ein Mann „eine Sünde wert" ist.

B: Ist der Begriff „Sünde" angesichts dieses Bedeutungsverfalls dann überhaupt noch brauchbar, oder sollte man ihn künftig besser vermeiden?

A: Ob der Begriff „Sünde" noch zu verwenden ist, wird sich daran zeigen müssen, ob es gelingt, ihn konkret, anschaulich und ernsthaft zu erklären und zu gebrauchen. Und das wird nur gelingen, wenn vor allem das mit ihm im allgemeinen Bewußtsein verbundene moralisierende Verständnis überwunden werden kann.

B: Was meint A mit „moralisierendem Verständnis"?

A: Darunter versteht man in der Regel die Gleichsetzung von „Sünde" mit willentlichem, absichtlichem moralischen Fehlverhalten.[266]

B: Was soll daran falsch oder gar gefährlich sein?

A: Das ist viel zu oberflächlich. Weil diese Moralisierung weder in den Blick bekommt, daß wir auch *unbewußt* und *unabsichtlich* sündigen können[267], noch, daß sich die Sünde auf einer Ebene unseres Menschseins ereignen kann, die nicht un-

---

265 Das weckt heutzutage unweigerlich die Schreckens-Bilder von vermüllten Weltmeeren.

266 Sie kommt sogar gelegentlich in ökumenischen Dokumenten vor, wenn dort „Sünde" definiert wird als „willentliche Übertretung der Gebote Gottes".

267 Das wird aber in der Bibel vorausgesetzt, wenn der Beter in Ps 19,13 Gott bittet: „Wer kann merken, wie oft er fehlt? Verzeihe mir die verborgenen Sünden!", oder wenn es in Ps 90,8 heißt: „Denn unsere Missetaten stellst du vor dich, unsre unerkannte Sünde ins Licht vor deinem Angesicht." Das wird auch in 1. Joh 1,8 vorausgesetzt, wenn es dort heißt: „Wenn wir sagen, wir haben keine Sünde, so betrügen wir uns selbst, und die Wahrheit ist nicht in uns." Und es wird zwei Verse später noch überboten durch die Aussage: „Wenn wir sagen, wir haben nicht gesündigt, so machen wir ihn [sc. Gott] zum Lügner ..."

serer Kontrolle unterliegt und darum auch nicht von uns durch Willensanstrengung vermieden oder korrigiert werden kann.

B: An was für eine „Ebene unseres Menschseins" denkt A, wenn er das so ausdrückt?

A: Ich denke einerseits an unser unwillkürliches *Begehren*, dem wir zwar in unserem Tun nicht folgen *müssen*, das wir aber nicht durch unser Willensvermögen nach Belieben zum Verschwinden bringen oder verändern können. Andererseits denke ich an unsere soziale *Prägung* durch unsere Herkunft, durch unsere Eltern und durch die Lebensumstände, in die wir ungefragt hineingeboren[268] wurden, von denen wir aber beeinflußt oder sogar geprägt werden. Das ist offensichtlich auch der Sinn von Ps 51,7, wo es heißt: „Siehe in Schuld bin ich geboren, und meine Mutter hat mich in Sünde empfangen." Das bezieht sich nicht etwa auf die sexuelle Lust beim Geschlechtsverkehr, wie Augustin meinte, sondern auf das „Erbe", das uns unsere Eltern mitgeben. Schließlich denke ich an das, was im Namen eines Volkes oder Landes geschieht, zu dem wir gehören und für das wir Mitverantwortung tragen, auch wenn wir selbst daran nicht aktiv beteiligt waren oder noch gar nicht gelebt haben.

B: Ist denn Begehren oder Begierde grundsätzlich schlecht oder verwerflich?

A: Nein keineswegs, an vielen Stellen im Alten und im Neuen Testament wird „Begehren" als etwas ganz Positives beschrieben[269], aber nach christlicher Auffassung ist das Begehren dessen, was uns *nicht* zusteht, tiefsitzende Sünde. Aristoteles hat im Blick darauf von der „pleonexia", das heißt vom Mehr-haben-Wollen als grundverkehrter Einstellung und Haltung des Menschen gesprochen, wobei das „Mehr" drei Aspekte haben kann: erstens mehr als andere, zweitens mehr als bisher und drittens vor allem: mehr als uns zusteht.

B: Aber Aristoteles ist doch ein griechischer Philosoph und kein jüdischer oder christlicher Denker. Was sagt denn die Bibel und die christliche Theologie über Sünde und Schuld?

A: Eine der grundlegendsten Beschreibungen von Sünde finden wir schon in 1. Mose 3,5 in Form der Versuchung, Gott zu mißtrauen und sein zu wollen wie Gott, oder gleich danach in 1. Mose 4,4 f. als aggressionsbereiter Neid angesichts des Gefühls, von Gott weniger geliebt zu sein als andere. Sodann finden wir in Jer 2,13 eine sehr anschauliche Beschreibung dessen, was Sünde ist: „Mein Volk tut eine zweifache Sünde: Mich, die lebendige Quelle, verlassen sie und machen sich Zisternen, die doch rissig sind und das Wasser nicht halten." Die Aufzählung dessen,

---

268 Albrecht Ritschl hat das in seinem Hauptwerk „Die christliche Lehr von der Rechtfertigung und Versöhnung" (3. Band, Bonn 1883, S. 311–326) als Menschheitssünde und als *„Reich der Sünde"* beschrieben.
269 Zum Beispiel in Ps 119,40; Jes 26,8; Mal 3,1; Mt 13,17; Lk 9,9; 19,3; 1. Tim 3,1; 1. Petr 1,12 und öfter.

was laut der Aussage Jesu in Mk 7 aus dem Herzen des Menschen an Bösem kommt, haben wir bereits oben[270] kennengelernt. In Röm 14,23 erklärt Paulus zusammenfassend, was Sünde ist mit dem Satz: „Was aber nicht aus dem Glauben kommt, das ist Sünde." Und in Artikel 2 des Augsburgischen Bekenntnisses von 1530 wird Erbsünde definiert als wirkliche Sünde, die vier Elemente aufweist: „böse Lust und Neigung"[271], „keine wahre Gottesfurcht"[272], keine wahre Liebe zu Gott und keinen wahren Glauben an Gott".

B: Das ist tatsächlich ein anderes Bild als die verbreitete Vorstellung, Sünde sei all das, was dem Menschen Spaß macht, aber von Gott und von der Kirche verboten bzw. mit Höllenstrafen bedroht wird.

A: Jetzt sind wir an einem entscheidenden Punkt unserer Auseinandersetzung. Die christliche Botschaft sagt, daß der Gott, dessen Wesen Liebe ist, will, daß seine Geschöpfe im Vertrauen auf diese Liebe leben können und so „das Leben und volle Genüge" (Joh 10,10[273]) haben. Diesen Gedanken, der das Gegenbild zum „Neid der Götter" ist, den wir vor allem aus der griechischen Sagenwelt kennen,[274] nimmt Paulus in Röm 2,4 mit der rhetorischen Frage auf: „Weißt du nicht, daß die Gottes *Güte* zur Buße leitet?" Es ist nicht die Drohung mit der ewigen Verdammnis, die Menschen zur Umkehr bringt, sondern die verkündigte und erfahrbare Güte und Liebe Gottes. Diese Güte und Liebe Gottes, die auch dem schuldiggewordenen Menschen nachgeht und ihn zur Versöhnung einlädt, ist zwar nicht davor geschützt, abgelehnt zu werden, aber sie ist trotzdem das einzige, wodurch der Teufelskreis des Bösen und der Vergeltung durchbrochen werden kann und wofür und womit sich deshalb zu leben lohnt.

B: Das klingt gut, aber es setzt einen Optimismus voraus, der für mich nicht erschwinglich ist.

A: Ich sehe darin keinen Optimismus, der davon ausgeht, daß der Mensch gut ist und nur die Verhältnisse daran schuld sind, daß es das Böse in der Welt gibt, sondern grundlegend ist aus christlicher Sicht die Erkenntnis, daß alle Menschen verstrickt sind in Sünde, das heißt, in Macht-, Sucht- und Schuldverhältnisse des

---

270 Siehe oben auf S. 32–36. Es beginnt in Mk 7,21 f. mit den „bösen Gedanken" und endet mit der „Unvernunft".
271 Das hat I. Kant in seiner religionsphilosophischen Hauptschrift von 1793, ²1798: „Die Religion innerhalb der Grenzen der bloßen Vernunft" (PhBM 45), Hamburg 1961, S. 28–32 mit der Formulierung aufgenommen: „Von dem Hange zum Bösen in der menschlichen Natur".
272 Mit „Gottesfurcht" ist „Ehrfurcht vor Gott" gemeint, aber keine Angst vor Gott.
273 Die Basisbibel übersetzt in ihrer Fassung von 2021 die Aussage Jesu noch verständlicher: „Ich bin gekommen, um ihnen das wahre Leben zu bringen – das Leben in seiner ganzen Fülle."
274 Siehe Friedrich Schillers „Ring des Polykrates".

Bösen, die nicht von den Verstrickten aus aufgebrochen und überwunden werden können, sondern nur von außen her.

Grundlegend ist ferner die Vergebung und Versöhnung, die uns Menschen zugesprochen und zuteilwird.

Grundlegend ist sodann die Einsicht, daß wir die Schuld und Last unseres Lebens zwar anschauen und anerkennen, aber nicht abarbeiten oder wiedergutmachen müssen, bevor wir vor Gott gerechtfertigt sind.

Grundlegend ist schließlich die Einsicht, daß wir uns Vergebung und Versöhnung nicht erst durch unser Verhalten verdienen müssen, sondern daß sie uns von Gott her bedingungslos zugesprochen wird und wir sie „nur" annehmen und für uns gelten lassen „müssen".

In dem Maß, wie uns das erreicht, befreit, ermutigt, wird diese Erfahrung auch unser Verhalten anderen und uns selbst gegenüber bestimmen, so daß der in 1. Joh 4,19 – 21 beschriebene Zusammenhang von empfangender und weitergegebener Liebe erfahrbar wird.

B: Und was gibt das alles nun an der Welt, zum Beispiel am Bösen in der Welt, neu zu sehen, wie A das nennt, oder anders zu sehen, als ich es ohne Gott und ohne Glauben sehe? Daß es neben Gutem auch das Böse gibt, weiß und sehe ich auch; daß Unrecht und Vergeltung Teufelskreise erzeugen, weiß ich auch; daß solche Teufelskreise unterbrochen werden, wenn einer auf Vergeltung oder Rache verzichtet und großmütig vergibt oder – noch besser – schweigend darüber hinweggeht, das weiß und sehe ich auch. Was sieht der Glaube von A *mehr?*

A: Zwei Dinge sehe ich mehr: Erstens: Ich sehe, daß ich nicht erst damit anfangen muß, solche Teufelskreise zu durchbrechen, sondern daß sie schon wenigstens an *einer* Stelle exemplarisch durchbrochen *sind* und daß ich in einer Welt und einer Kirche aufgewachsen bin, in der ich das gehört und auch teilweise erlebt habe. Ich sehe sozusagen die Vorgeschichte zu der Aufforderung der Vergebungsbereitschaft und Feindesliebe. Und diese Vorgeschichte kommt auf mich zu, vermittelt mir Erfahrungen des Angenommenseins, in die ich mich hineinnehmen lassen kann, ohne sie mir durch Auftritte und Selbstdarstellungsaktionen in den „sozialen Medien" erst in Form von „likes" *verdienen* zu müssen. Das kann einen grundsätzlichen, wohltuenden Perspektivenwechsel bewirken. Martin Luther hat das in einem Erlebnis zum Ausdruck gebracht, das zu meinen liebsten Lutheranekdoten gehört: Er geht mit einem Kollegen oder Freund durch Wittenberg, wo er eben von seinem Kurfürsten als Gehalt einen Geldbetrag bekommen hat, und gibt davon einem Bettler am Straßenrand ein größeres Geldstück. Sein Begleiter sagt daraufhin zu Luther: „Das wird Gott euch gewiß reich belohnen." Und Luther antwortet spontan: „Das hat er doch schon längst getan." Daran kann man ersehen, wie die Struktur reformatorischen Glaubens aussieht.

B: Das ist eine gute Geschichte. Aber wenn ein Mensch nun nicht von dieser Erfahrung herkommt, sondern nur erlebt: „Auge um Auge, Zahn um Zahn" bzw. „Wie Du mir, so ich dir", dann kann er doch diese veränderte Sichtweise und die darin erkennbar werdende „Struktur reformatorischen Glaubens" gar nicht sehen. Er muß das alles auf Grund schmerzhafter Erfahrungen oder überzeugender Vorbilder erst selbst erfinden, indem er den Teufelskreis durchbricht – oder in ihm gefangen bleibt.

A: Eben deshalb versuchen Christen durch den Hinweis auf solche biblischen Geschichten, Bilder, Metaphern und Symbole zu zeigen, daß es das schon gibt und auch für den gilt, der davon in seinem Leben bisher wenig oder nichts erlebt hat und auch nicht davon berührt wurde. Aber dazu sind starke, ermutigende und lebensbejahende Zeichen erforderlich.

B: Gehört dazu nicht auch das Bekenntnis zur Überwindung des Todes durch die Auferstehung oder Auferweckung Jesu Christi von den Toten, von der in der Bibel reichlich, aber in unserem Streitgespräch bisher noch gar nicht die Rede war. Ich denke dabei an Sätze wie den aus 1. Kor 15,17 und 19: „Ist Christus aber nicht auferstanden, so ist euer Glaube nichtig, so seid ihr noch in euren Sünden … Hoffen wir allein in diesem Leben auf Christus, so sind wir die elendesten unter allen Menschen."

A: Mit diesem Hinweis hat B völlig Recht, was man auch daran erkennt, daß die Leidens- und Todesankündigungen Jesu stets verbunden sind mit der Ankündigen seiner Auferstehung „nach drei Tagen".[275] Aber was mit Jesu „Auferstehung" oder „Auferweckung"[276] gemeint ist, versteht sich nicht von selbst. Zunächst darf die Auferweckung Jesu keinesfalls in *eine* Reihe gestellt werden mit den Totenauferweckungen bzw. Heilungen an der Grenze des Todes, von denen in der Bibel an mehreren Stellen[277] die Rede ist. Dabei verdient allerdings auch Beachtung, daß mehrfach gesagt wird, daß die (vermeintlich) Toten nur schliefen oder daß das Leben noch in ihnen sei. Aber auch unabhängig davon ist die Gleichsetzung dieser „Machttaten" von Elia und Elisa, von Jesus, Petrus und Paulus mit der Auferweckung Jesu Christi von den Toten deshalb ganz unzulässig, weil die wiederbelebten Menschen alle noch den Tod (erneut) *vor sich* hatten. Ihrem Leben wurde „nur" eine weitere Spanne hinzugefügt. Die Auferweckung Jesu Christi von den Toten handelt dagegen von der definitiven *Überwindung* des Todes. Ein weiteres schweres

---

275 So in Mk 8,31; 9,30–32 und 10,32–34; Mt 16,21–23; 17,22 f. ; 20,17–19; Lk 9,22.43–45; 18,31–33; Joh 3,14 f. und 12,24–33.

276 Ich ziehe den Begriff „Auferweckung" vor, weil er eindeutig den wirklichen Tod Jesu voraussetzt und damit auf *Gottes* Wirken verweist.

277 Davon berichten 1. Kön 17,17–24; 2. Kön 4,18–37; Mk 5,21–43; Mt 9,18–26; Lk 7,11–17; 8,40–56; Joh 11,1–45; Apg 9,36–43 und 20,7–12.

Mißverständnis der Auferweckung Jesu besteht darin, daß man sie überhaupt als *Wiederbelebung*[278] versteht. Demgegenüber verdient die Einsicht Beachtung, daß es sich bei der Auferweckung Jesu – wie bei der für alle erhofften Totenauferweckung – um eine radikale *Verwandlung* handelt, zu der Paulus in 1. Kor 15,35–49 in scharfen Worten alles Nötige gesagt hat. Daraus folgt schließlich, daß die Auferweckung Jesu Christi von den Toten kein *historisches* Ereignis ist, sondern eine *Metapher*, die von dem Vorgang, daß ein Mensch aus tiefem Schlaf aufgeweckt wird, auf den gekreuzigten Jesus übertragen wird, der nach seinem Tod von vielen lebend gesehen wird.

B: Aber das widerspricht doch den Aussagen des Neuen Testament, daß die Frauen am Ostermorgen den Leichnam Jesu einbalsamieren wollten, aber im Grab nicht mehr diesen Leichnam vorfanden, sondern einen oder zwei Engel, die ihnen sagten: Jesus ist nicht mehr hier, sondern er ist auferstanden.[279]

A: Ja, das sind die unterschiedlichen Berichte der Evangelien über das Auffinden des *leeren Grabes* Jesu durch Frauen.[280] Dabei ist den Auslegern schon lange aufgefallen, daß der älteste dieser Berichte, der sich im Markusevangelium findet, in Mk 16,8 mit den überraschenden Worten endet: „Und sie [sc. die Frauen] gingen

---

278 Das droht schon terminologisch, wo man von der „Wiederauferstehung" Jesu sprich, wie das zum Beispiel der Bestsellerautor Eric-Emmanuel Schmitt in der deutschen Übersetzung seinen wunderbaren (Hör-)Buchs: „Das Evangelium nach Pilatus" (Paris 2000; Frankfurt/Main 2007; Der Audio Verlag 2005) leider durchgehend tut.

279 Siehe Mk 16,1–8; Mt 28,1–8; Lk 24,1–12 und Joh 20,1–10. Siehe dazu Gerd Theißen und Annette Merz, Wer war Jesus? Der erinnerte Jesus in historischer Sicht, Göttingen 2023, S. 489–526. Diese umfassende (theologiegeschichtliche und exegetische) Einführung in den urchristlichen Osterglauben weist zu Recht darauf hin, dass die Infragestellung des leeren Grabes zugleich das Wissen der Frauen um den Begräbnisort Jesu in Frage stellt.

280 Siehe dazu und zur Auferweckung Jesu insgesamt Ingolf U. Dalferth, Volles Grab, leerer Glaube. Zum Streit um die Auferweckung des Gekreuzigten, in: ZThK 95/1998, S. 379–409. Eine gekürzte Fassung von Dalferths Aufsatz findet sich in: W. Härle (Hg.), Grundtexte der neueren evangelischen Theologie, Leipzig ²2012, S. 404–411. Siehe auch W. Härle, Braucht der Osterglaube das leere Grab? In: ders., Spurensuche nach Gott, Berlin/New York 2008, S. 423–434. Dieser Aufsatz endet mit folgenden Worten: „Der Osterglaube ist von zwei Gefahren bedroht, die dieselbe Wurzel, aber eine gegensätzliche Form haben: Er ist bedroht, wenn er durch die Behauptung des leeren Grabes *begründet* werden soll, und er ist bedroht, wenn er aufgrund der Bestreitung des leeren Grabes *bestritten* werden soll. Aber beides ergibt sich nur aus einem Mißverständnis des Osterglaubens, nicht aus dem Osterglauben selbst. Der Osterglaube *lebt* nicht vom leeren Grab und darum *stirbt* er auch nicht daran, daß bzw. wenn das Grab nicht leer war". Dieser Auffassung bin ich auch heute noch.

hinaus und flohen von dem Grab; denn Zittern und Entsetzen hatte sie ergriffen. Und sie sagten niemand etwas; denn sie fürchteten sich."[281]

B: Was soll daran auffällig sein?

A: Auffällig ist nicht so sehr, daß die Frauen durch die Entdeckung des leeren Grabes in Panik geraten, sondern daß sie aus Furcht *niemandem etwas sagten.* Wenn man das wörtlich nimmt, klingt es so, als sei die Nachricht vom leeren Grab Jesu lange Zeit unbekannt geblieben und erst nachträglich den Ostererzählungen hinzugefügt worden. Das hat der Evangelist Matthäus am Ende des 1. Jahrhunderts geradezu ins Gegenteil umgekehrt, indem er den entsprechenden Schlußsatz des Markusevangeliums folgendermaßen umformuliert hat: „Und sie [sc. die Frauen] gingen eilends weg vom Grab mit Furcht und großer Freude und liefen, um es seinen Jüngern zu verkündigen" (Mt 28,8).

B: Aber wenn das Bekenntnis zur Auferweckung Jesu von den Toten nicht auf ein historisches Ereignis verweist, sondern nur eine Metapher ist, dann hängt doch der Osterglaube völlig in der Luft und ist eine willkürliche Erfindung der Jünger Jesu.

A: Das ist nicht meine Meinung. Schon die Herabsetzung des Bekenntnisses zu der Auferweckung Jesu als „nur" eine Metapher teile ich nicht, wie ich doch schon bisher in unserem Streitgespräch mehrfach sagte. Von dem Wirken Gottes können wir doch mit unserer Sprache nur[282] metaphorisch reden. Und die Metapher der Auferweckung Jesu will die Tatsache des wirklichen Todes Jesu am Kreuz und die Tatsache, daß er von vielen nach seinem Tod lebend gesehen wurde, in einem abduktiven Schluß[283] miteinander verbinden. An keiner Stelle wird jedoch im Neuen Testament auch nur der Versuch gemacht, zu beschreiben, daß und wie die Auferweckung Jesu als *Ereignis stattgefunden* hat.[284] Wohl aber sind zwei andere Ereignisse bestens belegte historische Tatsachen: erstens der wirkliche *Tod Jesu am Kreuz* und zweitens, daß viele Menschen kurze Zeit nach der Kreuzigung Jesu ihn *lebend gesehen* bzw. geschaut haben.[285]

---

281 Daran wurde lange Zeit später ein zusätzlicher, sogenannter „unechter" Schluß des Markusevangeliums angefügt (Mk 16,9–20), in dem unter anderem aus den anderen Evangelien Hinweise auf Maria Magdalena als Verkündigerin des leeren Grabes angefügt wurde.

282 Diese beiden Verwendungsformen von „nur" – die herabsetzende bzw. pejorative und die ausschließende bzw. exklusive – müssen ebenfalls grundsätzlich unterschieden werden.

283 Siehe dazu oben Anm. 229. So auch Dalferth in seinem Aufsatz: Volles Grab, leerer Glaube? (siehe oben, Anm. 280), in: Grundtexte, S. 405.

284 Das gilt selbst im Blick auf Mt 28,2, wo erzählt wird, daß bei einem Erdbeben oder in Form eines Erdbebens ein Engel vom Himmel herabgekommen sei und den Stein vom Grab weggewälzt habe.

285 Paulus zählt diese Augenzeugen in 1. Kor 15,5–9 auf. Die einzelnen Berichte über diese Erscheinungen finden sich in Mk 16,9–18; Mt 28,9 f.,16–20; Lk 24,13–50; Joh 20,11–21,23; Apg 1,6–8; 9,1–9 sowie in Gal 1,11–17.

B: Aber dieses *Sehen* bzw. diese *Erscheinungen* kann man doch gut erklären entweder als bloße Erfindungen und Behauptungen der Jünger, die das Leben als Wanderprediger auch nach dem Tod Jesu fortsetzen wollten, oder – eher psychoanalytisch bzw. tiefenpsychologisch – als Versuch der Verarbeitung ihrer Schuldgefühle, weil sie ihren Meister in der Stunde seiner Lebensgefahr verleugnet und verlassen hatten. Diese „Verarbeitung" wäre dann nach dem Motto erfolgt: So schlimm kann das nicht gewesen sein; denn er lebt ja wieder – oder noch.

A: Diese Erklärungsversuche kenne ich, aber sie können im Blick auf die *wichtigsten* Augenzeugen der Ostererscheinungen nicht überzeugen. Das waren einerseits die *Frauen*, die Jesus als erste nach seinem Tod lebendig gesehen haben, die ihn aber auf seinem Weg zum Kreuz *nicht* verleugnet oder verlassen hatten, also auch keinen Grund hatten, ein diesbezügliches Versagen zu „verarbeiten". Und das war andererseits *Paulus*, der als fanatischer Christenverfolger[286] keinerlei Interesse daran haben konnte, daß Christus nach seinem Kreuzestod von Gott auferweckt wird und damit nachträglich ins Recht gesetzt wird. Worin sein Sehen des Auferweckten bestand, beschreibt Paulus Gal 1,15 f. mit den Worten: Daß es „Gott wohlgefiel, der mich von meiner Mutter Leib an ausgesondert und durch seine Gnade berufen hat, daß er seinen Sohn offenbarte in mir". Das heißt: Er beschreibt dieses Sehen also als ein Offenbarungsgeschehen, das *in ihm* stattfand. Was diese Offenbarung für sein Wirklichkeitsverständnis bedeutet hat, beschreibt Paulus in Phil 3,7–9 im Rückblick auf seine allgemein jüdische und speziell pharisäische Vergangenheit mit folgenden deftigen Worten: „Aber was mir Gewinn war, das habe ich um Christi willen für Schaden erachtet. Ja, ich erachte es noch alles für Schaden gegenüber der überschwänglichen Erkenntnis Christi Jesu, meines Herrn. Um seinetwillen ist mir das alles ein Schaden geworden und ich erachte es für Dreck, auf daß ich Christus gewinne und in ihm gefunden werde, daß ich nicht habe meine Gerechtigkeit, die aus dem Gesetz, sondern die durch den Glauben an Christus kommt …"[287] Dieses persönliche Bekenntnis des Paulus zeigt, welchen Zusammenbruch und welche Neuausrichtung seines ganzen Denkens und Lebens die Begegnung mit dem lebendigen Christus für ihn bedeutete.

B: Das ist zugegebenermaßen eine eindrucksvolle Bekehrungsgeschichte, die Paulus als glaubwürdigen Zeugen qualifiziert. Aber er hatte doch, soweit wir wissen, Jesus zu dessen Lebzeiten gar nicht persönlich kennengelernt. Wie konnte er

---

286 Siehe 1. Kor 15,9; Gal 1,13 und Phil 3,6. Die einschlägigen Erzählungen aus der Apg nenne ich hier zunächst nicht, weil sie nicht von Paulus, sondern von Lukas stammen, also Berichte aus zweiter Hand sind. Auf sie komme ich aber noch zurück.

287 Zu diesem totalen Zusammenbruch seines bisherigen Wirklichkeitsverständnisses, paßt die Notiz in Apg 9,8 f., daß Saulus durch dieses Widerfahrnis für drei Tage das Augenlicht verlor, also vorübergehend erblindete.

sich dann so sicher sein, den gekreuzigten Jesus lebendig gesehen, ihn also erkannt zu haben?

A: Lukas beantwortet diese Frage in der Apostelgeschichte folgendermaßen: „Saulus[288] aber schnaubte noch mit Drohen und Morden gegen die Jünger des Herrn und ging zum Hohenpriester und bat ihn um Briefe nach Damaskus an die Synagogen, daß er Anhänger dieses Weges, Männer und Frauen, wenn er sie fände, gefesselt nach Jerusalem führte. Als er aber auf dem Wege war und in die Nähe von Damaskus kam, umleuchtete ihn plötzlich ein Licht vom Himmel; und er fiel auf die Erde und hörte eine Stimme, die sprach zu ihm: Saul, Saul, was verfolgst du mich? Er aber sprach: Herr, wer bist du? Der sprach: Ich bin Jesus, den du verfolgst. Steh auf und geh in die Stadt; da wird man dir sagen, was du tun sollst. Die Männer aber, die seine Gefährten waren, standen sprachlos da; denn sie hörten zwar die Stimme, sahen aber niemanden" (Apg 9,1–7). Diesem Bericht zufolge, sah (nur) Paulus das Licht vom Himmel, seine Begleiter sahen nichts, hörten aber die Stimme, die zu Paulus sprach. Genau umgekehrt berichtet es die Version dieser Bekehrungsgeschichte, die in Apg 22,4–11 von Lukas als Rede des Paulus wiedergegeben wird; denn dort heißt es: „Die aber mit mir waren, sahen zwar das Licht, aber die Stimme dessen, der mit mir redete, hörten sie nicht" (V. 9). Ähnlich heißt es in der dritten Fassung dieser Bekehrungsgeschichte, die sich in Apg 26,9–18 findet, an der entsprechenden Stelle: Paulus sagte, er habe mitten am Tage „ein Licht vom Himmel, heller als der Glanz der Sonne" gesehen, „das mich und die mit mir reisten umleuchtete. Als wir aber alle zu Boden stürzten, hörte ich eine Stimme zu mir reden ..." (V. 13 f.). Nach den Versionen in Apg 22 und 26 sahen also auch die Begleiter des Paulus ein überaus helles Licht, aber die Stimme hat offenbar nur Paulus gehört. Allen drei Berichten gemeinsam ist die Verortung dieses Ereignisses vor Damaskus, also in Syrien, die Einordnung des Ereignisses in die Verfolgertätigkeit des Paulus, sein Sehen eines hellen Lichtes und sein Hören einer Stimme, die ihn anspricht und sich selbst als die Stimme des verfolgten Jesus vorstellt, wobei in Apg 26,14 ausdrücklich hinzugefügt wird, daß die Stimme auf Hebräisch geredet habe.

B: Das ist ja ein ziemliches Durcheinander innerhalb *ein und derselben* biblischen Schrift. Mir fällt ferner auf, daß im Blick auf diese Erzählungen jedenfalls *nicht* gesagt werden kann, daß Paulus oder einer seiner Begleiter *Jesus gesehen* habe. Gesehen wurde ein helles Licht und gehört wurde eine Selbstvorstellung Jesu mit den Worten: „Ich bin Jesus, den du verfolgst".

---

[288] Das ist nicht, wie in der Redensart „von einem Saulus zu einem Paulus werden" angenommen wird, der vorchristliche Name des späteren Apostels, sondern es ist die *hebräische* im Unterschied zur *griechischen* Form seines Namens. Sie wird bis Apg 13,9 gebraucht und von dort ab mit der Formel: „Saulus aber, der auch Paulus heißt" gegen die hebräische Namensform ausgetauscht.

A: Da Paulus Jesus nicht persönlich kannte, spricht alles dafür, daß es sich auch nach Meinung des Lukas um eine Audition von Paulus gehandelt hat und nicht um eine Christusvision.[289] Gerade deshalb ist es aber auffällig, daß die Stimme, die Paulus anspricht und ihn zur Rede stellt, nicht von einer Verfolgung der *Christengemeinde* spricht, sondern von einer Verfolgung *Jesu*. Das sowie die gesamte – vorchristlich-jüdische und christliche – Theologie des Paulus setzt also voraus, daß Paulus insbesondere über die Verurteilung und den Kreuzestod Jesu fundierte Kenntnisse besaß. Er wußte, daß Jesus wegen seiner Einstellung zum alttestamentlichen Gesetz als Gotteslästerer zum Tod am Kreuz verurteilt worden war, und zwar aufgrund von Bestimmungen des alttestamentlichen Gesetzes. So schreibt er in Gal 3,10–14: „Denn die aus des Gesetzes Werken leben, die sind unter dem Fluch. Denn es steht geschrieben (5. Mose 27,26): „Verflucht sei jeder, der nicht bleibt bei alledem, was geschrieben steht in dem Buch des Gesetzes, daß er's tue!" Daß aber durchs Gesetz niemand gerecht wird vor Gott, ist offenbar; denn „der Gerechte wird aus Glauben leben" (Hab 2,4). Das Gesetz aber ist nicht „aus Glauben", sondern: „der Mensch, der es tut, wird dadurch leben" (3. Mose 18,5). Christus aber hat uns losgekauft vom Fluch des Gesetzes, da er zum Fluch wurde für uns – denn es steht geschrieben (5. Mose 21,23): „Verflucht ist jeder, der am Holz hängt". Und in Gal 4,4 f zieht Paulus daraus die Konsequenz im Blick auf die Bedeutung Jesu Christi für uns: „Als aber die Zeit erfüllt war, sandte Gott seinen Sohn, geboren von einer Frau und unter das Gesetz getan, auf daß er die, die unter dem Gesetz waren, loskaufte, damit wir die Kindschaft empfingen."

B: Und was hat das mit der Frage zu tun, ob Paulus ein glaubwürdiger Zeuge für die Auferweckung Jesu von den Toten ist?

A: Diese Glaubwürdigkeit wurde doch von B in Frage gestellt durch die Feststellung, daß Paulus den irdischen Jesus gar nicht gekannt habe, also auch nicht feststellen konnte, ob der, der ihm bei Damaskus begegnete, tatsächlich der auferweckte Jesus war. Die genauere Betrachtung der Erzählungen aus der Apostelgeschichte und der Aussagen aus dem Galaterbrief zeigt aber, daß das „Sehen", von dem Paulus in 1. Kor 15,8 spricht, sich nicht auf die *Gestalt* Jesu bezog, sondern auf den *Inhalt* seiner Verkündigung und auf sein Todesgeschick am Kreuz. Das kannte er beides als überzeugter Verfolger der Christen gut, weil es genau das war, um dessentwillen er die Christen verfolgt hatte. Außerdem kannte Paulus – vielleicht schon als Verfolger, jedenfalls aber als Apostel – mehrere „Worte des Herrn" oder

---

289 Siehe hierzu Gerd Theißen, Erleben und Verhalten der ersten Christen. Eine Psychologie des Urchristentums, Gütersloh 2007, S. 140–163.

„Gebote des Herrn"[290]. Das bestätigt, daß es sich bei dem Sehen des Auferstandenen um ein *Offenbarungs- oder Erleuchtungsgeschehen* handelt, durch das ihm die Erkenntnis zuteilwurde, daß der durch das Gesetz Verurteilte durch Gott auferweckt und so ins Recht gesetzt worden ist. Das ändert zwar nichts daran, daß Paulus das Gesetz bzw. Gebot als „heilig, gerecht und gut" (Röm 7,12) bezeichnen kann, aber er erkennt, daß die Sünde durch das Gesetz nicht überwunden wird, sondern angestachelt wird, indem es durch sein Verbot erst das verbotene Begehren weckt[291], und so dem Menschen den Tod bringt (Röm 7,9 f.). Deshalb ist das Gesetz kein Weg zum Heil, und insofern ist Christus „des Gesetzes Ende, zur Gerechtigkeit für jeden, der glaubt" (Röm 10,4).

B: Mir ist aufgefallen, daß A vorhin aus Gal 4,4 f. den Satz zitiert hat: „Als die Zeit erfüllt war, sandte Gott seinen Sohn, geboren von einer Frau und unter das Gesetz getan, auf daß er die, die unter dem Gesetz waren, loskaufte." Wie Paulus das Verhältnis zwischen dem Gesetz und Christus versteht, ist mir durch die letzten Ausführungen von A klarer geworden, aber was ich nicht verstehe, ist, warum Paulus Christus zwar den Sohn Gottes nennt, aber gleichzeitig sagt, er sei von einer *Frau* und nicht von der *Jungfrau Maria* geboren, wie es doch im Glaubensbekenntnis heißt. Kannte Paulus also die Lehre von der Jungfrauengeburt nicht oder hat er sie abgelehnt, was mir sehr sympathisch wäre. Aber wie begründet er dann, daß Jesus *Gottes Sohn* ist?

A: Paulus erwähnt die Jungfrauengeburt Jesu an *keiner* Stelle in irgendeinem seiner Briefe, sondern spricht – wie B richtig bemerkt hat – in Gal 4,4 nur davon, daß Jesus „von einer Frau" geboren sei. Auch das Markusevangelium als das älteste der vier Evangelien weiß *nichts* von einer Jungfrauengeburt. Überraschenderweise gilt das auch für das Johannesevangelium, das allerdings in seinem Prolog (Joh 1,13) über alle an Christus Glaubenden sagt, daß sie „nicht aus menschlichem Geblüt noch aus dem Willen des Fleisches noch aus dem Willen eines Mannes, sondern aus Gott geboren sind." Damit wird natürlich nicht bestritten, daß auch Christen einen menschlichen Vater haben, sondern es wird gesagt, daß das, was sie zu *Kindern Gottes* macht, nicht von Menschen, sondern von Gott stammt. Ebenso wird Jesus, der Sohn Gottes, in Joh 1,45 als „Josefs Sohn" bezeichnet. Versteht man diese Aussagen nicht als Gegensätze, sondern als einander *ergänzende* Aussagen, ver-

---

290 So 1. Kor 7,10 (Verbot der Ehescheidung); 11,23 (Abendmahl); 14,37 (Ordnung in der Gemeinde); 1. Thess 4,15 (Auferstehungshoffnung). Dem korrespondieren Aussagen, bei denen Paulus betont, daß er dazu *kein* Wort oder Gebot des Herrn habe, sondern sie auf seine eigene Autorität hin mache, zum Beispiel: 1. Kor 7,25 (Heirat).

291 Dieser fatale Zusammenhang ist aus der Weisheit *der* Märchen bekannt, in denen das Verbot, eine bestimmte Tür oder einen Behälter zu öffnen, mit Sicherheit zu seiner Übertretung und dem daraus folgenden Unheil führt.

schwindet der scheinbare Widerspruch. Und dann kann und muß man auch von Jesus Christus sagen: Er ist wahrer Mensch und wahrer Gott.[292]

B: Aber gegen diese Formel muß ich doch einen gravierenden Einwand erheben: Diese Verhältnisbestimmung ist doch in sich widersprüchlich. Wie kann ein und dieselbe Person wahrer Gott und wahrer Mensch sein? Widersprechen sich die Eigenschaften Gottes und die Eigenschaften eines Menschen nicht derart, dass sie miteinander *unvereinbar* sind?

A: Im Glaubensbekenntnis ist zu Recht nicht von den *Eigenschaften* Gottes und des Menschen die Rede. Natürlich sind die göttliche Allmacht und die stets begrenzte menschliche Macht, die göttliche Allgegenwart und die stets begrenzte menschliche Gegenwart, die göttliche Allwissenheit und das stets begrenzte menschliche Wissen, die Unsichtbarkeit Gottes und die stets bestehende Sichtbarkeit des Menschen sowie die göttliche Ewigkeit Gottes und die stets begrenzte menschliche Lebenszeit miteinander *un*vereinbar. Sie sind auch nicht in Jesus als einer gott-menschlichen Person zu einer Einheit verschmolzen. Vielmehr sprechen Schrift und Bekenntnis davon, daß der *Mensch* Jesus das göttliche *Wesen*, das heißt: die *Wesensart Gottes* als menschliche Person verkörpert.[293] Jesus Christus ist die Mensch gewordene Liebe Gottes. Davon sind die *göttlichen Eigenschaften* der Allmacht, der Allgegenwart, der Unsichtbarkeit, der Allwissenheit und der Ewigkeit zu unterscheiden, die dem irdischen Jesus – wie allen Menschen – *nicht* zu eigen waren bzw. sind.[294] Und trotzdem erkannten viele Menschen schon zu Jesu Lebzeiten, daß er der Mensch gewordene *Sohn Gottes* ist[295], der Gottes Wesensart in menschlicher Gestalt verkörpert.

B: Aber wie konnte dann die Überzeugung entstehen, daß Jesus keinen menschlichen Vater hat, sondern durch den Heiligen Geist von der Jungfrau Maria ohne jede männliche Beteiligung empfangen wurde?

A: Wer in der Bibel Aussagen über die Entstehung der Lehre von der Entstehung Jesu aus Gott sucht, findet als Ausgangspunkt *nur zwei* Erzählungen darüber im Neuen Testament, und zwar in den ersten Kapiteln des Matthäus- und des Lu-

---

292 Das ist die Bekenntnisaussage von Chalcedon (DH 301), die Luther in seinem Kleinen Katechismus aufnimmt und auslegt mit den Worten: „wahrhaftiger Gott ... und auch wahrhaftiger Mensch ...“ (UG 470 f.).

293 So in Hebr 1,3: „Er [sc. Jesus Christus] ist der Abglanz seiner Herrlichkeit und das Ebenbild seines Wesens“ sowie im nizänischen Glaubensbekenntnis: Jesus Christus, ist „eines Wesens mit dem Vater“ (UG, S. 26).

294 Das geht schon aus den Aussagen in Mt 24,36; Mk 6,5; Lk 23,46 und Joh 11,15 hervor, grundsätzlich aber aus dem Christushymnus in Phil 2,5 – 8. Dabei ist die Entäußerung kein zusätzlicher Akt zur Menschwerdung, sondern mit dieser identisch.

295 Siehe zum Beispiel Mt 16,16; 27,54; Mk 15,39; Joh 1,34; 11,27.

kasevangeliums. Beide Erzählungen enthalten Hinweise auf ihre Entstehung, die allerdings ziemlich verwickelt sind. Beide Evangelien erzählen, daß Maria „schwanger war von dem Heiligen Geist" (Mt 1,18 und 20; Lk 1,35) und deuten damit an, ohne es ausdrücklich zu sagen, daß die Empfängnis Jesu in Maria ohne Beteiligung Josefs oder eines anderen Mannes geschah. Das Matthäusevangelium beruft sich dafür auf eine Prophezeiung, die sich beim Propheten Jesaja (7,14) findet: „Siehe, eine Jungfrau wird schwanger sein und einen Sohn gebären und sie werden ihm den Namen Immanuel geben". Daraus ist bei Matthäus die Lehre von der „Jungfrauengeburt" entstanden bzw. abgeleitet worden. Der in Jes 7,14 verwendete *hebräische* Begriff „alma" bedeutet jedoch seinem Wortsinn nach nicht „Jungfrau", sondern „junge Frau"[296]. Er wurde aber in der *griechischen* Übersetzung des Alten Testaments, in der sogenannten Septuaginta mit „parthenos" wiedergegeben, und das heißt „Jungfrau".

B: Wird diese wichtige Information in den verschiedenen Bibelübersetzungen zu Jes 7,14 an die Leser weitergegeben?

A: In der revidierten ältesten deutschen Bibelübersetzung, der Zürcher Bibel von 1531, aus dem Jahr 2008 heißt es: „Seht, die junge Frau ist schwanger, und sie gebiert einen Sohn".

In der revidierten Lutherübersetzung von 2017 gibt es zu Jes 7,14, wo „alma" mit „Jungfrau" übersetzt wird, eine Anmerkung, die sagt: „Wörtlich: ‚junge Frau‘."

Die revidierte katholische Einheitsübersetzung von 2016 übersetzt „alma" ebenfalls mit „Jungfrau", enthält aber die Anmerkung: „das hebräische Wort alma bedeutet eigentlich junge Frau".

Die Basisbibel übersetzt in ihrer Ausgabe von 2021: „Die junge Frau wird schwanger werden und einen Sohn zur Welt bringen" und macht dazu die Anmerkung: „Die griechische Überlieferung übersetzt ‚Jungfrau‘. Das ist für die Wirkungsgeschichte des Textes von großer Bedeutung, vgl. beispielsweise Matthäus 1,22 – 23."

Die buchstabengetreue Interlinearübersetzung für das Alte Testament übersetzt in ihrer 2. Auflage von 2012: „Die junge Frau sie ist schwanger und gebärend ist sie (einen) Sohn".

Zusammenfassend kann man sagen: Diese wichtige sprachliche Information wird in keiner der neueren Bibelübersetzungen verschwiegen, sondern teilweise schon in der Form der *zutreffenden Übersetzung* mit „junge Frau" aufgenommen, teilweise in *Anmerkungen als eigentliche oder andere Bedeutung* benannt. Dabei

---

296 In dem heute maßgeblichen Hebräischen und Aramäischen Handwörterbuch über das Alte Testament von Wilhelm Gesenius, das 2007 in 18. Auflage von Herbert Donner bearbeitet und herausgegeben wurde, steht auf S. 973 zur Bedeutung von „alma": „junge Frau, Mädchen, Dienerin".

wird meines Erachtens in den zurückliegenden Jahrzehnten eine Tendenz erkennbar, diese Erkenntnis immer deutlicher zu formulieren.

B: Dann wäre es doch eigentlich nur konsequent, die Rede von der „Jungfrau Maria" zu ersetzen durch die Formulierung „junge Frau Maria". Aber stattdessen halten die christlichen Kirchen beharrlich an der Rede von der Jungfrau und von der Jungfrauengeburt fest. Warum eigentlich?

A: Das ergibt sich einerseits aus dem Wortlaut des Apostolischen Glaubensbekenntnisses, in dem die Worte: „empfangen durch den Heiligen Geist, geboren von der Jungfrau Maria" enthalten sind, andererseits aus der Begründung dieser Lehre im Lukasevangelium. Dort wird nicht auf die Jesaja-Weissagung verwiesen, sondern mit folgenden Worten des Engels an Maria auf die *Gottessohnschaft* als Begründung für die Jungfrauengeburt: „Der Heilige Geist wird über dich kommen, und die Kraft des Höchsten wird dich überschatten; darum wird auch das Heilige, das geboren wird, Gottes Sohn genannt werden" (Lk 1,35). Und wenn man nun noch bedenkt, daß das die Antwort des Engels auf Marias Einwand ist: „Wie soll das zugehen, da ich doch von keinem Manne weiß?" (Lk 1,34), ist die Schlußfolgerung von diesen Aussagen auf die Gottessohnschaft lückenlos und für viele Menschen bis heute überzeugend. Insbesondere in den orthodoxen Kirchen und in der römisch-katholischen Kirche ist die „Jungfrau Maria" als „Gottesmutter" und „Himmelskönigin" nicht nur in der Lehre fest verankert, sondern ein ganz zentraler Bezugspunkt der (Volks-) Frömmigkeit und in der Liturgie.

B: Für viele andere ist die Lehre von der Jungfrauengeburt aber ein wesentlicher Grund dafür, den christlichen Glauben oder zumindest das Apostolische Glaubens*bekenntnis abzulehnen.*

A: Ja, das sehe ich auch so und erlebe es immer wieder.

B: Hat es bisher keine Versuche gegeben, die Lehre von der Jungfrauengeburt aus dem Glaubensbekenntnis zu streichen oder nicht-biologisch zu interpretieren?

A: Doch, solche Versuche hat es sowohl in der evangelischen als auch in der katholischen Theologie gegeben. Auf evangelischer Seite ist der Apostolikumsstreit zu nennen, der 1892 dadurch ausgelöst wurde, daß der württembergische Pfarrer Christoph Schrempf sich weigerte, das Apostolikum bei der Taufe zu verwenden. Er wurde daraufhin seines Amtes enthoben, und das wurde zum Auslöser für einen mehrjährigen öffentlichen Streit, an dem sich zahlreiche Theologen beteiligten, der aber nicht zu einer Korrektur des Apostolikums oder zu einer Eliminierung der Bekenntnisaussagen über die Jungfrauengeburt führte.[297] Auf katholischer Seite hat kein geringerer als der damalige Tübinger Theologieprofessor und spätere Papst

---

297 Siehe dazu W. Härle und H. Leipold (Hg.), Lehrfreiheit und Lehrbeanstandung, Bd. 1: Theologische Texte, Gütersloh 1985, S. 84–114.

Joseph Ratzinger in seinen 1968 veröffentlichen Vorlesungen zur „Einführung in das Christentum" folgende Aussagen gemacht: „Die Gottessohnschaft Jesu beruht nach dem kirchlichen Glauben nicht darauf, daß Jesus keinen menschlichen Vater hatte; die Lehre vom Gottsein Jesu würde nicht angetastet, wenn Jesus aus einer normalen menschlichen Ehe hervorgegangen wäre. Denn die Gottessohnschaft, von der der Glaube spricht, ist kein biologisches, sondern ein ontologisches Faktum...".[298] Diese deutliche Aussage eines namhaften römisch-katholischen Theologen hat zwar nicht verhindert, daß Ratzinger später Kardinal, Präfekt der Glaubenskongregation und schließlich Bischof von Rom, also Papst, wurde. Es hat jedoch bei einigen seiner theologischen Kollegen Widerspruch und scharfe Kritik hervorgerufen. Das hat Joseph Ratzinger, als er Papst Benedikt XVI. geworden war, veranlaßt, diese Aussagen in dem nachträglich erschienenen „Prolog" zu seinem dreibändigen Werk über „Jesus von Nazareth"[299] zurückzunehmen und durch ein biologisches Verständnis der Jungfrauengeburt zu ersetzen. Im Rahmen der ökumenischen Verständigung auf einen, punktuell veränderten gemeinsamen deutschen Text des Apostolischen Glaubensbekenntnisses im Jahr 1971 konnte weder der Dissens zwischen dem Bekenntnis zur „katholischen" oder zur „christlichen" Kirche überwunden noch eine den Ausdruck „Jungfrau Maria" ersetzende Formulierung gefunden werden. So bleibt es wohl bis auf Weiteres Aufgabe von Weihnachtspredigten, von Religions-, Kommunion-, Konfirmanden- und Firmunterricht, auch an diesem Punkt für die notwendigen Klarstellungen zu sorgen.

B: Ich habe nach wie vor insgesamt den Eindruck, daß die Lehre von der Jungfrauengeburt sowohl von ihrer schwachen biblischen *Begründung* her als auch im Blick auf ihren biblischen *Kontext* in mehrfacher Hinsicht einen *Fremdkörper* darstellt: Das beginnt ganz bescheiden mit dem Namen des in Jes 7,14 verheißenen Sohnes, der „Immanuel" und nicht „Jesus" heißt. Dieses sowie die anderen konkreten Details der dortigen Verheißung zeigen, dass sie sich nicht auf die Geburt *Jesu* aus Maria, sondern auf ein zeitgeschichtliches Ereignis aus dem Leben *Jesajas* bezieht. Sodann fällt auf, daß Maria zu dem Engel sagt, sie wisse von keinem Mann (Lk 1,34), während es wenige Verse zuvor heißt, daß sie „einem Mann mit Namen Josef vom Hause David vertraut", das heißt: zur Ehe versprochen war (Lk 1,27). In Mt 1,20 und 24 wird Maria gleich zweimal noch vor der Geburt Jesu ausdrücklich als Josefs „Frau" bezeichnet. Daß Jesus der leibliche Sohn von Josef war, legen auch die beiden Stammbäume nahe, von denen die Geburtsgeschichten bei Matthäus (Mt 1,1–7) und Lukas (Lk 3,23–38) umrahmt sind. Bei allen Abweichungen, die zwischen

---

298 J. Ratzinger, Einführung in das Christentum, München (1968) 82.–84. Tausend 1990, S. 225.
299 Siehe J. Ratzinger/Benedikt XVI., Jesus von Nazareth. Prolog. Die Kindheitsgeschichten, Freiburg/Basel/Wien 2012, S. 60–65.

diesen beiden Stammbäumen bestehen, führen sie doch beide über *Josef* und nicht über Maria zu Jesus (Mt 1,16 und Lk 3,23) und daran hängt auch die im Neuen Testament durchgehend vorausgesetzte Charakterisierung Jesu als „Davids Sohn".[300] Geradezu programmatisch formuliert Paulus diesen Sachverhalt am Beginn des Römerbriefs im Rahmen seiner apostolischen Selbstvorstellung für die ihm noch unbekannte Gemeinde in Rom, indem er spricht vom dem Sohn Gottes, „der geboren ist aus dem Geschlecht Davids nach dem Fleisch, der eingesetzt ist als Sohn Gottes in Kraft nach dem Geist, der da heiligt, durch die Auferstehung von den Toten – Jesus Christus, unserm Herrn". Zwischen den Stammbäumen Jesu, die seine Davidssohnschaft und damit auch seine Josefssohnschaft voraussetzen, und der Aussage von der Empfängnis Jesu durch den Heiligen Geist ohne Josefs Beteiligung besteht doch ein Widerspruch. Denn wenn Jesus ohne Beteiligung Josefs von Maria empfangen worden wäre, wäre er im wörtlichen Sinn nicht *Davids* Sohn. Aber gerade diese Abstammungsbeziehung ist für das Neue Testament von großer Bedeutung. Schließlich weckt noch ein weiterer biblischer Befund größte Bedenken gegen die Lehre von der Jungfrauengeburt. Wäre das, was in den ersten beiden Kapiteln des Matthäus- und des Lukasevangeliums erzählt wird, ein historisch zuverlässiger Bericht, dann wäre nicht zu verstehen, warum Maria und Josef (laut Lk 3,50) nicht verstanden, was Jesus meinte, als er im Blick auf den Tempel sagte: „Wußtet ihr nicht, daß ich sein muß in dem, was meines Vaters ist?" Dann wäre es ebenfalls unverständlich, daß, wie Mk 3,21 berichtet, von den „Seinen" – gemeint sind offenbar Jesu Mutter und seine leiblichen Brüder – gesagt wird, sie „wollten ihn [sc. Jesus] ergreifen; denn sie sprachen: Er ist von Sinnen." Und ebenso unverständlich wäre es, daß Maria erst *nach* Ostern zur Anhängerschaft Jesu gehörte[301]. Ferner halte ich die Lehre von der Jungfrauengeburt auch für unvereinbar mit den wichtigen biblischen Aussagen[302], die festhalten, daß Christus *uns in allem gleich* geworden ist – außer in der Sünde. Wer keinen menschlichen Vater, sondern nur eine menschliche Mutter hat, ist uns doch nicht *gleich*, sondern schon genetisch erheblich von uns unterschieden, und erinnert an einen Halbgott aus der griechischen Mythologie. Schließlich ist auch nicht zu verkennen, daß der Lehre von der Jungfrauengeburt eine Tendenz zur Abwertung der menschlichen *Sexualität* innewohnt, derzufolge es mit der Gottessohnschaft Jesu nicht vereinbar zu sein scheint, aus der geschlechtlichen Vereinigung zwischen Josef und Maria hervorgegangen zu sein.

---

300 Siehe zum Beispiel Mt 9,27; 15,22; 20,30; Mk 10,47; Lk 1,32; 2,4; Joh 7,42; Röm 1,3 und 2. Tim 2,8. Das heißt freilich nicht, daß die Stammbäume historisch zuverlässiges Wissen wiedergäben.

301 Die erste Erwähnung Marias und der Brüder Jesu *als Mitglieder der jungen Christengemeinde* findet sich in Apg 1,14.

302 Siehe Phil 2,6 f.; Hebr 2,17 f. und 4,15.

A: Diese Aussagen über die schwache Begründung und das sperrige Verhältnis der Lehre von der Jungfrauengeburt zu der biblischen Botschaft im Ganzen sind alle zutreffend und werden zumindest in der neueren *evangelischen* Theologie und Kirche weitestgehend anerkannt und offen benannt. Aber die Lehre von der Jungfrauengeburt hat einen *metaphorischen* Sinn, der es wert ist, trotz all dieser Schwächen bedacht und bewahrt zu werden: Diese Lehre schließt ja nicht die *menschliche* Mitwirkung bei der Empfängnis Jesu Christi aus, sondern nur die *männliche*.[303] Das heißt aber, dieser Metapher zufolge ist der Mensch an der Selbstoffenbarung bzw. Menschwerdung Gottes nicht aktiv-zeugend, sondern „nur" rezeptiv-empfangend beteiligt, und zwar durch Marias Bereitschaftserklärung: „mir geschehe, wie du gesagt hast" (Lk 1,38). Damit kommt die Grundstruktur von Gottes Offenbarungswirken zum Ausdruck, an dem der Mensch nur empfangend bzw. annehmend beteiligt ist. Freilich ist damit nur ein *relativer* Unterschied zwischen Maria und Josef angesprochen, weil ja auch Josef das Annehmen und Einwilligen in der Form zugemutet wird, daß ihm gesagt wird: „fürchte dich nicht, Maria, deine Frau zu dir zu nehmen" und es heißt dann: er „nahm seine Frau zu sich" (Mt 1,20 und 24). Er muß durch das Zu-sich-Nehmen von Maria das „mir geschehe, wie du gesagt hast" nicht durch *Worte*, wohl aber durch sein *Tun* zum Ausdruck bringen. Alle diese *metaphernbezogenen* Überlegungen sind aber nur tragfähig, wenn sie sich nicht insgeheim mit einem *biologischen* Verständnis der Jungfrauengeburt verbinden.

B: Aber dann muß man oder sollte man doch auch auf den Titel „Sohn Gottes" für Jesus verzichten.

A: Keineswegs; denn noch wichtiger als die theologische Kritik an einem biologischen Verständnis der Lehre von der Jungfrauengeburt ist die Einsicht, daß durch diese Kritik *nicht* die Erkenntnis Jesu als Gottes Sohn in Frage gestellt wird, wie man schon aus den oben zitierten ersten Versen vom Beginn des Römerbriefs und aus den Aussagen über Jesus als Gottes Sohn bei Markus und Johannes ersehen kann. Sowohl Paulus, Markus und Johannes als auch alle anderen Schriften des Neuen Testaments, die nichts sagen über eine Empfängnis Jesu ohne Josefs Beteiligung, verstehen aber dennoch einmütig Jesus als „Sohn Gottes", weil sie zutiefst davon überzeugt sind, dass er Gottes Sohn *ist*.[304] Freilich bedarf es für diesen Titel einer *anderen* Begründung, als sie sich bei Lukas findet. Und diese Begründung versteht sich nicht von selbst. Deswegen soll sie hier angeschlossen werden. Dabei

---

303 Diese Interpretation findet sich bei Karl Barth, Kirchliche Dogmatik, Bd I/2, Zollikon-Zürich (1938) ⁵1960, S. 202–214, dort allerdings in Verbindung mit einem *biologischen* Verständnis der Jungfrauengeburt.

304 Siehe Röm 1,3; Mk 1,11; Joh 1,34 und öfter.

ist davon auszugehen, daß sich im Neuen Testament neben der Jungfrauengeburt drei weitere Begründungsansätze für die Gottessohnschaft Jesu finden.[305]

Exkurs 4: Unterschiedliche Begründungen der Gottessohnschaft Jesu

Da ist *erstens* das, was Paulus am Beginn des Römerbriefs über die Einsetzung Christi Jesu in die Gottessohnschaft *in Kraft* durch seine *Auferstehung von den Toten* sagt. Das könnte dafür sprechen, daß die Urgemeinde erst aufgrund der Auferweckung Jesu und seiner *Erhöhung* zu Gott Jesus den Titel „Sohn Gottes" gab. Aber daß das ganz unwahrscheinlich ist, zeigt sich schon daran, daß Paulus in diesem Text zwischen der *Geburt des Sohnes Gottes* und seiner „Einsetzung ... als Sohn Gottes in Kraft" (Röm 1,3 f.) unterscheidet. Also ist für ihn schon der Geborene Sohn Gottes. Und die Unterscheidung bezieht sich seine Gottessohnschaft in irdischer *Schwachheit* und in himmlischer *Kraft*. In dieser Unterscheidung kommt die Einsicht zur Geltung, daß Jesus schon vor seiner öffentlichen Einsetzung als Sohn Gottes in Kraft der Sohn Gottes war, wenn auch in Schwachheit und Verborgenheit. Dafür spricht auch die Tatsache, daß Jesus selbst Gott seinen Vater genannt und mit „Abba" angeredet hat. Und das hat Paulus von ihm übernommen.[306]

Eine *zweite* Begründung der Gottessohnschaft Jesu hängt mit Jesu *Taufe* durch Johannes und/oder mit Jesu *Verklärung*[307] zusammen. Was beide Erzählungen miteinander verbindet, ist eine Formulierung, die aus Ps 2,7 stammt und in ihrem ursprünglichen Wortlaut in Hebr 1,5 und 5,5 zitiert wird: „Du bist mein Sohn, heute habe ich dich gezeugt." Diese paradox klingende Aussage war offensichtlich in Israel bekannt und in Gebrauch, um ein *rechtliches* Kindschaftsverhältnis zu begründen. Man nennt sie deshalb „Adoptionsformel". Und diese Formel taucht in zwei Varianten bei der Taufe und bei der Verklärung Jesu auf: In allen vier Evangelien spielt eine „Stimme vom Himmel" eine entscheidende Rolle. Laut Mk 1,11 und Lk 3,27 sagt diese Stimme: „Du bist mein lieber Sohn, an dir habe ich Wohlgefallen". Laut Mt 3,17 sagt sie: „Dies ist mein lieber Sohn, an dem ich Wohlgefallen habe"[308].

---

305 Siehe dazu W. Härle, Dogmatik (siehe oben Anm. 9), Abschnitt 9.4.2: „Das Geheimnis des göttlichen Ursprungs Jesu Christi".

306 Siehe Röm 8,15: „wir rufen: Abba, lieber Vater!" und Gal 4,6: „Gott hat den Geist seines Sohnes gesandt in unsre Herzen, der da ruft: Abba, lieber Vater!"

307 Siehe dazu Mk 9,2–10; Mt 17,1–9 und Lk 9,28–36.

308 In der Erzählung von der Verklärung Jesu (Mt 17,1–17; Mk 9,2–13 und Lk 9,28–36) spielt eine ähnliche Stimme aus einer Wolke eine entscheidende Rolle. Sie gebraucht in jeder der drei Überlieferungsvarianten die Vorstellungsform und fügt die Aufforderung, auf den Sohn zu *hören*, ein:

Laut Joh 1,33 f. bezeugt der Täufer: „ich kannte ihn [sc. Jesus] nicht. Aber der mich gesandt hat zu taufen mit Wasser, der sprach zu mir: Auf welchen du siehst den Geist herabfahren und auf ihm bleiben, der ist's, der mit dem Heiligen Geist tauft. Und ich habe es gesehen und bezeugt: Dieser ist Gottes Sohn". Der ausschlaggebende Unterschied zwischen diesen Formulierungen besteht darin, daß die erstgenannte sich an Jesus wendet und *ihm* etwas Entscheidendes sagt: *„Du* bist mein lieber Sohn ...", die anderen Formeln *proklamieren* dagegen gegenüber Dritten, daß Jesus der Sohn Gottes ist, an dem Gott sein Wohlgefallen hat, und daß er mit der Fähigkeit begabt ist, Menschen mit dem Heiligen Geist und nicht nur mit Wasser zu taufen. Die erstgenannte Formel kann man entweder verstehen als eine Mitteilung von etwas bereits Bestehendem an Jesus oder als einen Zuspruch, der eine neue Beziehung zwischen Gott und ihm herstellt. Für diese zweite Deutung spräche die oben zitierte Formel aus Psalm 2,7: „Du bist mein Sohn, heute habe ich dich gezeugt"[309]. Versteht man diesen Satz biologisch, dann ist er sinnlos; denn wie könnte ernsthaft zu einem erwachsenen Mann gesagt werden: *„Heute* habe ich dich *gezeugt?"* Was biologisch sinnlos ist, ist aber – jedenfalls in der antiken Welt – *rechtlich* sinnvoll, wenn es als *Adoptionsformel* verstanden wird. Das heißt: Die Anrede an eine männliche Person, in diesem Fall an Jesus, den Nachkommen Davids, mit der Formel: „Du bist mein Sohn, heute habe ich dich gezeugt", *vollzieht* den rechtlich gültigen Akt der Adoption und setzt damit dieses männliche Wesen in alle Rechte und Pflichten ein, die ein auch leiblicher Sohn seinem Vater gegenüber hat. Aber *eines* kann dieser Gedanke einer Begründung der Gottessohnschaft durch eine rechtliche Adoption nicht leisten: die Wesensgleichheit von Vater und Sohn zu begründen. Deshalb ist eine solche sogenannte „adoptianische Christologie" in der Christenheit schon früh als unzureichend erkannt und zu Gunsten der Logoschristologie[310] ausgeschieden worden. Diese Wesensgleichheit versucht auch die Lehre von der Jungfrauengeburt – allerdings mit unzureichenden Mitteln – zu begründen.

Der *dritte* Begründungsansatz, der als einziger dieses Ziel mit *zureichenden* Mitteln verfolgt, besteht in der Logos- bzw. Inkarnationschristologie, die davon ausgeht, daß in Jesus von Nazareth der Logos, der schon in der Schöpfung der Welt durch Gott am Werk war, wahrhaftig Mensch geworden ist. Man spricht im Zu-

---

„Dies ist mein lieber Sohn, an dem ich Wohlgefallen habe; den sollt ihr hören!" (Mt 17,5; Mk 9,7 und Lk 9,35). Diese Episode kommt also nicht als *Begründung* der Gottessohnschaft in Frage, sondern setzt sie bereits voraus.

309 Diese Formel wird zwar in Hebr 1,5 und 5,5 zitiert und auf Jesus bezogen, aber nicht in einen Zusammenhang mit Jesu Taufe gebracht. In den Taufberichten fehlt das entscheidende Wort: „gezeugt".

310 Siehe dazu oben S. 64 f. und den hier folgenden Absatz.

sammenhang damit von der *Präexistenzchristologie*, nicht etwa, weil *Jesus von Nazareth* schon vor der Erschaffung der Welt existiert hätte, sondern weil der schöpferische Logos Gottes, der in der Person Jesu von Nazareth – als die Zeit erfüllt war – Mensch geworden ist, in Gestalt des noch nicht fleischgewordenen Logos schon an der Erschaffung der Welt beteiligt war. Schöpfung und Menschwerdung haben denselben Grund im Logos Gottes. [Exkurs-Ende]

B: Und seit wann hat die Urgemeinde diesen dritten Ansatz entdeckt und formuliert?

A: Erstaunlicherweise schon sehr früh; denn er wird bereits im Jahr 54/55 nach Christus in Phil 2,6–11 in Form eines Christushymnus von Paulus zitiert, den er bereits vorfand und der nur wenige Jahre nach dem Kreuzestod und der Auferweckung Jesu entstanden sein muß. Darin heißt es: „Seid so untereinander gesinnt, wie es der Gemeinschaft in Christus Jesus entspricht: Er, der in göttlicher Gestalt war,/ hielt es nicht für einen Raub,/ Gott gleich zu sein,/ sondern entäußerte sich selbst/ und nahm Knechtsgestalt an,/ ward den Menschen gleich/ und der Erscheinung nach/ als Mensch erkannt./ Er erniedrigte sich selbst/ und ward gehorsam bis zum Tode,/ ja bis zum Tode am Kreuz./ Darum hat ihn auch Gott erhöht/ und ihm den Namen gegeben,/ der über alle Namen ist,/ daß in dem Namen Jesu/ sich beugen sollen aller derer Knie,/ die im Himmel und auf Erden/ und unter der Erde sind,/ und alle Zungen bekennen sollen/ daß Jesus Christus der Herr ist,/ zur Ehre Gottes, des Vaters."

B: Was heißt es, daß Jesus es „nicht für einen Raub hielt, Gott gleich zu sein", und welcher Name wurde ihm von Gott gegeben?

A: Mit „Raub" ist die Beute gemeint, die ein Dieb an sich gerissen hat und nicht mehr hergeben will. Im Gegensatz dazu klammert Jesus sich nicht an seine göttliche *Gestalt* oder Seinsweise, sondern gibt sie, indem er Mensch wird, preis, nimmt stattdessen die Gestalt eines Knechtes an und bleibt seinem Auftrag bis zum Tod am Kreuz treu. Und der Name, der ihm dafür von Gott gegeben wird, ist der Name „Herr" (griechisch: „kyrios")[311], der im griechischen Alten Testament, also in der Septuaginta, die Übersetzung für den Gottesnamen „Jahwe" ist. Und genau darin besteht auch die „Erhöhung", die Jesus damit zuteilwird: Er empfängt im Durchgang durch Menschwerdung, Leiden, Tod und Auferweckung die göttliche Gestalt und Würde, die ihm als dem Logos Gottes von allem Anfang an zustand, auf die er aber während seines Erdenlebens verzichtet hatte.

B: Aber dieses Reden von der Menschwerdung Gottes in Jesus Christus, vom nicht fleischgewordenen und vom fleischgewordenen Logos, von der Liebe als dem

---

311 In Luthers Übersetzung des Alten Testaments wird darum das Wort „Herr", wenn damit „Jahwe" gemeint ist, immer mit Großbuchstaben gedruckt, also „HERR".

Wesen Gottes und von den unterschiedlichen Gestalten dieser Liebe als göttliche Gestalt und als Knechtsgestalt hat doch mit unserem Leben nichts zu tun!? Das wirkt auf mich wie eine Ansammlung von Kopfgeburten.

A: Diese Auffassung vom fehlenden Lebens- und Praxisbezug teilt weder Paulus noch irgendein anderer Bibeltext oder ein kirchliches Bekenntnis und auch ich nicht. Die genannten Texte geben das christliche Wirklichkeitsverständnis[312] in verdichteter Form wieder, das Orientierungsgewißheit für jeden Menschen stiftet oder jedenfalls stiften kann. Bei dem Christushymnus in Phil 2 wird das schon dadurch deutlich, daß Paulus dem Hymnus eine Art Überschrift als Ziel- und Zweckbestimmung voranstellt, die besagt: „Seid so unter euch gesinnt, wie es der Gemeinschaft in Christus Jesus entspricht" (Phil 2,5). Und es folgt nach einem Doppelpunkt die Beschreibung dessen, worin diese „Gemeinschaft in Christus Jesus" besteht; denn das, was in Jesus Christus, in seiner Erniedrigung und Erhöhung geschehen ist, *gilt* nicht nur für alle Menschen, sondern sagt zugleich Entscheidendes darüber aus, welches Verhalten und Leben den Menschen angemessen ist, wozu sie also bestimmt und berufen sind. Dabei zeigt die Selbsterniedrigung Jesu Christi, daß die Liebe in ihren verschiedenen Formen von der Gottesliebe und Nächstenliebe, die die Selbstliebe einschließt, bis zur Feindesliebe[313] die *christliche Lebensform* ist, die durch die in Jesus Christus Mensch gewordene Liebe Gottes möglich und wirklich geworden ist. In ihr wird die heilsame Bestimmung für *alle* Menschen sichtbar und wirklich. Der Katechismus,[314] anhand dessen ich als Jugendlicher im christlichen Glauben unterrichtet worden bin, begann mit folgender Frage: „Was gibt unserem Leben den rechten Sinn und Wert?" und gab darauf die Antwort: „In Gemeinschaft mit Gott leben und ihm dienen dürfen, das gibt unserem Leben den rechten Sinn und Wert". Davon bin ich immer noch überzeugt.

B: Ich teile die Meinung, daß alle Kreaturen, insbesondere alle Menschen und höherentwickelten Säugetiere, die zu Empfindungen von Schmerz und Freude fähig sind, einen Sinn und Wert besitzen, der zu achten und zu respektieren ist, aber ich glaube nicht, daß dieser Sinn und Wert uns von einem Gott gegeben wird oder aus der Gemeinschaft mit Gott zuteilwird.

A: Und woher haben wir und alle anderen Menschen dann diesen Sinn und Wert?

B: Schon diese Frage ist meines Erachtens falsch gestellt. Denn wir alle haben diesen Sinn und Wert in uns, weil wir an unserem Leben hängen, weil wir Ziele verfolgen, weil uns andere Menschen oder Dinge wertvoll sind usw. Übrigens auch, weil wir beim Verfolgen solcher Ziele oder bei der Pflege wichtiger Beziehungen

---

312 Siehe dazu oben S. 111 und 139.
313 Siehe dazu oben S. 3 und 45 f.
314 Theophil Spörri (Hg.), Leitfaden für den Katechismus-Unterricht, Frankfurt a. M. 1950, S. 5.

scheitern können und dann entsprechend Enttäuschung, Trauer, Schmerz oder Ähnliches empfinden.

A: Und wie ist das mit den Menschen, bei denen wir all das nicht feststellen können oder bei denen das nicht – sei es noch nicht, nicht mehr oder nie – vorhanden ist: Hat deren Dasein dann keinen Sinn und Wert?

B: Ich muß gestehen: Hier gerate ich etwas ins Gedränge. Ich vertrete jedenfalls nicht die Position von Peter Singer[315], daß nur die Wesen, die tatsächlich über Selbstbewußtsein und bewußten Lebenswillen verfügen, auch so etwas wie Würde oder Schutzrechte besitzen. Ich möchte diese Würde und diese Schutzrechte aufgrund der Zugehörigkeit zur Spezies Mensch allen menschlichen Wesen zuerkennen. Ich fasse also den Bereich vermutlich ebenso weit wie A, aber ich argumentiere dabei nicht mit Gott, sondern – wie Aristoteles[316] und Dietrich Bonhoeffer[317] – mit der Abstammung von Menschen und folglich mit der Zugehörigkeit zur Spezies Mensch.

A: Ich freue mich über diese Übereinstimmung im Resultat, aber ich halte die Argumentation von B für nicht tragfähig. Wenn es nicht ein von Gott verliehener, dem Menschen inhärenter Sinn und Wert ist, der sich stattdessen aus den von B beschriebenen Elementen des Selbstbewußtseins ergibt, dann kann man Wesen, die nicht über Selbstbewußtsein verfügen, diesen Sinn und Wert nicht zusprechen, sondern muß bestreiten, daß sie ihn haben können.

B: Ich weiß, daß meine Position an dieser Stelle argumentativ ziemlich schwach ist. Vielleicht müßte ich mich tatsächlich konsequenterweise Singer anschließen und tue es vielleicht nur deshalb nicht, weil ich noch mehr, als mir bewußt ist, vom Christentum geprägt bin. Es gäbe für mich im übrigen noch eine andere Argumentationsmöglichkeit, die bei Singer zumindest am Rand auftaucht und weitere

---

315 P. Singer, Praktische Ethik (1979), Stuttgart ²1994, bes. S. 120–124. Singer bezeichnet dort (auf. S. 123) die Auffassung, daß „das Leben eines Mitglieds unserer Spezies ... einen besonderen Wert darstellt", als „unhaltbar". Er vertritt jedoch die Auffassung, daß „das Leben eines rationalen und selbstbewußten Wesens einen besonderen ... Wert" darstellt. Daraus zieht er die Konsequenz: „Tötet man eine Schnecke oder einen 24 Stunden alten Säugling, so vereitelt man keine Wünsche ..., weil Schnecken und Neugeborene unfähig sind, solche Wünsche zu haben." Deshalb ist für ihn *Kindestötung* in den ersten Tagen und Wochen nach der Geburt ethisch völlig unproblematisch, geschweige denn, daß Abtreibung für ihn ein ethisches Problem darstellte.
316 Aristoteles, Metaphysik (siehe oben Anm. 141), Buch VII, 1032 a, 25: „Denn ein Mensch zeugt einen Menschen". Das schließt bei ihm die Umkehrung ein: „Alles, was von einem Menschen gezeugt ist, ist ein Mensch."
317 D. Bonhoeffer, Ethik, München 1992, schreibt auf S. 190: „Die Frage, ob es sich bei Fällen angeborener Idiotie überhaupt um *menschliches* Leben handelt, ist so naiv, daß sie kaum einer Antwort bedürfte. Es ist von Menschen geborenes, krankes Leben, das ja nichts anderes sein kann als, freilich höchst unglückliches, *menschliches* Leben." Mit dem Verweis auf das Von-Menschen-*geboren*-Sein formuliert Bonhoeffer allerdings ungenauer als Aristoteles, der zu Recht das Von-Menschen-*gezeugt*-(und empfangen)-Sein als Kriterium nennt.

Möglichkeiten zuläßt. Ich könnte sagen, daß zwar geistig Schwerstbehinderten, völlig Dementen etc. *an sich* keine Würde und keine Schutzrechte zukommen, aber daß dies dort in abgeleiteter Weise der Fall ist, wo es *andere* Menschen gibt, die zu diesen Schwerstbehinderten eine positive Beziehung, bestehend aus Bewußtsein, Absicht, Zuneigung und Verantwortungsgefühl, haben, *wodurch* den Schwerstbehinderten Würde und Lebensrecht gewissermaßen von ihnen *verliehen* wird. Wenn jede solche Beziehung fehlte, wären allerdings die Würde und die Schutzrechte der Betroffenen hinfällig.

A: Dieser letzte Satz offenbart meines Erachtens den „Pferdefuß" der ganzen Argumentation von B. Wenn es so wäre, dann würden wir einander Menschenwürde erst verleihen oder vorenthalten, soweit wir und andere sie nicht als selbstbewußte Wesen in uns bzw. in sich tragen. Aber dadurch würden Eltern tendenziell zu den Schöpfern und Herren über ihre schwerstbehinderten Kinder, und erwachsene Kinder würden zu Richtern über Leben und Tod ihrer hochgradig dement gewordenen Eltern. Zeigt das nicht, wie problematisch es ist, wenn Gott als Schöpfer „ausfällt" und wir Menschen in solche Rolle einrücken?

B: Ich sehe diese Probleme wohl. Und ich verstehe auch die Bedenken und Sorgen von A. Aber wenn es doch so ist, daß es keinen Schöpfergott gibt, der über diese Welt wacht, dann müssen wir diese – vielleicht harte – Realität annehmen und versuchen, mit ihr so verantwortlich wie möglich umzugehen.

A: B wird es mir nicht verübeln, wenn ich sage, daß seine Annahme, es gäbe Gott nicht, nichts als ein *Postulat* ist, welches das individuelle und soziale Leben gerade dadurch weniger menschlich macht, daß es der Welt und dem Leben den umgreifenden Horizont und die klare Orientierung bestreitet, innerhalb deren alle Geschöpfe in Gott und so auch in einer letzten Verbundenheit miteinander leben können.[318] Wir sind bei der Diskussion über die Voraussetzungen der Ethik schon einmal darauf gestoßen, daß B faktisch so argumentiert (und – wie ich annehme – auch so lebt), als gäbe es eine der Welt und dem Leben vorgegebene Ausrichtung auf Humanität und Mitgeschöpflichkeit.[319] Warum weigert sich B so beharrlich, anzunehmen oder auch nur für möglich zu halten, daß dies die Bestimmung ist, die der Welt von Gott als dem Schöpfer gegeben ist?

B: Ich weigere mich aus mehreren Gründen. Erstens, weil ich nicht sehe, wie man in unsere *naturwissenschaftliche Welterkenntnis* die Aussagen über Gott als Schöpfer hineinbekommen oder hineininterpretieren sollte; zweitens, weil ich zwar subjektiv von einer solchen ethischen Bestimmung oder Verpflichtung überzeugt

---

318 Was das für Auswirkungen hat, haben am Ende des 18. Jahrhunderts Jean Paul und am Ende des 19. Jahrhunderts Friedrich Nietzsche eindrucksvoll beschrieben. Siehe dazu W. Härle, Vertrauenssache (siehe oben Anm. 2), S. 80–86, wo ich diese Texte zitiere.
319 Sie oben S. 97 f.

bin, aber das nicht auf dem Weg über den Glauben an Gott *verallgemeinern* kann und drittens, weil ich so viele Menschen sehe, bei denen nichts von einer heilvollen Bestimmung ihres Daseins sichtbar wird.

A: Aber viele große Naturwissenschaftler haben bis in die Gegenwart sehr wohl die Möglichkeit gesehen, theologische Aussagen über Gott als Schöpfer der Welt zu akzeptieren oder jedenfalls zu respektieren[320]. Es ist vor allem das Staunen im Blick auf die ganz unerwartbare, weil aus nichts ableitbare Regelhaftigkeit des Universums und ihres Erkennens durch uns, das sie dazu veranlaßt hat, an Gott zu glauben und diesen Glauben auch mit ihrer naturwissenschaftlichen Erkenntnis vereinbaren zu können. Und ist denn das Gefühl oder Bewußtsein ethischer Verantwortlichkeit für die Mitmenschen und Mitgeschöpfe tatsächlich etwas nur Subjektives für B? Erweist sich dieses Gefühl oder Bewußtsein nicht immer wieder als ein Anknüpfungspunkt, der bei fast allen Menschen – jedenfalls theoretisch – vorhanden ist, wenn auch die Reichweite dieses Verantwortungsgefühls unterschiedlich sein kann? Sowohl in ethischer als auch in lebensgeschichtlicher Hinsicht bestätigt sich mir immer wieder die These, daß das Vertrauen auf das Wirklichkeitsverständnis des christlichen Glaubens Erfahrungen machen läßt, die die Tragfähigkeit dieses Verständnisses der Wirklichkeit bestätigen. Aber ich vermute, daß solche Erfahrungen in hohem Maße davon abhängen, daß wir uns auf diese Sichtweise einlassen, nicht um sie objektiv zu testen, sondern um mit ihr Erfahrungen zu machen, zu sammeln und an die nachwachsenden Generationen weiterzugeben. Dadurch bekommt das Leben – wie gesagt – einen weiten Horizont und eine über das Vordergründige und Endliche hinausreichende Bedeutung.

B: Sind das jetzt nicht alles ein bißchen arg große Worte? Man muß sich doch nur die Armseligkeit der Kirchen und der Christen ansehen, um sehr am Gehalt dieser Aussagen von A zu zweifeln. Ich will ja nicht sagen, daß Kirchen unglaubwürdiger sind als Parteien, Verbände, Wirtschaftsunternehmen oder Bildungsinstitutionen. Und ich will auch nicht behaupten, daß Christen unglaubwürdiger oder armseliger sind als Anhänger anderer Religionen, als Humanisten oder Atheisten. Aber ich kann eben auch nicht oder jedenfalls nicht deutlich das Umgekehrte wahrnehmen. Wo wird denn diese Weite, dieser große Horizont, diese umfassende Verantwortung erkennbar?

A: Das sind Fragen, die – wie wir am Anfang dieses letzten Kapitels[321] sahen – zu Recht vor allem von außerhalb an das Christentum gestellt werden. Um sie zu beantworten, müßte ich mich selbst außerhalb des Christentums und der anderen Religionen und Weltanschauungen stellen können, um sie zu vergleichen, ihnen

---

320 Siehe oben S. 49–53.
321 Siehe oben S. 115 f.

Recht zu geben oder sie zu verteidigen. Einen solchen „archimedischen Punkt" habe aber (auch) ich nicht. Wohl aber möchte ich an dieser Stelle auf eine christliche Überzeugung verweisen, die *kein* Alleinstellungsmerkmal des Christentums ist, aber im Lauf der Geschichte – vor allem im Zusammenhang mit der Abschaffung der Sklaverei und mit der Überwindung der nationalsozialistischen Verbrechen – weitestgehende grundsätzliche Anerkennung gefunden hat: Das ist die Überzeugung von der *unantastbaren Würde* aller von Menschen abstammenden Wesen, also von der *Menschenwürde*.[322]

B: Aber das ist doch kein spezifisch *christliches* Gewächs, sondern vor allem eine Frucht der Aufklärung, die dem Christentum eher kritisch gegenüberstand.

A: Diese Behauptung gibt einen weitverbreiteten Irrtum wieder. Die Idee der Menschenwürde und der Begriff „Menschenwürde" sind viel älteren Ursprungs. Die Idee von der gleichen Würde aller Menschen als Männer und Frauen hat ihre Wurzel in der jüngeren biblischen Schöpfungserzählung, und zwar dort, wo es heißt: „Und Gott schuf den Menschen zu seinem Bilde, zum Bilde Gottes schuf er ihn; und schuf sie als Mann und Frau" (1. Mose 1,27). Das heißt ja nicht, daß der Mensch so aussieht wie Gott, sondern daß er dazu bestimmt ist, ein verantwortliches Gegenüber zu Gott und ein von Gott erwählter Bundespartner Gottes zu sein, der mit der fürsorglichen Herrschaft über die Erde und insbesondere über die Tiere beauftragt ist.[323] Mit seiner Fähigkeit, auf Gott zu hören und sich vor Gott zu verantworten, ist er als dieses verantwortliche Gegenüber zu Gott ausgezeichnet. In Psalm 8,6 f. wird das mit folgender Anrede an Gott zum Ausdruck gebracht: „Du hast ihn [sc. den Menschen] wenig niedriger gemacht als Gott, mit Ehre und Herrlichkeit hast du ihn gekrönt. Du hast ihn zum Herrn gemacht über deiner Hände Werk, alles hast du unter seine Füße getan ..."

B: Aber von Menschen*würde* ist hier nicht die Rede.

A: Das ist richtig, auch wenn die Begriffe „Ehre" und „Herrlichkeit" dem nahekommen. Aber den Begriff „Würde" in Form des lateinischen Begriffs „dignitas" hat erst der vorchristliche stoisch beeinflußte Philosoph, Redner und Politiker Marcus Tullius Cicero in das Nachdenken über den Menschen eingebracht.[324] Dabei unterscheidet Cicero, bei dem der Begriff „dignitas humana", also „Menschenwürde" noch nicht vorkommt, aber vorbereitet wird, zwischen zwei Arten von Würde, die Menschen haben können: die eine ist die nach Leistung, Stellung oder Verdienst *differenzierte* Würde, die Menschen in *unterschiedlichem* Maß zukommt; die andere ist die

---

322 Siehe dazu den von W. Härle und R. Preul als Marburger Jahrbuch Theologie Bd. XVII im Jahr 2005 herausgegebenen Band: „Menschenwürde" sowie W. Härle, Würde. Groß vom Menschen denken, München 2010.

323 Siehe dazu Bernd Janowski, Biblischer Schöpfungsglaube, Tübingen 2023, S. 66–70.

324 Insbesondere in seiner Schrift „De officiis" (dt.: „Vom rechten Handeln") aus dem Jahr 44 v. Chr. Siehe dazu W. Härle, Würde (siehe oben Anm. 322), S. 14–16.

gleiche Würde, die als Unterscheidungsmerkmal zu den Tieren allen Menschen aufgrund ihrer Teilhabe an der Vernunft[325] zukommt. Diese allen Menschen gleiche Würde erhält in der Folgezeit den treffenden Namen „Menschenwürde". Durch Ambrosius, den Bischof von Mailand wird dann auch dieser *Begriff* in die christliche Lehre aufgenommen.[326] Im Humanismus, in der Aufklärung – vor allem bei Immanuel Kant – und in der Mitte des 20. Jahrhunderts bekommen dieser Begriff und die Sache, die er bezeichnet, besondere Bedeutung. Das schlägt sich bekanntlich in Artikel 1(1) des 1949 verabschiedeten Grundgesetzes für die Bundesrepublik Deutschland nieder, wo es heißt: „Die Würde des Menschen ist unantastbar. Sie zu achten und zu schützen ist Verpflichtung aller staatlichen Gewalt."[327]

B: Ja, damit stimme ich natürlich auch voll überein, aber dieser Artikel hat doch nichts mit dem Glauben an Gott zu tun.

A: Das sehe ich anders. Das Grundgesetz beginnt bekanntlich – ebenso wie mehrere Landesverfassungen – mit einer Präambel, an deren Anfang die Worte stehen: „Im Bewußtsein seiner Verantwortung vor Gott und den Menschen ...". Das zeigt schon, daß den Parlamentariern in Deutschland der Bezug auf die Verantwortung vor Gott weder fremd noch gleichgültig war, sondern in mehreren Verfassungen ganz zu Beginn genannt wird. Mit dieser Präambel soll zum Ausdruck gebracht werden, daß die Verfassungsorgane und ihre Mitglieder für sich selbst keine höchste, absolute Autorität in Anspruch nehmen, sondern sich verantwortlich fühlen gegenüber einer für sie unverfügbaren höchsten moralischen Instanz, für die der Begriff „Gott" steht.[328]

B: Aber das ist für einen weltanschaulich-religiös-neutralen Staat doch ein unerlaubter Übergriff, der für Menschen, die nicht an Gott glauben, nicht verbindlich sein kann.

---

325 Diese Begründung der gleichen Würde mit der Teilhabe an der Vernunft kann entweder als Gattungsmerkmal verstanden werden oder als individuelle Ausstattung menschlicher Personen. Im letzteren Fall würde sie bestimmte menschliche Individuen *ausschließen*. Das ist aber mit dem Begriff *„Menschen*würde" nicht vereinbar.

326 Ambrosius von Mailand, De dignitate conditionis humanae, in: Migne, Patrologia Series Latina, Bd. 17, Sp. 1105–1110.

327 Fast gleichlautend formuliert Art. 1 der Charta der Grundrechte der Europäischen Union vom 1. Januar 2009: „Die Würde des Menschen ist unantastbar. Sie ist zu achten und zu schützen" (in: Europa-Recht, München [17]2001, S. 255). Bereits die „Allgemeine Erklärung der Menschenrechte" vom 10. Dezember 1948 bekannte sich in ihrer Präambel zu „der allen Mitgliedern der menschlichen Familie innewohnenden Würde" (in: Menschenrechte, München [4]1998, S. 5).

328 Siehe dazu E. Herms, Gott im Grundgesetz aus evangelischer Sicht, in: ders., Kirche für die Welt, Tübingen 1995, S. 430–440.

A: In den Diskussionen, die über diese Frage vor allem an der Wende vom 20. zum 21. Jahrhundert geführt wurden,[329] ergab sich als breit akzeptiertes Resultat *erstens* die Erkenntnis, daß die wesentliche Entscheidung darin besteht, ob die für unsere politischen Normen und Regeln zuständigen Gremien sich als absolute, also ungebundene Autorität verstehen, oder ob sie sich in ihrem Entscheiden und Handeln gebunden fühlen an Normen, die sie nicht willkürlich selbst setzen können. Dabei geht es also um die Entscheidung zwischen einer Selbst*verabsolutierung* und einer Selbst*relativierung* der politischen Institutionen. Der reflektierte demokratische Rechtsstaat kann – im Unterschied zum absoluten oder totalitären Staat oder zum Führerstaat – sich nur für die Selbstrelativierung entscheiden. Dann stellt sich für ihn aber *zweitens* die Frage, mittels welchen *Begriffs* die übergeordnete Autorität so bezeichnet werden kann, daß das möglichst unmißverständlich ist. Hierfür bietet sich aus der europäischen Geschichte am ehesten der *Gottes*begriff in seiner normativ-ethischen Bedeutung an. Ihn können nicht nur fast alle Religionen, sondern auch viele Weltanschauungen akzeptieren.

B: Da bedeutet „Gott" aber dann etwas anderes als das, woran Menschen ihr Herz hängen und worauf sie ihr Vertrauen setzen. Insofern sind Mißverständnisse doch nicht ausgeschlossen.

A: Ja, das stimmt, aber sie lassen sich durch Erläuterungen ausräumen. Ein gravierendes Problem besteht jedoch in der Tatsache, daß das Grundgesetz naturgemäß nicht definieren kann, was unter „Menschenwürde" zu verstehen ist, worin sie besteht und wodurch sie gegebenenfalls angetastet würde. Theodor Heuß, der erste Bundespräsident der Bundesrepublik Deutschland, hat deshalb im Jahr 1951 im Blick auf die Menschenwürde von einer „nichtinterpretierten These"[330] gesprochen. Aber dabei konnte es das Bundesverfassungsgericht natürlich nicht belassen; denn es benötigte einen Auslegungsmaßstab für den Fall von Prozessen, in denen es um die Anklage wegen Mißachtung der Menschenwürde ging. Dafür hat das Bundesverfassungsgericht vor allem zurückgegriffen auf die Form des Kategorischen Imperativs, die Immanuel Kant als „praktischen Imperativ" bezeichnet hatte. Er lautet: „Handle so, daß du die Menschheit, sowohl in deiner Person, als in der Person eines jeden andern, jederzeit zugleich als Zweck, niemals bloß als Mittel

---

329 Siehe dazu E. Herms, Verantwortung in der Verfassung, in: ders., Kirche für die Welt, ebd., S. 447–461, und ders., Die weltanschaulich-religiöse Neutralität von Staat und Recht aus sozialethischer Sicht, in: Der Staat 40/2001, S. 327–347 sowie Ch. Polke, Öffentliche Religion in der Demokratie, Leipzig 2009.

330 Dieses Zitat findet sich im Jahrbuch für öffentliches Recht, neue Folge, 1/1951, S. 49. Es wurde zu Unrecht oft so gedeutet, als hätte Heuß damit die Menschenwürde als nicht *definierbar* bezeichnet.

brauchest."[331] Erläuterungsbedürftig ist an dieser Formulierung Kants vor allem der Begriff „Menschheit", den wir üblicherweise als Kollektivbegriff für die Bezeichnung aller Menschen verstehen. Da Kant aber von der „Menschheit, sowohl in deiner Person, als in der Person eines jeden andern" spricht, macht diese kollektive Bedeutung keinen Sinn. „Menschheit" muß in diesem Fall im Sinne von „Menschsein" verstanden werden. Der praktische kategorische Imperativ besagt also, daß keine menschliche Person „bloß als Mittel" gebraucht werden darf, sondern immer auch als (Selbst-)Zweck verstanden werden muß.

B: Aber wir gebrauchen einander doch in beruflichen, geschäftlichen, rechtlichen Zusammenhängen ständig als Mittel.

A: Das schließt Kant auch nicht aus, sondern sagt ausdrücklich: „niemals bloß als Mittel", sondern „jederzeit zugleich als Zweck". Das heißt, die menschliche Person darf nicht darauf *reduziert* werden, *bloß* ein Mittel zum Zweck zu sein.

B: Aber was hat das mit Menschenwürde zu tun? Dieser Begriff kommt in diesem Kantzitat doch gar nicht vor.

A: Diesen Bezug zur Menschenwürde stellt Kant in derselben Schrift einige Seiten später[332] her, indem er schreibt: „Im Reich der Zwecke hat alles entweder einen *Preis* oder eine *Würde*. Was einen Preis hat, an dessen Stelle kann auch etwas anderes, als *Äquivalent*, gesetzt werden; was dagegen über allen Preis erhaben ist, mithin kein Äquivalent verstattet, hat eine Würde." Unter dem „Reich der Zwecke" versteht Kant alle Handlungen, die durch Absichten, Ziele oder Zwecke (im Sinne der causa finalis) ausgelöst werden, und dabei gilt die grundlegende Unterscheidung zwischen Handlungszwecken, für die ein – austauschbarer – *Preis* entrichtet werden kann, weil ihr Wert durch das Interesse des Handelnden bestimmt wird, *oder* Handlungszwecken, die man weder kaufen noch durch etwas anderes ersetzen kann, weil sie einen – nicht austauschbaren – Wert in sich, also eine *Würde* besitzen. Die beiden Kantzitate hängen also so untereinander und mit der Menschenwürde zusammen, daß die menschliche Person immer (auch) als Selbstzweck behandelt werden muß, weil sie Würde hat, also nicht als bloßes austauschbaren Mittel behandelt werden darf.[333] Dieses Kriterium wurde vom Bundesverfassungsgericht bei mehreren Verfahren angewandt und es wurde durch die Unterscheidung zwischen Person und Objekt, zwischen Selbstbestimmung und Fremdbestimmung, zwischen Achtung der Intimität und Bloßstellung, zwischen Gleichberechtigung und Diskriminierung weiterentwickelt und konkretisiert.

---

331 I. Kant, Grundlegung zur Metaphysik der Sitten (1785) BA 66 f. Siehe hierzu W. Härle, Würde (siehe oben Anm. 322), bes. S. 35–38:

332 I. Kant, Grundlegung zur Metaphysik der Sitten, BA 77.

333 Daraus ergibt sich zwingend, daß Menschenhandel und Sklaverei mit der Menschenwürde unvereinbar sind.

B: Und ergab sich daraus dann eine „interpretierte These", also eine Definition von „Menschenwürde", die allgemein Anerkennung findet?

A: Ich meine ja, und zwar durch folgende zusammenfassende Definition: Menschenwürde ist „das Anrecht auf Achtung als Mensch, das jedem Menschen mit seinem Dasein gegeben ist[334]." Und „mit seinem Dasein gegeben" heißt gemäß dem christlichen Glauben: Die Menschenwürde ist ihm *von Gott* gegeben, nicht von irgendwelchen Menschen. Sie ist überdies nicht abhängig von bestimmten Eigenschaften, Qualitäten, Fähigkeiten, Leistungen oder Verdiensten eines Menschen, sondern sie ist ihm *als Mensch* gegeben. Und dieses Anrecht ist laut Art. 1(1) des Grundgesetzes „unantastbar", das heißt nicht nur, daß es nicht angetastet werden *darf*, sondern daß es nicht angetastet werden *kann*.

B: Aber die Menschenwürde unzähliger Menschen wird doch Tag für Tag angetastet. Will das Grundgesetz das etwa bestreiten?

A: Die Menschenwürde unzähliger Menschen wird tatsächlich Tag für Tag *mißachtet* oder – wie man bildhaft sagt – mit Füßen getreten, aber sie geht dadurch nicht verloren, sie wird also nicht angetastet oder beschädigt, weil die Menschenwürde ein *Anrecht* auf Achtung ist, das nicht dadurch eingeschränkt oder beseitigt werden kann, daß es mißachtet wird. Das Anrecht bleibt unreduziert bestehen. Wenn man das bestreiten würde, so würde man damit den Feinden der Menschenwürde eine Macht einräumen, die sie nicht haben können und dürfen. In einem Beispiel gesagt: Wenn wir davon überzeugt sind, daß alle Kinder ein Anrecht auf humane Lebensbedingungen und auf liebevolle Zuwendung haben, dann wird dieses *Anrecht* doch nicht dadurch aufgehoben oder eingeschränkt, daß es mißachtet wird und Kinder so behandelt werden, als hätten sie dieses Anrecht nicht. Von daher ist es auch verständlich, daß Menschen, die das Grauen der Konzentrationslager überlebt haben, nach ihrer Befreiung sagen konnten: „Die Nazis konnten uns im KZ alles nehmen, aber unsere Menschenwürde konnten sie uns nicht nehmen."

B: Aber läuft das nicht auf eine gefährliche Verharmlosung der NS-Verbrechen hinaus – nach dem Motto: „Dann war es wohl doch nicht so schlimm"?

A: Wer das so interpretieren würde, hätte vermutlich von Menschenwürde nichts oder nicht viel verstanden. Wer aber Verbrechern zugesteht, daß sie Menschen das Anrecht auf Achtung als Mensch nehmen können, der würde geradezu das Geschäft dieser Verbrecher unterstützen, zum Beispiel ihren Anspruch, anderen Menschen das Anrecht auf Achtung als Mensch dadurch nehmen zu können, daß es sich bei ihnen angeblich nur um Untermenschen, Schädlinge oder Ungeziefer handelt. In weitverbreiteter Form gilt das übrigens auch für die Gleichsetzung von Menschenwürde mit *Selbstbestimmung* und für die Bestreitung der Tatsache, daß

---

334 Siehe W. Härle, Würde (siehe oben Anm. 322), S. 19 f.

Menschen, die über keine Selbstbestimmungsfähigkeit verfügen, trotzdem Menschenwürde besitzen.[335]

B: Daß ich diese Auffassung (zum Beispiel von Peter Singer) nicht teile, sondern ablehne, habe ich ja schon oben gesagt, und dabei bleibe ich auch.

A: Das freut mich; und das heißt jedenfalls, daß in dieser wichtigen Frage zwischen uns Einvernehmen besteht. Ich hätte nichts dagegen, wenn wir mit diesem Ergebnis unser Streitgespräch beenden. Allerdings würde ich gerne noch in einem dialogischen Nachwort kurz auf das zurückblicken, was dieses Streitgespräch für uns beide an grundsätzlichen Einsichten erbracht hat, wenn B damit einverstanden ist.

B: Ja, das bin ich und habe auch selbst Interesse an einem solchen Rückblick.

---

335 Siehe oben S. 152 f.

Nachwort

A: Ich habe *nicht* den Eindruck, daß unser Streitgespräch sämtliche Meinungsunterschiede bzw. Differenzen zwischen uns ausgeräumt oder überwunden hätte. Vor allem in der Frage nach Gott bleibt für mich der Eindruck eines erheblichen Abstandes zwischen uns, den ich so beschreiben würde: Für mich ist das Reden von Gott aus sachlichen Gründen unverzichtbar, aber im Sinne des Panentheismus interpretationsbedürftig. Das sieht B aber offenbar anders!?

B: Auch ich sehe in der Gottesfrage nach wie vor die deutlichsten Differenzen, die ich folgendermaßen beschreiben würde: Ich finde den Panentheismus, den A vertritt, soweit ich ihn verstehe, sympathisch, aber ich bin der Auffassung, daß das Wort „Gott" so mit der theistischen Vorstellung von einem außerweltlichen, höheren Wesen, das gelegentlich handelnd in die Welt eingreift, verbunden ist, daß dagegen auch die panentheistischen Vorstellungen nicht aufkommen. Daran sind meines Erachtens auch die Redewendungen von Gottes Handeln, Gottes Offenbarung oder Gottes Liebe mit „schuld", weil sie personalistische Assoziationen und Vorstellungen von Gott wecken oder von ihnen begleitet werden. Ich spreche lieber von „Liebe" als von „Gott", weiß aber, daß ich dadurch andere unerwünschte Assoziationen wecken kann. Und theologische Alternativformulierungen für „Gott" wie zum Beispiel „Seinsgrund" oder „Sein-Selbst" sind mir zu theoretisch und zu abstrakt oder von „Schicksal" oder „Natur" sind mir zu inhaltsleer. Sie erinnern mich außerdem an Heinrich Bölls Satire: „Doktor Murkes gesammeltes Schweigen"[336], die freilich von einem Katholiken geschrieben wurde, der mit dem Reden von „Gott" offenbar weniger Schwierigkeiten hatte, als ich sie habe. Aber ich habe für mich noch keine überzeugende, stimmige Lösung gefunden.

A: Ich vermute, daß die von Tersteegen übernommene Rede von Gott als der „Macht der Liebe" (EG/Wü 641,1) für B ebenfalls keine akzeptable sprachliche Alternative ist!?

B: In der Tat. Das finde ich zwar in der Sache richtig, aber doch mit Assoziationen musikalischer und textlicher Art verbunden, die nicht „mein Ding" sind.

A: Mir ist in diesem Zusammenhang auch erneut und verstärkt bewußt geworden, welch große Bedeutung für ein solches Streitgespräch eine Verständigung über die Art der *Sprache* hat, die für den christlichen Glauben angemessen ist. Insbesondere gehört dazu ein reflektierter Gebrauch von *Metaphern*, die den Verdacht wecken können, verschleiernd und verunklärend zu wirken, wenn keine

---

336 H. Böll, Doktor Murkes gesammeltes Schweigen und andere Satiren (1958), Köln 2013. In dieser Satire scheitert der Versuch, das Wort „Gott" durch einen Kunstbegriff zu ersetzen, auf erheiternde Weise.

https://doi.org/10.1515/9783111578897-009

Verständigung darüber erzielt werden kann, *warum* viele Begriffe und Aussagen nur in einem übertragenen Sinn angemessen verstanden werden können und was an ihnen wohin übertragen wird. Ich frage mich rückblickend, ob es günstig oder sogar notwendig gewesen wäre, dem inhaltlichen Dialog eine grundsätzliche Verständigung über Sprache und Sprachgebrauch voranzustellen.

B: Das mag aus wissenschaftlicher Sicht so sein, aber damit hätte unser Dialog einen langen theoretischen Vorspann erhalten, der Interessenten an einem Streitgespräch zwischen Glauben und Zweifel vermutlich eher abgeschreckt hätte.

A: Das könnte so sein. Ich möchte als Ertrag unseres Streitgesprächs aber noch etwas anderes nennen, was mir im Verlauf der Entstehung dieses Gesprächs immer wichtiger geworden ist: Durch die Dialogstruktur bin ich – aber vielleicht auch B – immer wieder in Situationen geraten, in denen ich *positive* Aussagen ausdrücklich ergänzen bzw. präzisieren mußte durch *Abgrenzungen*, durch die deutlicher wurde, was ich *nicht* meine oder *nicht* glaube. Ich könnte es auch so formulieren: Die Dialogstruktur hat mich in der A-Position immer wieder zu Aussagen genötigt, die eine größere Tiefenschärfe besaßen bzw. bekamen, als das ohne den Dialog der Fall gewesen wäre. Das empfinde ich als einen Vorteil und als ein positives Ergebnis unseres Streitgespräches. Dabei bin ich mir durchaus bewußt, daß diese Tiefenschärfe auch als *Trenn*schärfe wirken kann nach dem Motto: Wenn das *so* gemeint ist, dann kann ich dem doch nicht zustimmen.

B: Das kann ich mir ganz zu eigen machen – vor allem im Blick auf A, der ja viel häufiger als ich die christliche Lehre bzw. seine Lehrauffassung positiv darzustellen hatte. Aber es ist auch mir in der Rolle des Zweiflers gelegentlich so ergangen. Insbesondere habe ich an mehreren wichtigen Stellen die Erfahrung gemacht, daß von mir geäußerte Einwände oder Zweifel eher auf Gerüchten und Vermutungen beruhten als auf fundierten Informationen. In diesem Zusammenhang haben mich die exakt aus Bibeltexten oder anderen Quellen belegten Erkenntnisse an mehr als einer Stelle überrascht und beeindruckt. Ich habe daraus die Konsequenz gezogen, Quellen noch sorgfältiger und genauer zu studieren als bisher. Mein Bild vom christlichen Glauben und von der christlichen Lehre hat sich dadurch an mehreren Stellen verändert, und zwar meist zum Besseren. Insofern hat sich der Dialog auch für mich – trotz der verbleibenden Differenzen – durchaus gelohnt.

Literaturhinweise

Beiner, Melanie; Art. „Zweifel, Systematisch-theologisch", in: TRE 36/2004, S. 767–772

Dawkins, Richard; Der Gotteswahn, Berlin 2007

Dietz, Alexander; Plötzlich bei der Kirche. Dialog über Glaubensfragen für Mitarbeitende der Diakonie, Leipzig 2021

Dworkin, Ronald; Religion ohne Gott, Berlin 2014

Flasch, Kurt; Warum ich kein Christ bin, München ([1-4]2013) Paperback 2015

Garth, Alexander; Warum ich kein Atheist bin, Asslar 2008

Härle, Wilfried; Dogmatik, (1995) Berlin/Boston [6]2022

Härle, Wilfried (Hg.); Grundtexte der neueren evangelischen Theologie, Leipzig (2007) [2]2012

Härle, Wilfried; Spurensuche nach Gott. Studien zur Fundamentaltheologie und Gotteslehre, Berlin/New York 2008

Härle, Wilfried; Würde. Groß vom Menschen denken, München 2010 (jetzt nur noch als E-book erhältlich)

Härle, Wilfried; Warum Gott? Für Menschen, die mehr wissen wollen, Leipzig (2013) [3]2019

Härle, Wilfried; „... und hätten ihn gern gefunden". Gott auf der Spur, Leipzig 2017

Härle, Wilfried in Verbindung mit K. Engelhardt, G. Gerner-Wolfhard und Th. Schalla, Worauf es ankommt. Ein Katechismus, Leipzig (2018) [3]2019

Härle, Wilfried; Vertrauenssache. Vom Sinn des Glaubens an Gott, Leipzig 2022

Herms, Eilert; Offenbarung und Glaube, Tübingen 1992

Herms, Eilert; Kirche für die Welt, Tübingen 1995

Huber, Wolfgang; Glaubensfragen. Eine evangelische Orientierung, München 2017

Käßmann, Margot; Glaube und Zweifel, Freiburg 2015

Klessmann, Michael; Ambivalenz und Glaube, Stuttgart 2018

Lewis, Clive Staples; Pardon, ich bin Christ. Meine Argumente für den Glauben, (1942) Basel 1977

Marx, Reinhard; glaube! München [2]2013

Koch, Traugott; Mit Gott leben. Eine Besinnung auf den Glauben, Tübingen (1989) [2]1993

Kuitert, Harry M.; Ich habe meine Zweifel. Eine kritische Auslegung des christlichen Glaubens, (1992) Gütersloh 1993

Kutschera, Franz von; Was vom Christentum bleibt, Paderborn 2008

Neuenschwander, Ulrich/Zager, Werner; Gott denken angesichts des Atheismus, Neukirchen-Vluyn 2001

Prüfer, Tillmann; Weiß der Himmel ...? Wie ich über die Frage nach Leben und Tod stolperte und plötzlich in der Kirche saß, Gütersloh 2018

Ortberg, John; Glaube & Zweifel, (2008) Asslar 2009

Rosenau, Hartmut; Ich glaube – hilf meinem Unglauben. Zur theologischen Auseinandersetzung mit der Skepsis, Münster 2005

Roß, Jan; Die Verteidigung des Menschen. Warum Gott gebraucht wird, Berlin 2012

Russell, Bertrand; Warum ich kein Christ bin, (London 1956) München 1963

Schliesser, Benjamin; Zweifel. Phänomene des Zweifels und der Zweiseligkeit im frühen Christentum, Tübingen 2022

Schweitzer, Friedrich; Lebensgeschichte und Religion, (München 1987) Gütersloh [7]2010

Seils, Martin; Glaube, Gütersloh 1996

Spaemann, Robert; Das unsterbliche Gerücht. Die Frage nach Gott und die Täuschung der Moderne, Stuttgart [2]2007

https://doi.org/10.1515/9783111578897-010

Spaemann, Robert; Der letzte Gottesbeweis, München 2007

Steenbuck, Karl-Wilhelm; Ich glaube. Das Glaubensbekenntnis verständlich erläutert, Bielefeld 2013

Stegmüller, Wolfgang; Metaphysik Skepsis Wissenschaft, 2., verbesserte Auflage, Berlin/Heidelberg/
New York 1969

Synode der Evangelischen Kirche in Deutschland (Hg.), Glauben heute. Christ werden – Christ bleiben,
Gütersloh 1988

Tetens, Holm; Gott denken. Ein Versuch über rationale Theologie, Stuttgart 2015

Tillich, Paul; Wesen und Wandel des Glaubens, in: ders., Gesammelte Werke Bd. VIII, Stuttgart 1970,
S. 111 – 196

Zink, Jörg; Was Christen glauben, Gütersloh (1969), [13]1999

Abkürzungsverzeichnis

a.a.O.	am angegebenen Ort, das heißt, in dem zuletzt zitierten Werk
Anm.	Anmerkung
DDStA	Martin Luther, Deutsch-Deutsche Studienausgabe, Bd. 1–3, Leipzig
DH	Denzinger-Hünermann, Kompendium der Glaubensbekenntnisse …
ebd.	ebenda, das heißt, an der zuletzt zitierten Stelle
f.	die folgende Seite oder der folgende Vers
Hg./hg.	Herausgeber/herausgegeben von
LDStA	Martin Luther, Lateinisch-Deutsche Studienausgabe, Bd. 1–3, Leipzig
RAC	Reallexikon Antike und Christentum
sc.	scilicet, das heißt, „nämlich" oder „freilich"
ThLZ	Theologische Literaturzeitung
TRE	Theologische Realenzyklopädie
UG	Unser Glaube
WA	Martin Luther, Weimarer Ausgabe
WADB	Martin Luther, Weimarer Ausgabe, Deutsche Bibel
ZThK	Zeitschrift für Theologie und Kirche

https://doi.org/10.1515/9783111578897-011

Bibelstellenregister

Altes Testament

1. Mose (Das erste Buch Mose)

1. Mose 1   42, 64
1. Mose 1,1   5
1. Mose 1,1 – 2,4a   88
1. Mose 1,1 – 2,25   62
1. Mose 1,2   64
1. Mose 1,11   62
1. Mose 1 – 11   24
1. Mose 1,22   61
1. Mose 1,24   62
1. Mose 1,27   156
1. Mose 1,28   61
1. Mose 1,31   36, 88
1. Mose 1f.   63
1. Mose 2   42, 64
1. Mose 2,9   63, 70
1. Mose 2,16   61
1. Mose 2,17   70
1. Mose 2,25   87
1. Mose 3,3   70
1. Mose 3,5   133
1. Mose 3,8   70
1. Mose 3,17b   69
1. Mose 3,19   69f.
1. Mose 3,22   70
1. Mose 3,22f.   70
1. Mose 4,4f.   133
1. Mose 9,6   30
1. Mose 18,22b-32   98
1. Mose 32,23 – 32   103

2. Mose (Das zweite Buch Mose)

2. Mose 3,14   4
2. Mose 20,8 – 11   30
2. Mose 20,11   31
2. Mose 21,15 – 17   30
2. Mose 21,24   43
2. Mose 22,19   30
2. Mose 23,12   31
2. Mose 23,19   33

2. Mose 31,14f.   30
2. Mose 32,14   71
2. Mose 34,26   33
2. Mose 35,1 – 3   30

3. Mose (Das dritte Buch Mose)

3. Mose 7,27   32
3. Mose 11,1 – 8   33
3. Mose 11,13 – 45   33
3. Mose 12   33
3. Mose 13   33
3. Mose 14   33
3. Mose 15   33
3. Mose 17f.   38
3. Mose 18,5   141
3. Mose 18,22 – 29   32
3. Mose 19,12   42
3. Mose 19,18   3, 35, 45
3. Mose 20,10   30
3. Mose 20,13 – 16   32
3. Mose 24,19f.   43

4. Mose (Das vierte Buch Mose)

4. Mose 5,2   33
4. Mose 15,32 – 36   30
4. Mose 21,1 – 3   45
4. Mose 30,3   42

5. Mose (Das fünfte Buch Mose)

5. Moses 2,33f.   45
5. Mose 5,12 – 15   30
5. Mose 6,5   2
5. Mose 6,7   33
5. Mose 14,7 – 20   33
5. Mose 14,21   33
5. Mose 19,21   43
5. Mose 21,23   141
5. Mose 22,5   34

https://doi.org/10.1515/9783111578897-012

Neues Testament

Mk (Das Evangelium nach Markus)

Mk 9,1   73
Mk 9,2 – 10   149
Mk 9,2 – 13   149
Mk 9,7   150
Mk 9,23   17, 109 f.
Mk 9,23 f.   17
Mk 9,30 – 32   136
Mk 10,2 – 12   42
Mk 10,5   42
Mk 10,11 f.   42
Mk 10,13 – 16   121
Mk 10,25   13
Mk 10,32 – 34   136
Mk 10,35 – 44   131
Mk 10,35 – 45   13
Mk 10,45   128
Mk 10,47   147
Mk 10,52   7
Mk 11,23   109
Mk 12,30   2
Mk 12,30 f.   35
Mk 12,31   3, 15
Mk 13,28 – 32   19
Mk 13,28 – 37   11
Mk 14,7   15
Mk 14,32 – 36   103
Mk 14,36   9, 100
Mk 14,62   10
Mk 15,32   95
Mk 15,34   93, 100
Mk 15,39   143
Mk 16,1 – 8   137
Mk 16,8   137
Mk 16,9 – 18   138
Mk 16,9 – 20   138
Mk 16,16   120, 122
Mk 16,17   7

Lk (Das Evangelium nach Lukas)

Lk 1,27   146
Lk 1,32   147
Lk 1,34   145 f.
Lk 1,35   144 f.
Lk 1,38   148
Lk 1,52   13
Lk 2,4   147

Lk 3,7 – 18   19
Lk 3,16   121
Lk 3,23   147
Lk 3,23 – 38   146
Lk 3,27   149
Lk 3,50   147
Lk 4,16   31
Lk 4,32   6
Lk 5,17 – 26   128
Lk 5,27 – 32   13
Lk 6,1 – 4   31
Lk 6,5   31
Lk 6,12   100
Lk 6,20   13
Lk 6,24 f.   13
Lk 6,27 – 35   39
Lk 7,11 – 17   136
Lk 7,28   19
Lk 7,36 – 50   128
Lk 8,4 – 8   11
Lk 8,40 – 56   136
Lk 8,48   7
Lk 9,9   133
Lk 9,18   100
Lk 9,22   136
Lk 9,24   14
Lk 9,28 f.   100
Lk 9,28 – 36   149
Lk 9,35   150
Lk 9,43 – 45   136
Lk 10,15   31
Lk 10,25 – 37   12, 15, 46
Lk 10,27   35
Lk 10,28   17
Lk 11,1   100
Lk 11,5 – 8   12
Lk 11,9 – 13   98
Lk 11,19   7
Lk 11,20   11
Lk 12,16 – 21   12 f.
Lk 12,28   104
Lk 12,35 – 40   11
Lk 12,41 – 46   19
Lk 14,5   31
Lk 15   128
Lk 15,3 – 32   12
Lk 16,19 – 31   15

Joh (Das Evangelium nach Johannes)

Apg (Die Apostelgeschichte des Lukas)

Biblische Personen- und Ortsnamen

https://doi.org/10.1515/9783111578897-013

Allgemeines Namensregister

https://doi.org/10.1515/9783111578897-014

Begriffsregister

https://doi.org/10.1515/9783111578897-015